「光の言葉」で原点回帰
全ての人が救われる道

――ミロクの時代を導く光透波理論

宿谷 直晃 著

——推薦の言葉——

光透波理論には、宇宙の叡智が秘められている

育生会横浜病院院長
医学博士　長堀　優

宿谷直晃先生と初めてお会いしたのは、出雲大神宮（丹波國一之宮・京都府亀岡市）東京支部による神恩感謝祭の席でした。懇親会でたまたま向い合せとなり、いろいろなお話を伺ううちに、宿谷先生が、言霊研究の分野から、宇宙の摂理を説かれてきたことがわかりました。

そればかりではありません。日本語の言霊を分析することにより、日本人本来の考え方や生き方を探り出し、現代の日本人へ重要な提言を続けてこられたことも知るに至ったのです。

私自身、秘められた日本の古代史に関心を抱き、神話の読み解きや全国の神社・遺跡巡

りを通じ、古代日本の姿を探求してきました。その経過は、拙著「日本の目覚めは世界の夜明け」で申し述べた通りですが、宿谷先生とは、かけがえのないこの日本への深い愛情と現状への危機感を共有していることを強く感じたのです。この出会いに感激した私は、それ以来、宿谷先生のご著書や勉強会で学ばせて頂くようになりました。

宿谷先生が伝える光透波学とは、文字の奥に秘められた真意・真理を明らかにしようとする理論です。

先ず刮目すべきは、言葉を持たない人類が、なぜ言葉を発明できたのか、という人類史開闢以来の根源的な命題の一つに、光透波理論が、明快な答えを提示していることです。光透波理論では、この「初めのコトハ」は創造主より与えられていた、言葉を与えられていたからこそ人間は今日の高度な文化文明を築くことができた、と説いているのです。

宿谷先生も本書の中で指摘されるように、言葉がなければ、脳内の思索はまとまらず、コミュニケーションすらとれません。ですから、言葉という概念を発想することも、創意し発展させていくことも非常に困難であったはずです。だからこそ、大いなる存在より言葉は与えられた、との考えは、たいへんに説得力のある説といえるでしょう。

さらに、光透波理論では、この最初の「コトハ」が降ろされたのは、他ならぬこの日本の地であると説いています。

えっと思うような話ですが、本書をお読みになれば、日本語、さらにはその原初に遡る大和言葉には、言霊と宇宙の叡智が秘められていることが容易に理解されることでしょう。

古代文字の研究が進み、ボリビアで見つかった古代文字やエクアドルの地下都市で発見された碑文が、日本の神代文字で解読できたことが明らかになってきました。このような事実からも、日本に最初の「コトハ」が降ろされたであろうことが実感されてきます。日本語、大和言葉の奥深さには、世界言語の根源にふさわしい風格があるのです。

宿谷先生は、言葉と思考は両輪関係にあり、言葉の影響を受けて思考がチャンネルを選ぶようになると語られています。じつは、日本語には、外国の言語にはほとんど見られない丁寧語、尊敬語や謙譲語が存在します。言葉と思考が両輪関係にあるなら、複雑な言語体系を持つ日本語が、日本人の思考を深め緻密にし、さらに情緒に富んだものにしていることは間違いないでしょう。

今の混沌殺伐とした世界情勢の中で、神話を奪われた日本人は、本来の姿を見失い、自信をなくしているように見えます。メディアが競争し、必要以上に繰り返す喧噪により、日本人の不安、落ち着きのなさは増すばかりです。危機に瀕する現代日本の状況を打開する鍵は、日本人本来の精神性を取り戻すことにあると考えます。そのためには、宇宙の叡智を今に伝える日本語をもう一度見直すことが大きな意味を持ってくることでしょう。

本書を通じ、多くの方に、日本語が持つ神秘的なパワーに気付いていただき、日本人が、世界に誇りうるその精神性を復活させるきっかけにしていただきたい、私は切に願っています。

推薦の言葉

理学博士　森　裕平

このたび、宿谷直晃先生が、光透波についての本を新たに書きました。著者がこういった努力をしながら、皆様に伝えたいと意図している内容を、推薦したいと思います。光透波とは、文字の哲学、あるいは言葉の哲学ともいうべきものです。今は亡き小田野早秧先生が、前世紀に膨大な努力の結果発見し、独自の方法で体系化しました。そして、そこから出てくる多様な意味やそれらを導出する方法が、順次解き明かされ、弟子たちに伝えられてきました。それらを応用した内容が、いま宿谷先生の本などにまとめられつつあります。

今の二十一世紀は、いろいろな意味で、人々にとって、生命や万物の根源的なところに意識を向けることが必要な時代です。光透波の方法によると、言葉や文字を分析することによって、万物の根底に存在するもの、それは同時に命の根源でもあるといえるものが、指し示されてきます。この根底にあるものを、改めて、光透波あるいは命波とも呼びます。

私自身も、かなり前から、すべての根底には何があるのかといった問題について、科学的な意味でも哲学的な意味においても興味を持っていました。根底にあるものについて、古今東西における哲学や聖人賢者がいろいろな角度から言及していることを、私も以前から学んでいましたところ、約10年ほど前に、磯部賢一先生を通してこの光透波哲学を知りました。この光透波の方法によると、誰でも、文字やことばを、ある規則を使って分解していくことによって、根源的本質的なものがどのようなものであるかということを導き出すことができることを教わりました。このような方法があったことに、私も驚いた記憶があります。

また、人間が発する言葉は音であるので、波動であるともいえます。それは命から発せられた言葉であり、命の鼓動が表現されたものであるともいえます。すなわち、命波という呼び名がぴったりりです。言葉は命波が表現されたものとなりますが、同様に考えてみると、万物も、根源的な命の波動が表現されたものと予測されます。

私自身は、長年にわたって、電子の波動関数や分子の振動について、理論計算や数値計算をするような仕事に従事してきました。万物の波動による表現、あるいは波動の形への表現といった意味でも何らかの共通性があることを感じています。科学的なことと光透波との関連性についても、私も、もっと深い意味での関連性を追求したいとも思っています。

宿谷先生は、コツコツと地道な努力をしながら、丹念に文字を分析して、みんなに意味を説明していく方です。そこから、導き出される内容が、これからこの本のなかで紹介されていきます。鋭く本質を突くような内容も多ければ、また現代の科学と整合性の良いことが多いことをも感じて、私も感心していました。皆様も、これらの内容を、いろいろな角度から確認しながら学んでいただきたいと願っております。

はじめに

人は誰しも幸せを求め、平和を願って生きています。しかし現実はその願いとは裏腹に不幸や苦悩、戦争や危機が溢れて暗澹たる様相が広がっています。進歩した科学文明により物質的には確かに便利で豊かになっているのですが、二十一世紀を迎えても幸せと平和の理想世界への道は閉ざされたままにあります。人類は未だにその解決の手立ても、指導理念も持ち合わせていないのです。

本書はその救いの道のキーワードが言葉であることを説いています。「光の言葉の活用」と「原点回帰」により、人類が営々と求め続けて来た理想を手に入れることが可能になることを提唱させていただいているのです。

精神世界の人達の間で最大の預言書の一つと評価されている日月神示の一節に「言葉は

神ぞ」と説かれています。この他にも数々の啓示・霊言・筆・神言などにも言葉の神性や言葉によって救いの道が開かれることが書かれています。

有名な哲学者のデカルトは「我思う故に我あり」と主張していますが、どうやらその「思う」奥に言葉が脈打っていることに気付いていなかったようです。実はデカルトに限らず言葉の本質を解明したものは、洋の東西を見渡しても皆無に等しかったのです。

10年程前筆者は「救いの道は言葉では？」と漠然と感じながら過ごしておりました。そのような最中に光透波《こうとうは》に出合い、その光彩陸離たる光透波理論の凄さに驚嘆し「これだ、ここに救いの道がある」と感激し、以後学び続けて今日に至っております。

文字の奥に潜む真理を読み解く光透波理論をベースにして纏め上げている本書は、人類がこれから歩む道への手引き書にもなっていると自負しております。何事も時と所と人に応じて対処しなければ事は成り立ちません。私たちが今日、言霊の国の日本の地に日本人として生まれ落ちてきたのも決して偶然ではありません。それ故にこの時代に生きる日本人としての責任を果たさなければならないのです。

その責任とは何でしょうか？　それは世界の言語の中で最も宇宙に通じる言葉である日本語を使う民族としての使命です。世界で唯一の母音中心の言語である日本語は、母音から生み出される調和・大和の心を醸し出す力を有しています。この和の心をもって今日の混迷の世界に調和の波動を広げるということです。

さて「時」というものはどのように捉えられるでしょうか、「時」こそ人類にとって、いや宇宙にとって最も重要な要素の一つです。時↓トキ↓答基、そうです。時とは答の基、時が答の基になっている。時が来なければ答は明らかになりません。時こそ問題解決の答えを出す基本になっているのです。

時の法則には人は勿論、神も宇宙も従わざるを得ないのです。時は問題解決のキーポイントでもあるのです。

この時の視点から観ずると今日、世界人類は体主霊従の時代から霊主体従の時代へ、物質偏重の時代から物心調和の時代へ、比喩的に表現すれば夜の時代から昼の時代へと大きく移り変わる真っ只中に遭遇しています。

にも拘らず現代人は、この時代の大転換に気付かず旧観念に囚われ右往左往して混乱を助長している……のが実情なのです。転換の時代を乗り越えてゆくには、この時の本質的意義を認識してゆかなければ、何事も錯誤を来たし、矛盾と混乱を招くだけでなく、最悪の場合は滅亡せざるをえなくなるのです。

長年月にわたり人類世界を導いてきた宗教・哲学・科学等は、ちょうど夜に輝くローソクやランプや電気の光のような存在でした。時代は夜から一転、まぶしいばかりの太陽の光が燦々と降り注ぐ昼の時代を迎えているのです。その時代の大転換に気付かずして、何時まで経っても夜の時代の光に頼り切っていては、文字通り昼行燈《あんどん》に縋っているようなものです。それでは何一つとして救いの道を見付け出すことはできません。かえって時代錯誤の混乱・混迷に陥ってしまうことになるのが関の山です。正に現代の世界人類の姿を表わしているようなものです。

この時代の認識を切り替えることによって人類の救いの道が開かれてゆくのです。時代は物金エゴの支配する闇の時代の生き方から、物心調和・共存共栄の昼の時代の生き方に切り替えて行かなければならないのです。その太陽のごとく世界万民の上に輝き照らすものこそ、本書で繰り返し詳述しています光透波↓言霊↓光の言葉のエネルギーなのです。

あらゆる創造物の中で神は人間だけに言葉をお与えになられました。「人間」は「人言」。言葉に至ると書いて「至言」、その「至言」↓「始原」。そうです、言葉に至ることによって「始原のエネルギー」が発動するようになるのです。宇宙はそのように仕組まれていたと言うことです。その至言への道が光透波への学びということです。

本書は新しい時代の言霊学・光透波の紹介書であるとともに、この時代の大転換期を乗り越える指南書であります。もっと言えば危機混迷に直面した世界人類を救う方途を伝える啓蒙書でもあります。表現を換えれば昼の時代への生き方を知らせる案内書とも言えましょう。

そのキーワードであり原点になるのが「言葉」であり、「言葉」↓「コトハ」↓「光透波」に繋がってくるのです。

「光の言葉で原点回帰」そこに人々が求める幸せの道が、世界人類の救いの道が開かれ

ていたということです。導かれるままに纏め上げたものです。広く世に問う次第でありま
す。

平成三十年 五月　吉日

光透波和の会　宿谷《しゅくや》 直晃《なおあき》

目次

「光の言葉」で原点回帰　全ての人が救われる道　――ミロクの時代を導く光透波理論

第一章　平成三十年、戊年を読み解く　建替え建直しの岩戸が開かれる歳

目　次

目　次

第九章　文字の奥には秘められた真理がある

第十章　言葉のエネルギーによる治病の原理

目次

目　次

カバー写真　熊谷淑徳

第一章　平成三十年、戊年を読み解く
建替え建直しの岩戸が開かれる歳

新約聖書のヨハネ福音書の第一章に「初めに言（コトバ）があった。言は神と共にあった。言は神であった。この言は、初めに神と共にあった。万物は言によって成った。成ったもので言によらずに成ったものは何一つなかった。言の内に命があった」と、言葉の本質・核心が明確に説かれています。が、この聖書の文言の深意を古今東西の殆ど全ての人々は勿論のこと、現代に生きる殆どの人も理解出来ずに、コトバの真髄に気付くことはありませんでした。ところが21世紀を目前にして、古くから言霊の幸はふ国と言われてきた日本の国に、このコトバの本質を明確に読み解く言霊学が出現しているのです。「光」の「透」明な「波」動と書く「光透波」です。

その光透波《こうとうは》理論（＝命波学《めいはがく》）に立って「本年」を読み解いて、今年が時代の大転機にあって重要な年であることを紹介いたしましょう。

「時（トキ）」とは「答」えの「基」

本年は平成の年号では30年、西暦では２０１８年、干支では戌の年です。それぞれの奥にある意味を字割で読み解く前に、先ずは「時」という字にはどのような意味が秘められているのか？　読み解いてみましょう。それが下図です。

「時」の訓読みは「トキ」天鏡図《あめかがみず》※にあて嵌めると「答基」、すなわち「時には答の基が秘められている」ということです。「時」の音読みは「ジ」、天鏡図に当て嵌めると「自」の字が出てきます。この「自」とは創造主自らの意味があります。

※「天鏡図《あめかがみず》」とは「てんきょうず」とも読み、言霊50音の一音一音の真意を映し出した一覧表です。光透波を啓かれた小田《おだ》

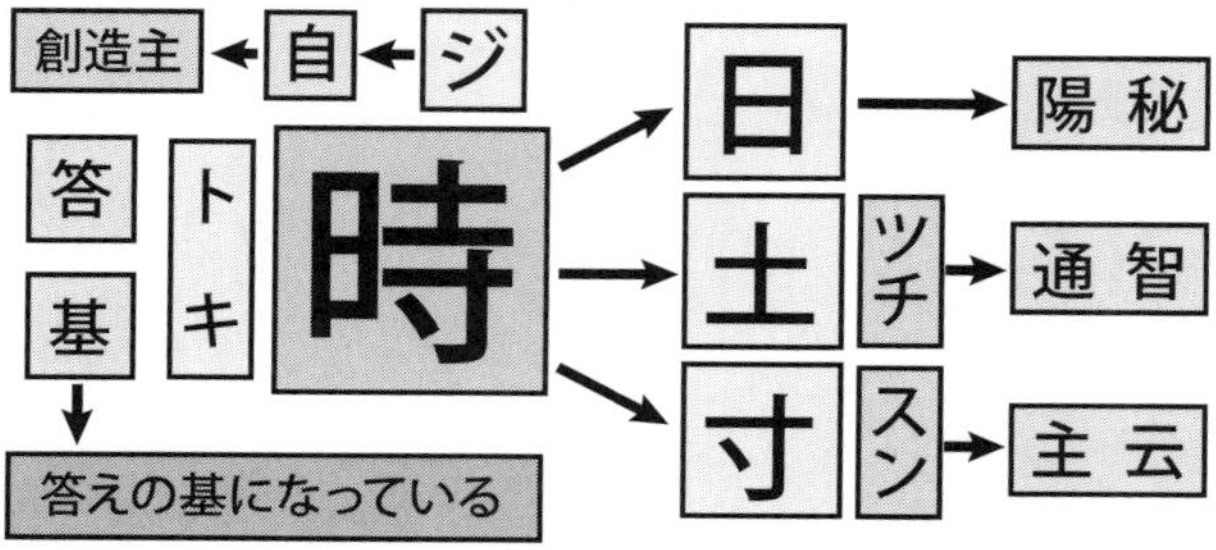

「時」とは創造主が運んでいる明るい秘められた智恵。

それが答の基になっている。創造主自らが時そのもの。

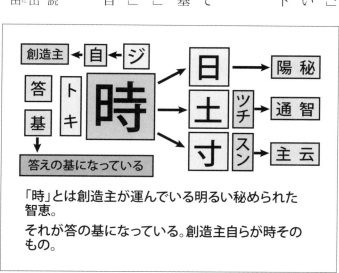

野《の》早《さ》秧《なえ》女史が、４年４か月にわたる断食すれすれの探究生活をして読み解かれたものです。この天鏡図をベースに光透波の字割は行われ、文字の奥に秘められた宇宙の真理を読み解くことが可能になっているのです。

また「時」の字は「日」「土」「寸」のパーツによって構成されています。「日」↓「陽・秘」、「土」↓「通智」、「寸」↓「主云」、したがって前頁図の解説のように「時とは創造主が運んでいる秘められた智恵であり、それが答の基になっている」と。「時」の字にはこのような意味があることが読み解けてきます。

この「時」の意味をベースに今年を読み解いてみましょう。

「平成三十年」の深意を読み解く

平成30年、西暦の２０１８年、干支の戊年を、それぞれ順次読み解いて今年の展望を探ってみたいと思います。

今年は「平成の年号」の最後の年です。来年（２０１９年）４月30日に今上天皇は御譲位されますので、まるまるの「平成」の御代は今年が最後になるということです。では「平成三十年」には如何なる意味が秘められているのでしょうか？

「平成」の年号は下図のように「岩戸成る」と解せます。よくアルファベットの21番目の「U」の字は「Uターン」の意味で使われています。光透波学では「U」の字は「21世紀は体主霊従から霊主体従へUターンする時代」を示していると捉えております。このことと関連させて考えますと「平成」の年号の深意には「体主霊従の生き方によって長い間人類を封じ込めていた岩戸が開かれる」とい

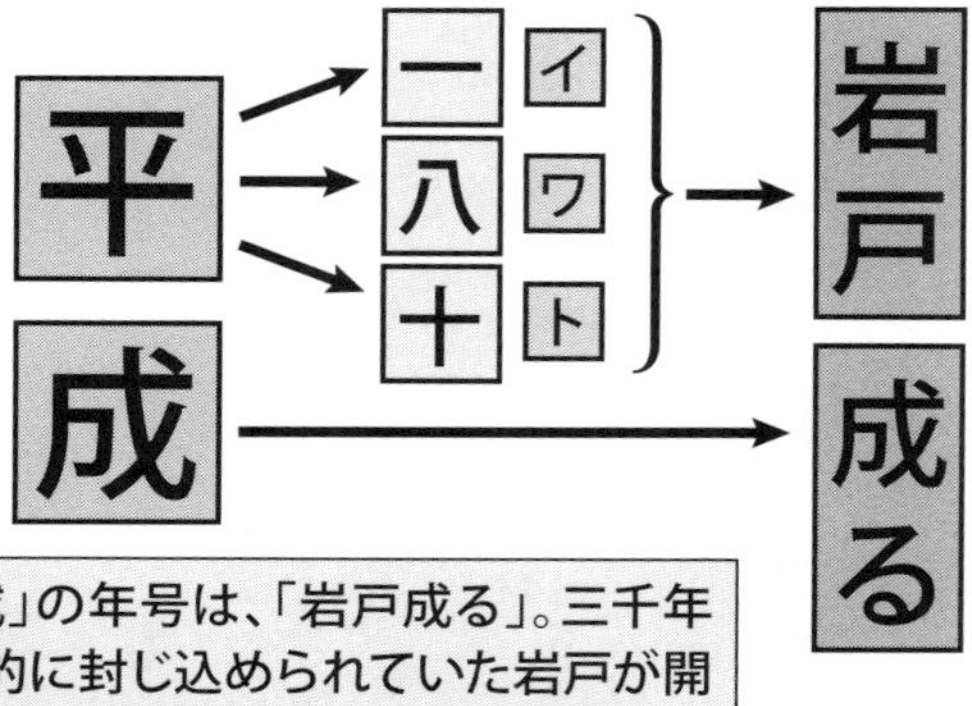

「平成」の年号は、「岩戸成る」。三千年来霊的に封じ込められていた岩戸が開かれ、物心調和の時代が開かれる意味が秘められていたのです。

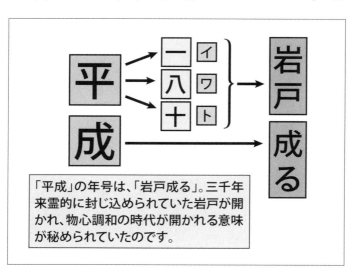

う意味が秘められていると読み解くことが出来てきます。

　そして今年は平成の年号の最後の年・三十年です。「三十」には下の図解で示した意味があります。


「三十」→「ミト」→「實答」。すなわち「平成三十年の意味するところは、岩戸を開く實《まこと》の答が世に出る年」ということで、凄い意味を持つ年であることが浮かび上がってきます。

　この字割の解読とピタリ合致する神界からのメッセージが降りていますので紹介いたしましょう。それは「三六九神示」の平成30年

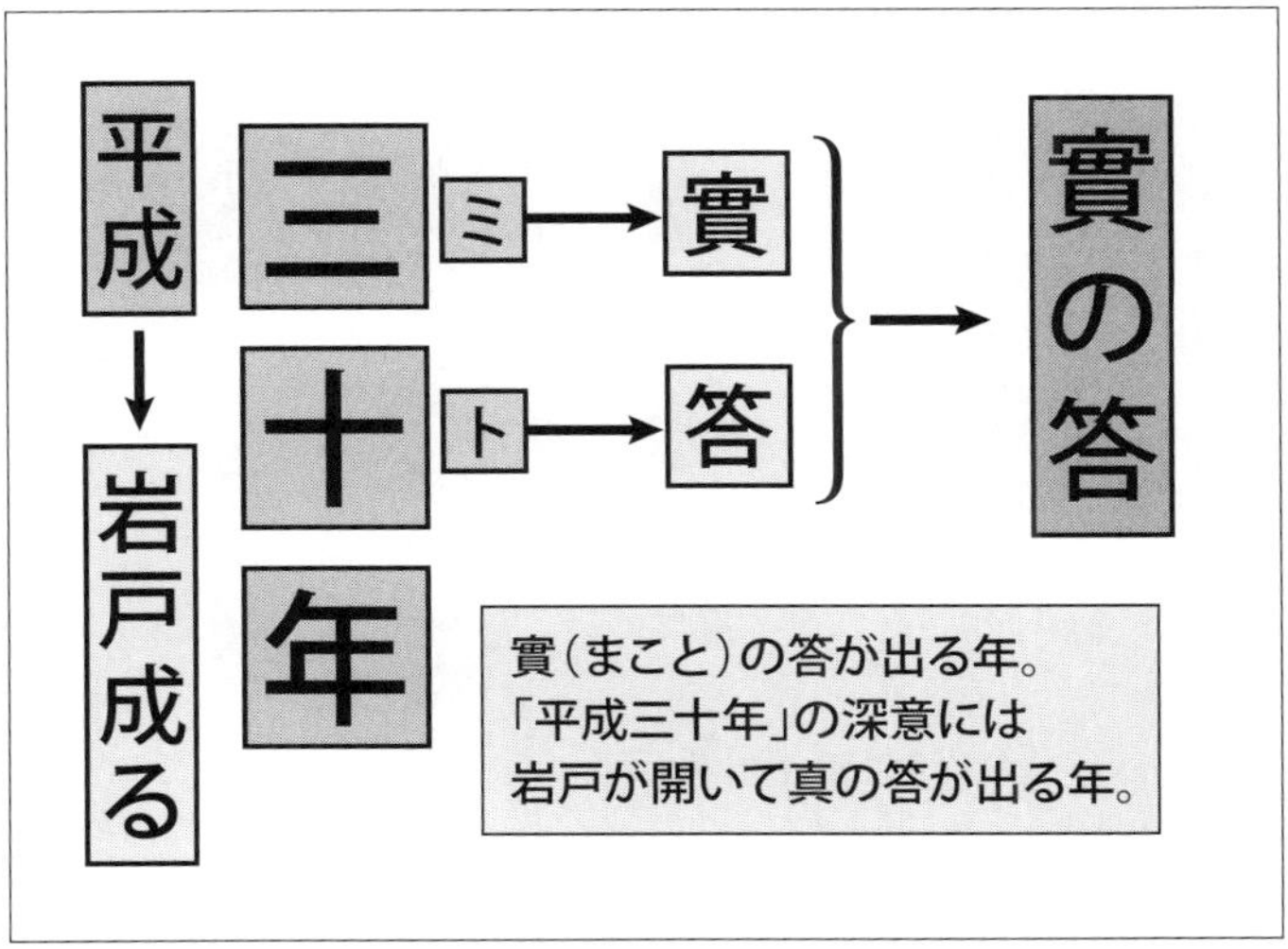
平成
岩戸成る
三
十
年
ミ
ト
實
答
實の答
實（まこと）の答が出る年。
「平成三十年」の深意には
岩戸が開いて真の答が出る年。

1月8日の内容です。

「三六九神示」※

平成30年1月8日

小長谷《おばせ》修聖《しゅうせい》著

雲分けて昇る日の出に明け染めし、平成三十年。

裏の畑でポチ（◯ヽ）が鳴く、ここ掘れと鳴く声に掘って見れば、何が出てござるかな？

大判小判か？　はたまた瓦か瀬戸欠けか？……。花咲き爺の始まりぞ。大きな節目のこの年であるぞ。

扨《さ》ても三十年一節と申してあるが、天と地も、内も外も、平らかなれと願いて開いた平成の御代は、一月八日が初めでありたぞよ。

総て平らけく安らかに治まれと願ってきた平成の御代、神界の四九三（仕組）は進めども……、この世は世界も日本も荒事重なり、平成な三十年ではなかったぞ。

その荒事の中で見せたのは、三千年の体主霊従の世の思凝《しこ》り思凝った因縁の浄化の様でありたぞよ。

（そのような中、建替え建直しを開く元の大神は御出現、以下3行は筆者注釈）

平成7年1月17日、「神の戸開き」の阪神大震災

平成23年3月11日、「艮《うしとら》の金神が世に出る」東日本大震災

平成28年4月14日、「坤《ひつじさる》の豊雲の大神が世に出る」熊本大震災

悲惨な荒事の中に今後人類が歩むべき道の警鐘が示してあるぞよ。世界の様はますます厳しく危険となり、核兵器を持ちての威嚇、力による平和は真のものでなく、間違えば世界大戦、世界の滅亡ともなりかねない状態であることを、人類は真剣に考えなければならぬ時とめぐりておるのであるぞ。

荒れ狂う嵐の前の世界の中で、清浄で安全な世界平和の鑑を示さねばならぬのが、この日本の始めからの神命であるぞよ。

※「三六九神示」とは、京都丹後の地の天の橋立の近くにある元伊勢と言われている由緒深き「籠神社《このじんじゃ》」の先達を務められています小長谷修聖氏に、元の元の大神様・国常立之命系の御神霊から降ろされている霊言・啓示のこと。

「西暦２０１８年」を読み解く

そうして今年「西暦２０１８年」を読み解いたものが下の図解です。

２０１８を20と18に分解しアルファベットを当て嵌めますと、20番目は「T」、18番目は「R」が出てきます。

「T」の字は「十」の上部が無い形をしていますので、命波学では「T＝無上の天」と解しています。（「十」↓英語で「ｔｅｎ」↓「天」）

「R」は18番目、「18」を原数戻しすると１＋８＝９、アルファベットの９番目は「I」になりますので、18の数字の中には「RＩ＝

２０１８年

↓

20→**T**→無上の天　18→**R**、1＋8＝9→**I**

↓

RI＝理　2018 → 無上の天の理

↓

2018年は、無上の天の理が開かれる年

理」が秘められているようです。すると２０１８年の今年は「無上の天の理が秘められている」年と読み解けてくるのです。

続いて「２０１８」は下図のようにも解することが出来ます。

２０１８の総数は２＋０＋１＋８＝11。「11」→「十一」（ＴＥＮ＝天）、「一」（はじめ）→天の始まり。21世紀は体主霊従から霊主体従へ転換する時代ですから、いよいよ今年から霊主体従の時代が始まると理解出来てくるのです。

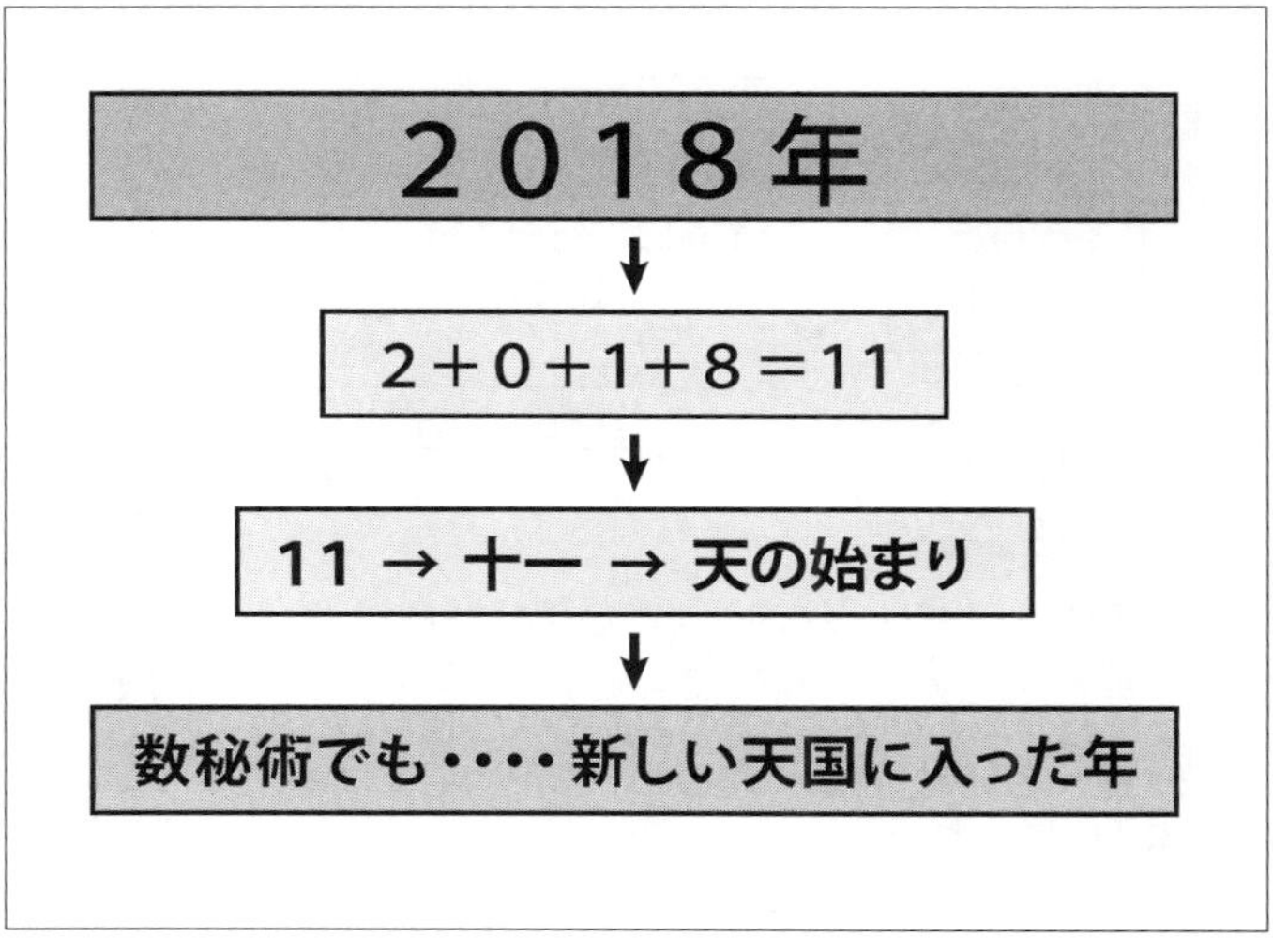

「戌年」の深意を読み解く

さらに本年は干支でいうと「戊戌《つちのえいぬ》」の年です。この「戌」の字を読み解いたものが下の図です。

「戌」の字には「ほろぼす」「断ち切る」の意義があります。

「戌」の字は「戊」と「一」により形成されている文字です。

「戊」の訓読みは「ほこ」、音読みは「ボ＝亡」、「一」は「はじめ」の意味とともに「絶対の秘密」の意味もあります。したがって「戌の年は滅びの戦いが始まり、そこには絶対的

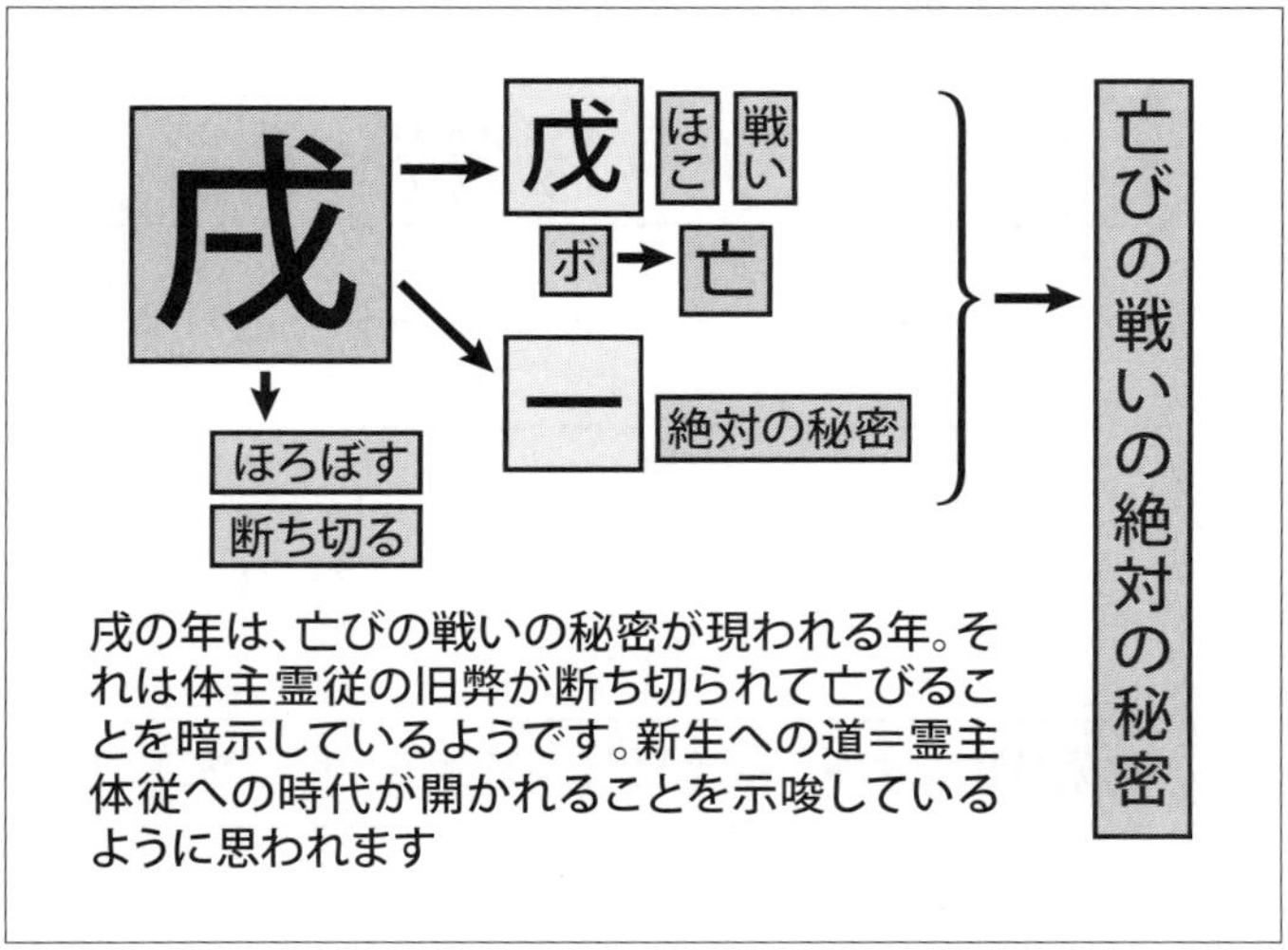
戌
戊
ほこ
戦い
ボ
亡
一
絶対の秘密
ほろぼす
断ち切る
亡びの戦いの絶対の秘密
戌の年は、亡びの戦いの秘密が現われる年。それは体主霊従の旧弊が断ち切られて亡びることを暗示しているようです。新生への道＝霊主体従への時代が開かれることを示唆しているように思われます

な秘密がある」と読み解けます。この深意は体主霊従の旧弊が断ち切られて亡び始めることが暗示されているようです。

古来、戌の年は荒れると言われていますが、現下の世界の情勢はピタリそのような状況を作り出しているように思われて仕方ありません。

我が国周辺では、北朝鮮のＩＣＢＭや核兵器の開発に伴う朝鮮半島発の危機によって開かれた南北朝鮮首脳会談、米朝首脳会談でしたが、その後も核の問題処理等の見通しは定かに描くことも難しく、アメリカの北朝鮮攻撃が起きてもおかしくない厳しい情勢が続いています。

物凄い勢いで軍拡し尖閣奪取の動きに象徴される南シナ海や東シナ海を支配しつつある中国の動き。

経済の行詰りと破綻が噂される中国発の世界経済の崩壊も喧伝されています。そのような中で覇権主義を強力に進め世界各地に進出してる共産中国の動きと、習近平の権力集中化。

中近東ではＩＳ消滅後も米露の大国の介入に加えてシリア・イラン・サウジ・トルコ・イ

スラエル等々アラブ各国間の混沌情勢と紛争が先鋭化しています。

難民問題で揺れ動くＥＵ諸国、政情不安定なアジア、アフリカ諸国……。

世界の各地で頻発する地震・噴火・他の異常気象と温暖化などの地球環境の悪化、資源の枯渇、人口の増大……。

そして一触即発、原水爆・ミサイルなどによる人類絶滅の第三次世界大戦の危機も杳《よう》として拭い去ることが出来ていません。

このように世界人類が直面する危機と混乱は列挙すれば切りが無いほど山積しているのです。まさに人類の混迷は極に達しており、大動乱・大戦争へと亡びの危機に直面していると言っても過言ではありません。それにも拘わらず世界人類は一向に収拾の道を見い出すことができずにいます。

これらの現象を分かり易く表現すれば、物金エゴ中心の「体主霊従の時代」の旧弊の膿が、一挙に噴出している姿だと言えるのではないでしょうか。

「花咲爺の時代」がやって来た

　この転換の時こそ最も危険性を伴う時代はありません。まさに人類はその伸《の》るか、反《そ》るかの試練に立たされた重大な局面に立たされているのです。「戌」の年を迎え益々それらが拡大噴出してくることも予想されるのです。その苦しみの中から、実《まこと》の答＝霊文明への道標が現われてくる年、それが本年であると理解できてくるのです。

　「戌」は「犬」。英語で逆さ読みすると「DOG」⇔「GOD」。「犬」は「ゝ」と「大」で構成されています。すなわち「⊙」＝マルチョン＝ポチ。このマークは大本や日月神

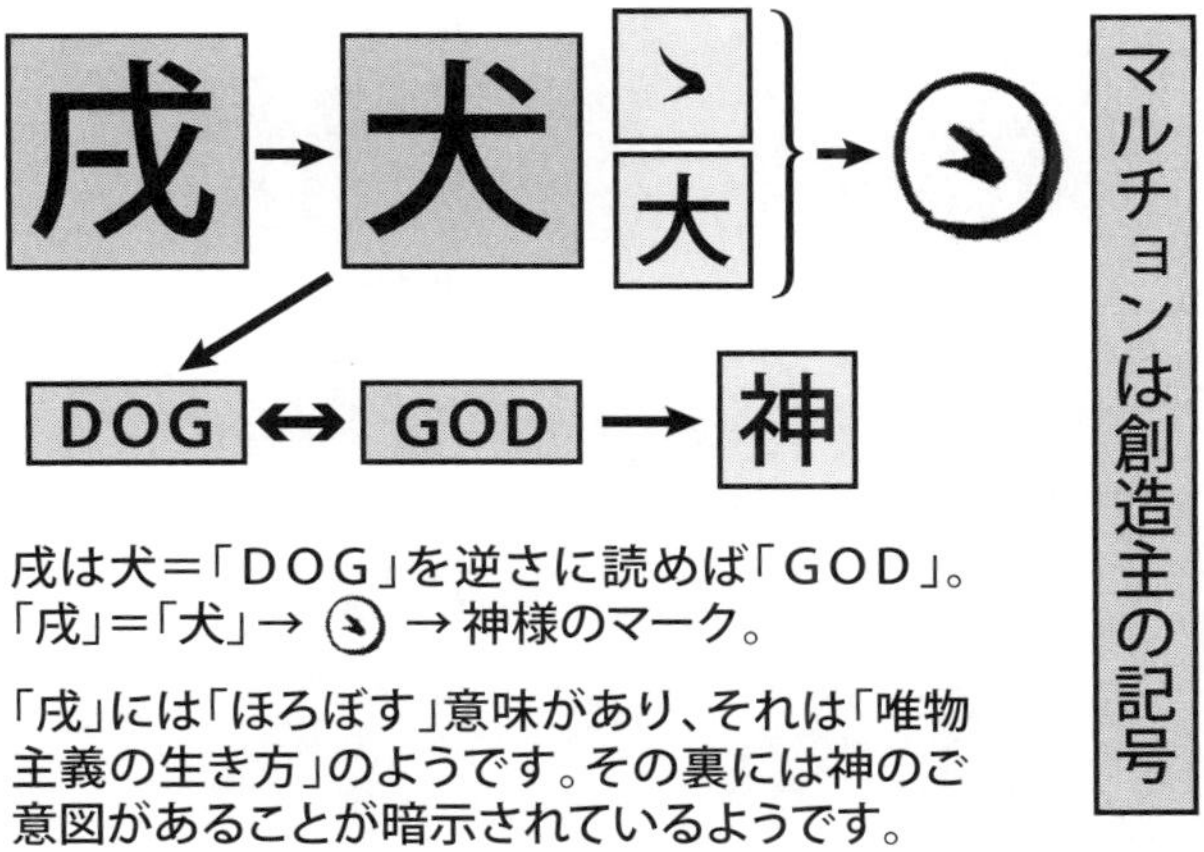

戌は犬＝「DOG」を逆さに読めば「GOD」。
「戌」＝「犬」→ ⊙ → 神様のマーク。

「戌」には「ほろぼす」意味があり、それは「唯物主義の生き方」のようです。その裏には神のご意図があることが暗示されているようです。

示では創造主の印の意味を持っています。

宇宙の意識体から降ろされている前掲の三六九神示では「花咲き爺」の昔話に託してポチと表現しているということです。神であるポチが「ここ掘れワンワン」と吠え、正直爺さんが掘ったらば大判小判がザックザック出てくる、意地悪爺さんが掘った所には瓦や瀬戸欠けが出てくるという話です。つまり、善因善果、悪因悪果の因果律によって正邪善悪が明らかに出てくる時代を迎えたということです。

「コトハ＝光透波」が世に出る時が到来

さらに「戌」の字の音読みは「ジュツ」・「シュツ」、それぞれ天鏡図に当て嵌めますと「字誘通」・「詞誘通」。ですから「字誘通とは字に誘われて通る」、また「詞誘通とは言葉に誘われて通る」と読めますので、筆者には光透波がいよいよ脚光を浴びる時を迎えたと思えて仕方ないのです。このことを読み解いた字割が次頁の図解です。

前掲の三六九神示の続き

「三六九神示」

平成30年1月8日のつづき

裏の畑でポチ（◉）が鳴くと申すは、その神理を掘り出すことであり、◉（ポチ）とは大元の神のことであるぞ。霊なる御魂あってこそ、形ある現《こ》の世も人の身もあることを知り、真の安心の道を開けと申すのであるぞ。

自ら磨くことで、他も良くなるのであるぞ。使命《みこと》は神言《みこと》にして、それぞれの御魂

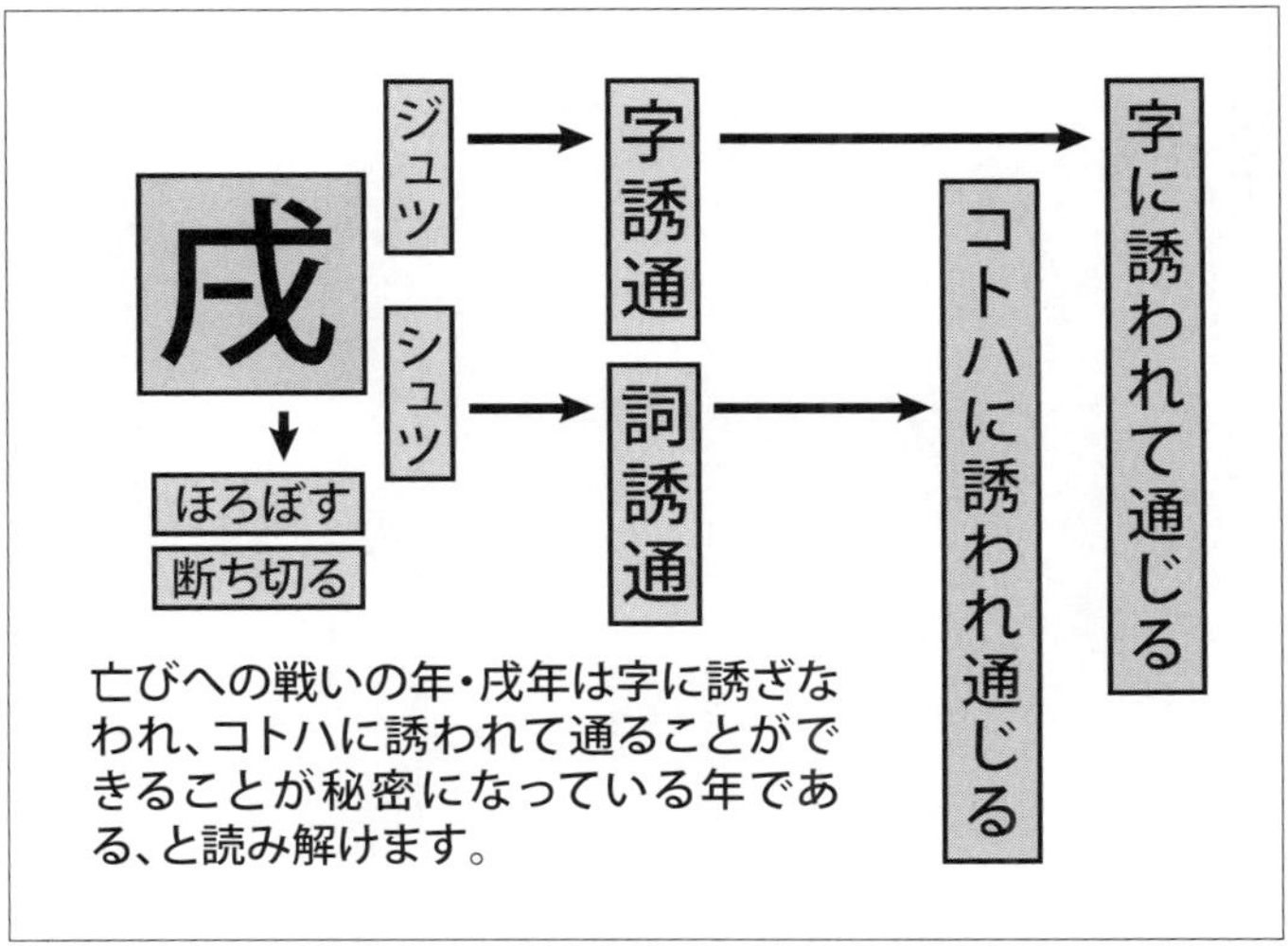

亡びへの戦いの年・戌年は字に誘ざなわれ、コトハに誘われて通ることができることが秘密になっている年である、と読み解けます。

が肉体に宿る時、親神から神命の神言を頂いて居るのであるぞ。

そのことが判るまで苦労もあるが、神あっての人の身なること忘れずに生き通さねばならぬぞ。

そして皆々の誠をもって神業奉仕、また日々の祈りにより、神々の神威は益し、天空の籠（加護）の光も強くなり、その末、世界中が神の加護で守られてゆくことを記しておくぞよ。大いなる締め括りのこの年であるぞよ。


と記されていることから戌年の本年は、大きな節目の年であることは間違いないことと考えられるのです。

そして、戌＝シュツ＝詞誘通、詞＝光透波＝宇宙を生み出している元の「光」の「透」明な「波」動＝「コトハ」が、いよいよ世に出るというわけです。それ故に本書が世に出る意味は限りなく大きなものがあると思われるのです。


引き続いて光透波を数で読み解いた図解が次頁の図です。

光透波＝コトハ↓9　10　8　↓　9＋10＋8＝27。今年は平成30年です。3（ミ↓實）＋9（コ）＋10（ト）＋8（ハ）＝30。そうです、30の数字には實光透波の意味が秘められている、ということです。

霊主体従の時代を預言する日月神示

さらに、この時代の大転換を裏付け補完する神界からのメッセージを紹介いたしましょう。

それは精神世界の多くの人達から人類の最

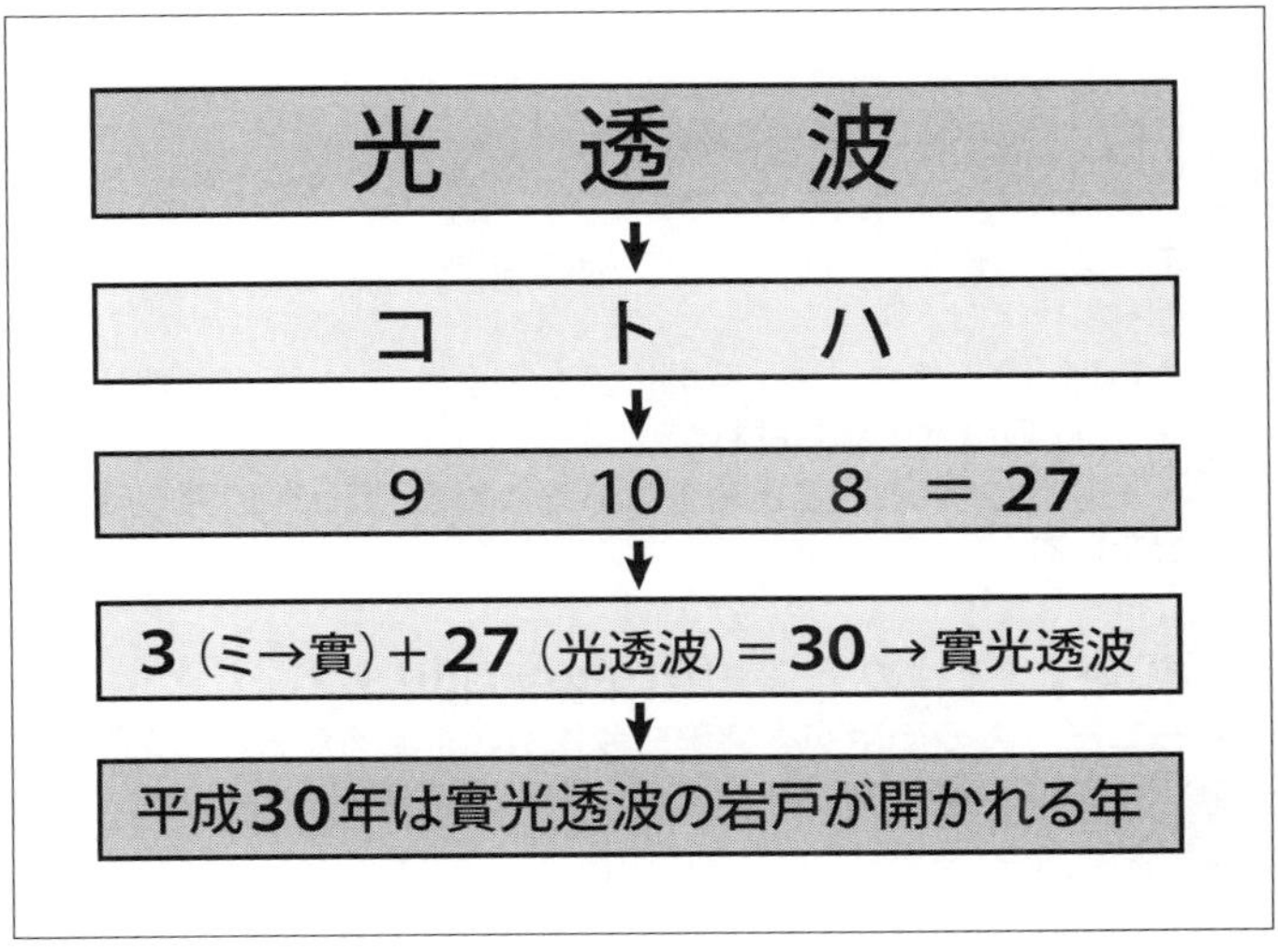
光　透　波
コ　ト　ハ
9　10　8　＝27
3（ミ→實）＋27（光透波）＝30→實光透波
平成30年は實光透波の岩戸が開かれる年

大の預言書の一つと高く評価されている「日月神示」※です。夜明けの巻12帖には下のような啓示が書かれています。

※「日月神示」とは、昭和19年6月10日以後次々と岡本天明氏に艮の大神の御神霊から数字と記号によって降ろされた霊言であり、立替え立直しの時代を迎えての警鐘と共に、魂磨きの救いの道を説かれた預言書。

「申・酉過ぎて戌の年、亥の年、子の年目出たけれ……」とあります。まさにこの文面は一昨年は「申年」、昨年は「酉年」、そして今年は「戌年」であることを考えると現時点を指しているようです。このことは平成28年

日月神示　夜明けの巻　第12帖　S20.8.7

あら楽し、あなさやけ　元津御神の御光の、輝く御代ぞ近づけり。

岩戸開けたり野も山も、草の片葉も言止めて、大御光に寄り集う、誠の御代ぞ楽しけれ。

今一苦労二苦労、とことん苦労あるなれど、楽しき苦労ぞ目出たけれ。

申、酉すぎて戌の年、亥の年、子の年目出たけれ。

一二三の裏の御用する身魂も今に引き寄せるから、その覚悟せよ。覚悟よいか。待ちに待ちにし秋来たぞ。

12月の「三六九神示」に以下のメッセージが降ろされていることからも明らかでありましょう。

「三六九神示」　　平成28年12月8日　　小長谷修聖 著

桃太郎は天照国照日の出の神の象徴であり、日本の意である。体主霊従（物主人従）の世界の様が財宝を牛耳る拝金主義の鬼であり、それを改めさせるのが日本の使命である。日本とは霊主体従（＝神主人従・心主物従）でなければならぬ。今年は申《さる》の年であり、来年は酉《とり》年、次は戌《いぬ》の年であり、世界の節目であろう。

キビ団子とは奇霊談合（きびだんご）である。

武力でなく誠の言霊の談合（団子）の大事さを教えている。

この年は坤（ひつじさる＝南西）の阿蘇熊本の地震ありて坤（南西）の門が開かる。既に先の東日本大震災で艮（うしとら＝北東）が開けている。この艮坤《こんごん》の神気通りたから、世の元の国常立大神《くにとこたち》の活動も世界に活発に現れるぞよ。

国常立大神の命を受けて天照国照日の出の神なる桃太郎、猿（申）雉（酉）犬（戌）を共に連れ、奇霊談合（キビ団子）を腰につけ、世界の鬼退治の始まりであるぞ。奇霊談合とは言向け和す日本の言霊のことであるぞ。この日本の国は武力ではなく言霊の力で世界を和さねばならぬのであるぞ。

これら日月神示や三六九神示に明確に記されているように、また数々紹介しました光透波の字割の解読で明らかなように、時代は体主霊従から霊主体従の時代に転換しており、その大きな使命を持っているのが日ノ本の国の日本であり、武力や経済力等の物質的な力でなく言霊の力でその使命を全うすることが求められているということです。

日本の国柄と本質を読み解く

では昔から言霊の幸はふ国と言われてきた日本の国はどのような国柄であるか？　初めて光透波の字割に接する方には難しいと思いますが「日本」の字割を通して読み解いてみましょ

う。

「日本」を字割するに際しその切り口、視点を変えることにより色々と読み解けてくるのですが、ここでは下記の図解をベースに「日本の国とは?」を紐解いてみることにいたします。

●「日本」の読みは「ニホン」。

「ニ」は天鏡図では「兒」の字が出てきます。「兒」は「臼」「ノ」「L」のパーツに分けられます。「臼=ウス」→「宇宙の主」→「創造主」。「ノ」は「能」。「L」は「開く」意味。

したがって「兒」とは「創造主の能《はたら》きが開かれる」意味になります。

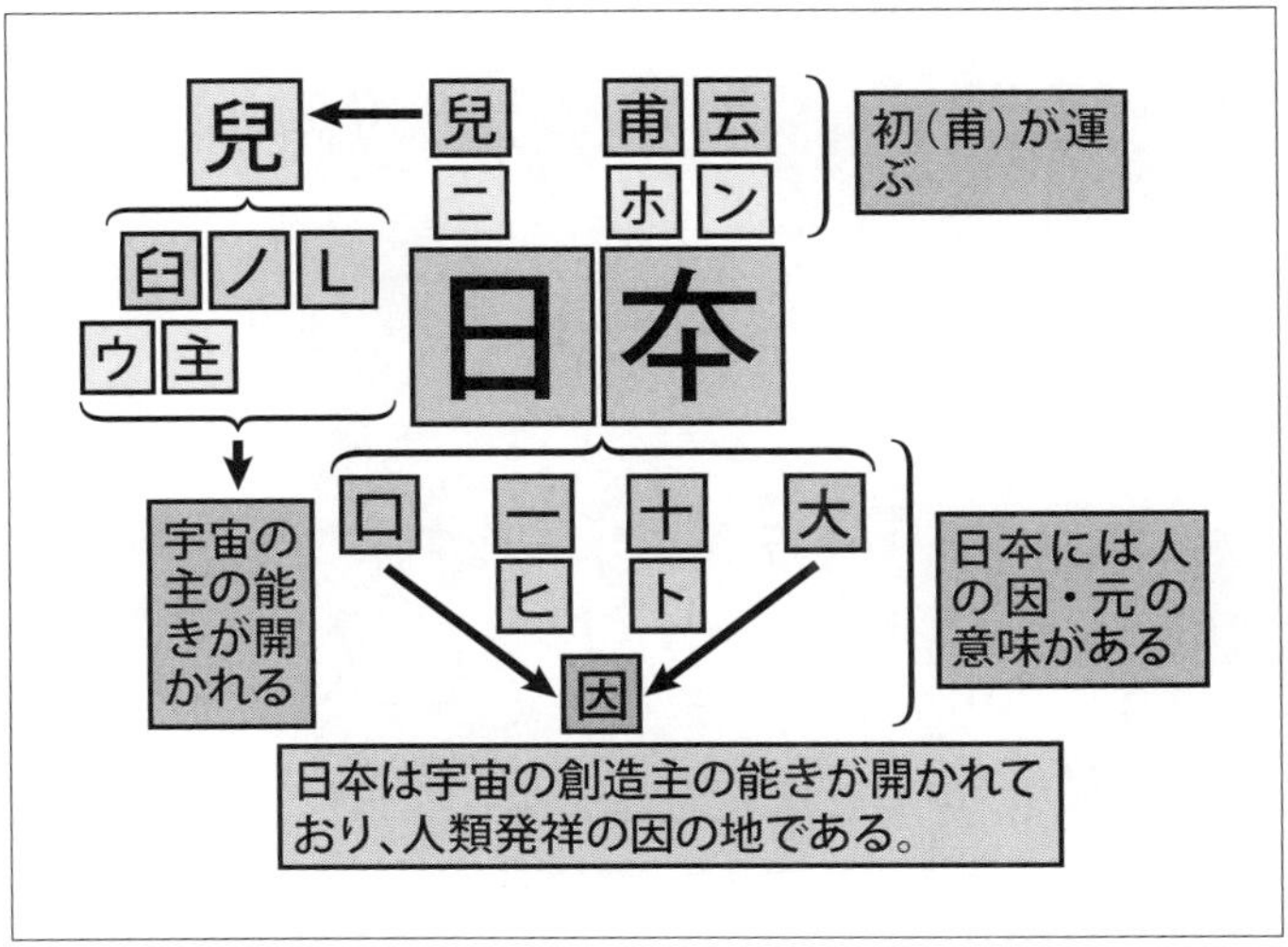

「ホ」は天鏡図に当て嵌めると「甫＝初め」。

「ン」は天鏡図に当て嵌めると「云」。

したがって「ニホン」の国とは
①「初の創造主の働きが開き運ばれた国」という意味になります。

●「日本」の「本」の字を昔は「夲」の字を使っていましたので、この旧字をベースに読み解いてゆくことにいたします。
「日」を字割すると「口」と「一」に分けられます。「夲」の字は「大」と「十」。

「一」→「ヒ」→秘密の「秘」。「十」は「ト」と読めますので「ト」→「答」。「一十」は「秘密の答え」。また「ヒト」と読めますので「ヒト」→「人」。

そして「口」「大」の部分を前頁の図のように組み合わせると「因」の字が出てきます。

これらを纏《まと》めて意味を取りますと
②「日本」の国とは秘められた答えの因（素）の国。
③「日本」の国は「人」の因（素）になっている国。

このように「日本」という文字から①②③と読み解けてきます。ですから日本の国はこれらを統合した意味合いを持つ国であると理解することが出来るのです。

「日本とは宇宙の創造主の働きが初めて開かれた国であり、人が生まれ出た元の国」ということになります。

そして「日本国」＝「日《ひ》ノ本ノ国」＝「霊《ひ》ノ本ノ国」とも称しています。「霊」とは「体」に対比される見えないエネルギーの意味があるので、「霊《ひ》ノ本ノ国」とは霊性＝精神性の豊かな因（元）の国と解せるのです。

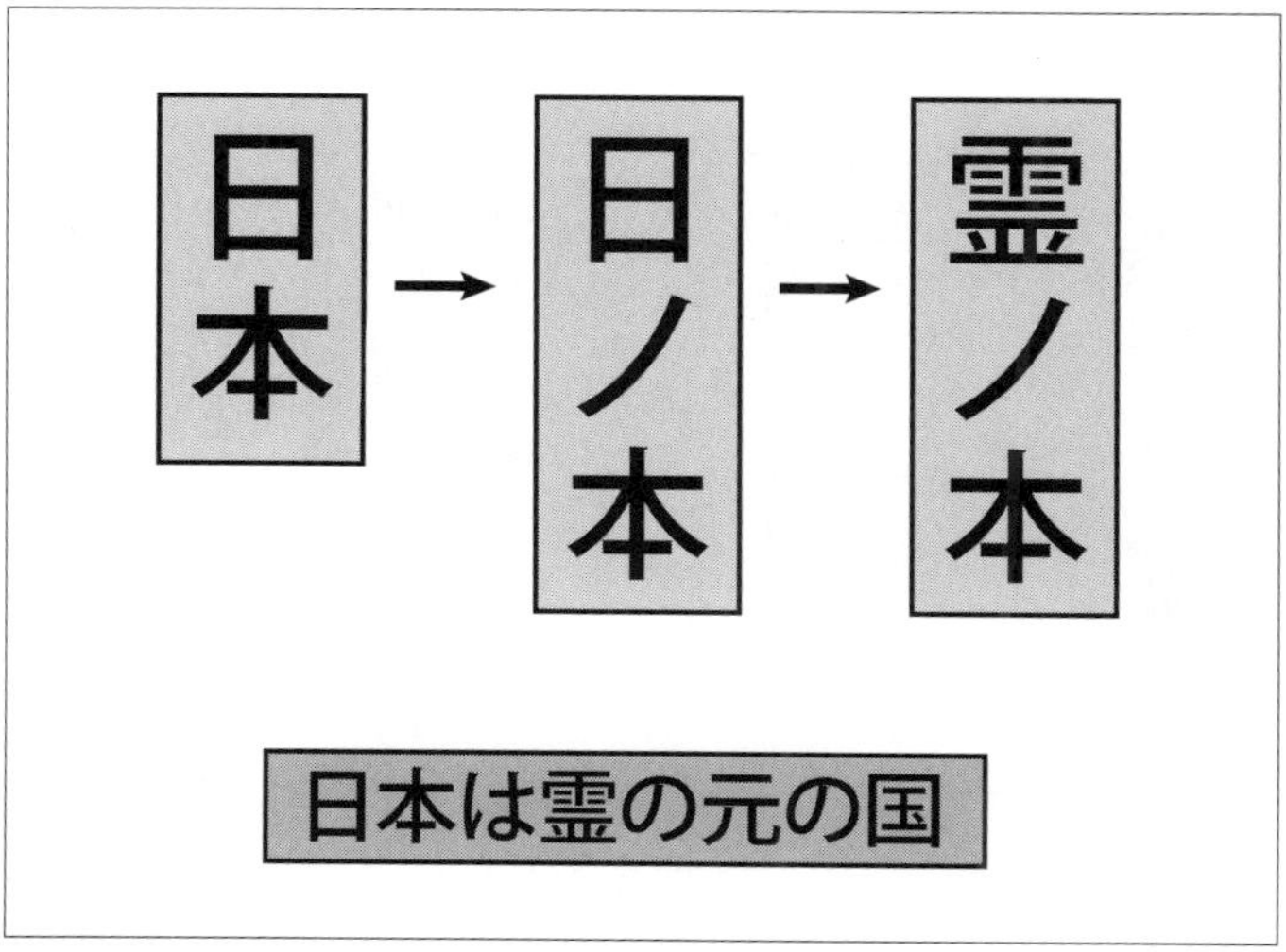

このように字割することによって「日本国」＝「霊ノ本ノ国」の本質が明らかに浮かび上がってくるのです。

もっと言えば「霊」（＝霊的エネルギー）が因《もと》にあって、その反映として「体」（＝形・物質）が顕われてくるのが宇宙の仕組みであることを考慮すると、日本の国は世界の元の国であると言えるのです。

それ故に霊的太陽を象徴する「日の丸」を国旗にしており、昔から「霊ノ本ノ国」「神国」とか「惟神《かむながら》の国」とか「言霊の国」と称してきた所以《ゆえん》があるのです。

まさに日本の国の字割からも、既述した日月神示や三六九神示の啓示の通りの国柄であることが、整合性のとれた意味としてピタリと現われていると言えましょう。

第二章　言葉には限りない救いの力がある

言葉の不思議さに気付きませんか

皆さん「言葉」というものを、「文字」というものを考えたことがありますか？

世界中の人々は皆、言葉を使っています。人間と他の動物との決定的な違いは、言葉を持っているか否かの差と言われています。殆どの人たちは言葉とか、文字というものを考えることなく、せいぜい人間相互の意思伝達の道具、または自身の思考を働かせるために必要なものぐらいにしか認識していません。

ところが言葉、そして言葉を形で現わした文字というものは、その奥に人智では到底考えることも想像することもできない、深い神性＝法則性と魂、パワー・エネルギーを持っているのです。

その言葉や文字の不思議な一端は私たちの身体を表す漢字にも現われています。心臓・胃・腸などと「月」が入っているものが多く使われています。不思議に思いませんか？

また「神」の字の読み方は、カミ・カン・ガン・ミ・コウ・シン・ジン等いろいろあり、この読みに照らし合わせると、私たち人間の身体の多くの名称に「神」の名が使われていることです。
髪の毛＝神の氣、肝臓＝神臓、眼＝ガン＝神、眉間＝ミケン＝神間、肛門＝神門、耳＝ミミ＝神々、喉＝コウ＝神、身体＝神体、人体＝神体……。このように捉えると文字の不思議さとともに、私たち人間の身体には神性が宿っていると考えられませんか？

音を聞いて理解する言葉、その言葉を目に見える形で表し見て理解する文字。声となって表現される言葉は聞こえても目に見えない。文字は目に見えても声にしなければ聞こえない。聞いて、見る、言葉と、文字。そこに重大な神秘が隠されているようです。

もう少し強調しますと、多くの人たちは不思議に思い疑問を挟むことと思いますが、言葉にはこの世にある一切万有、森羅万象を生み出す偉大なエネルギーと、パワーが秘められているのです。

言葉を解けば謎は明らかにされる

さて、「私達人類は何処から来てどこに行くのでしょうか？」分かる人は勿論いません。

古今東西を通して誰一人として、この疑問に答えられた人はおりませんでした。この疑問に限らず宇宙の生成、生命の誕生、地球の誕生等、人間は突き詰めたことは何一つとして分かっていないのです……。いや現代科学の最先端の力をもってしても髪の毛一本、木の葉一枚も作り出すことは出来ないのです。そして全ての人類文化文明を生み出した根源である「言葉」、人間生活に必要不可欠な「言葉」が何故に生まれ、一つ一つの言葉にどのような力が働いているということも、皆目分かっていないのです。

本書ではこの現代人の最大の盲点の一つである「言葉」の謎を解明し、文字の奥に秘められた深意＝真理を読み解く新しい時代の言霊学＝光透波ワールドへと皆様を案内するものです。

人類の最大の「秘密」は何でしょうか？　究極の「秘密」は宇宙の真理であることは言を待たない筈です。その「秘」の字は次頁の図解のように「秘密は文字によって必ず示される」と解釈されるのです。

さて続いての「なぞなぞ」です。「人類を創造されたサムシング グレート＝神は、子である人類にどのように生きるべきか?」一文字をもってメッセージを送っているのですが、その文字をご存知でしょうか?
ええっと? 誰もが戸惑う筈です。それは「親」という字です。その答えを証かしましょう。

「親」は「立」「木」「見」で構成されています。「親(神)は子(人)に立木を見よ」と教えているのです。木には幹や枝や葉があり、花や果実を実らせます。多くの人は花や果実に目を奪われ根や幹や枝葉の尊さを忘れがちです。木にとって最も重要な基は「根」ですが、根は見えないようになっています。親は

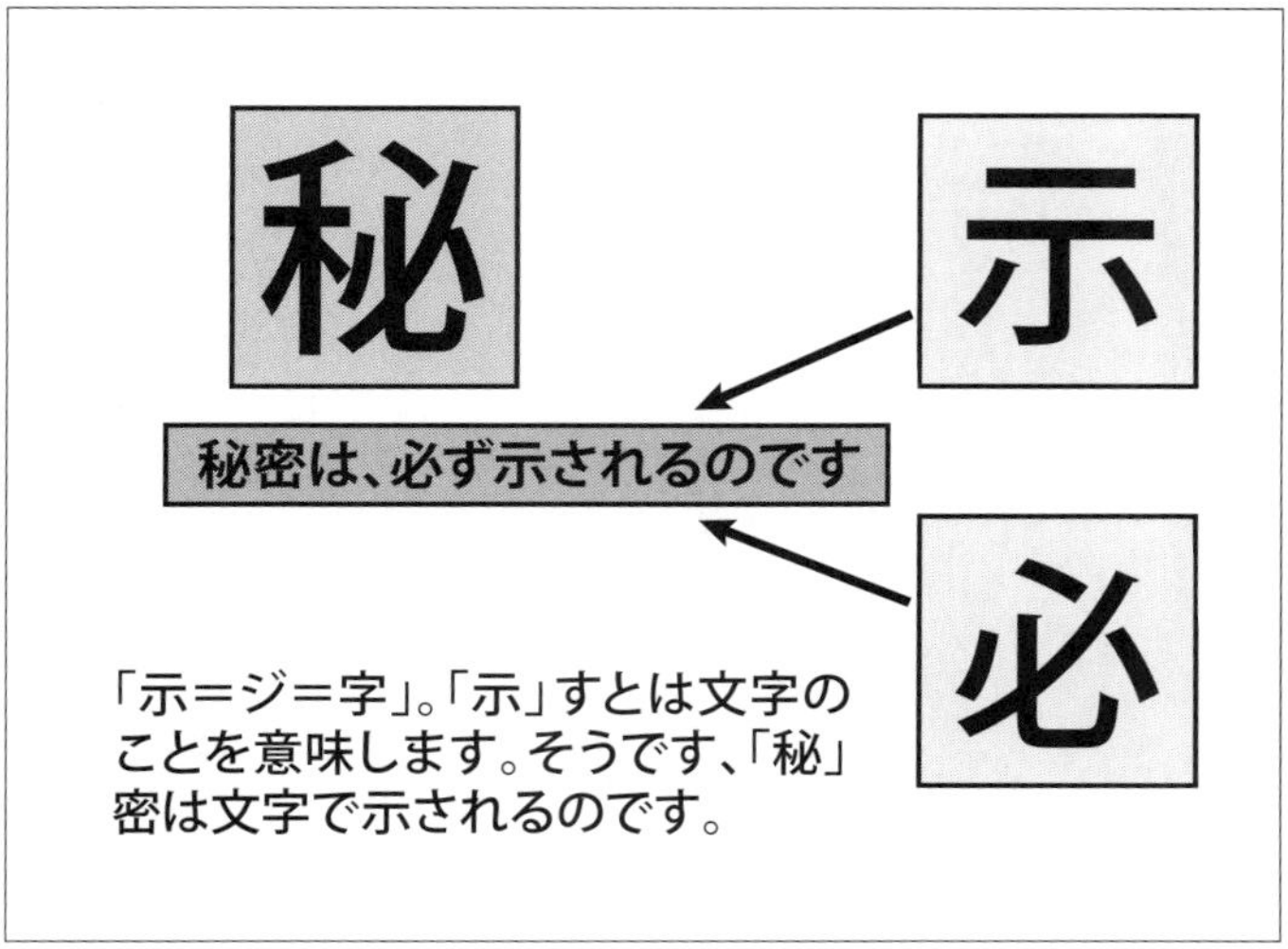
秘
示
秘密は、必ず示されるのです
必
「示＝ジ＝字」。「示」すとは文字のことを意味します。そうです、「秘」密は文字で示されるのです。

その木を見よとメッセージしているのです。「根」↓「ネ」↓「音」↓「コトバ」。そうです、神は人間にとっても最も大切であるが見ることが出来ない「根」＝「音＝コトバ」に気付けと諭されていたのです。

本書ではその「コトバ」の本質に焦点を合わせながら、新しい時代を開く言霊学＝光透波（コトハ）を紹介してゆくものです。奇しくも次頁の「神」の字は「ネ」と「申」で構成されています。「ネ」＝「音」＝「言葉」、「神とは音が申す」と書かれているのです。

既述してありますが「初めに言葉ありき、

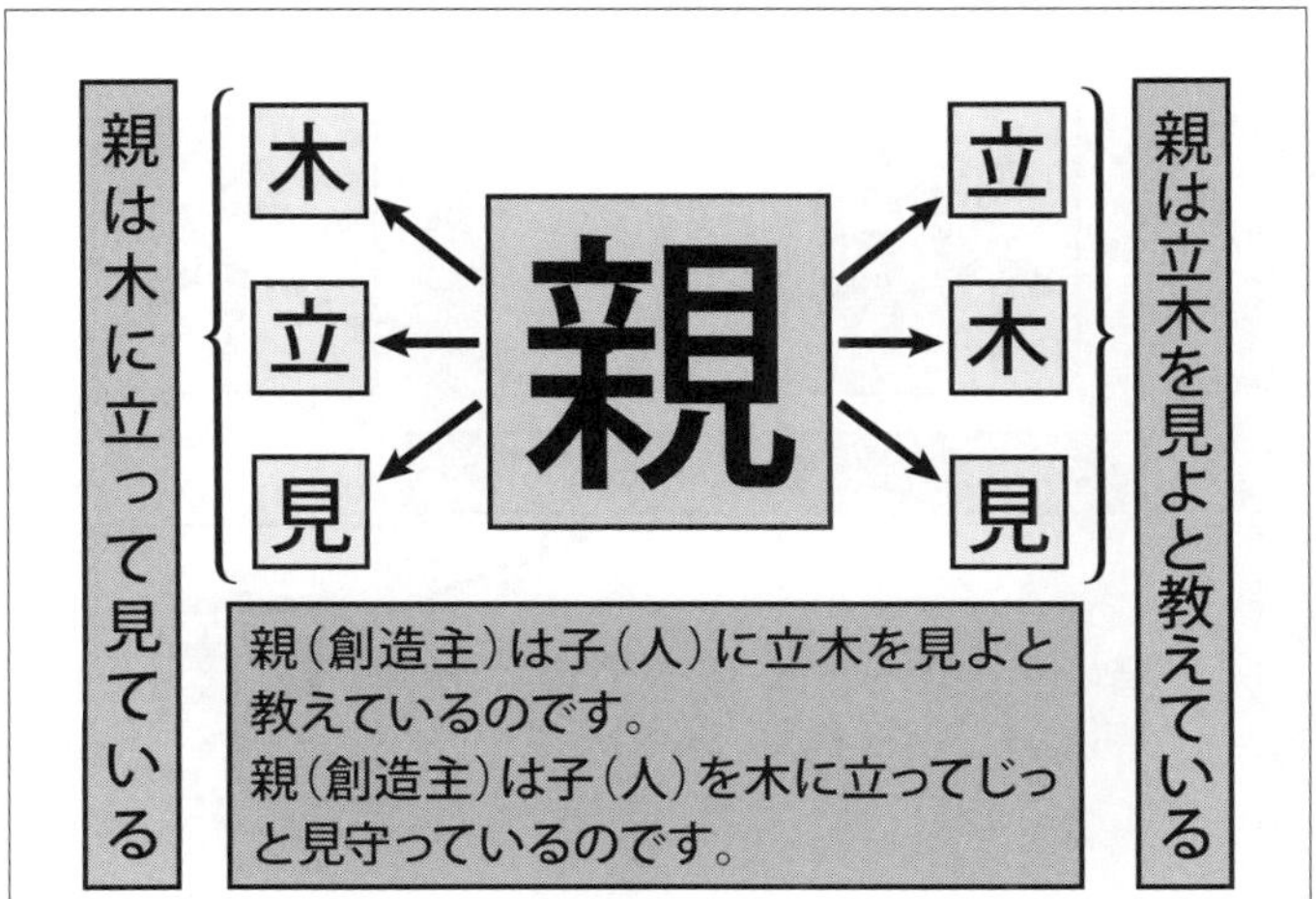
親
木
立
見
立
木
見
親は立木を見よと教えている
親は木に立って見ている
親（創造主）は子（人）に立木を見よと教えているのです。
親（創造主）は子（人）を木に立ってじっと見守っているのです。

言葉は神と共にあり、言葉は神なりき、万物は言葉によって成った」聖書の有名な言葉です。もう二千年前から「言葉が神である」と明言されているのですが、誰もその真意を掴むことができませんでした。この言葉の真相・真理を解き明かすことが出来る新時代の言葉の科学、それが「光透波（コトハ）」です。以下順を追って論を進めてゆきますが、初めにその言葉のエネルギーを使って、誰もが願う幸福と発展を掴む道を紹介してゆきましょう。

幸せをもたらす「光の言葉」

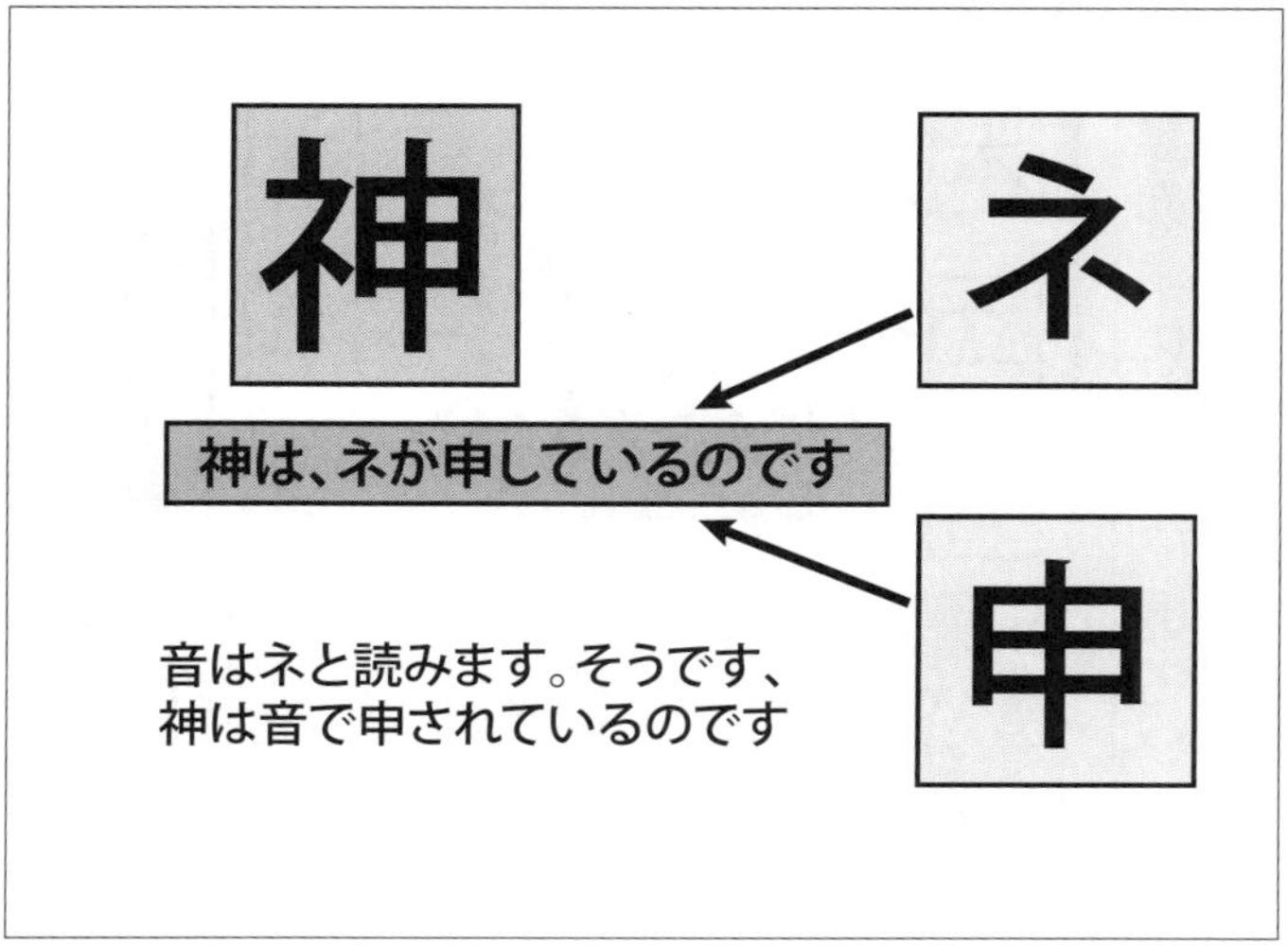

本書に差し込んである「光の言葉」のポスターに「言葉はエネルギー」であると書かれていますが、そこに焦点を合わせてお話を進めさせていただきます。ポスターではハッピーにしてくれる言葉として「嬉しい・楽しい・幸せ・ついてる・感謝します・ありがとう・愛してます・許します」、こういう言葉を繰り返し唱えることが提唱されています。

既に皆様の中には、斎藤一人さんとか相田みつをさん等の講演で良い言葉やハッピーな言葉を唱えると幸福になるとか、ハワイ語の「ホ・オポノポノ」を繰り返し唱えると良いことが起きる……ということをお聞きになっ

言葉はエネルギー

嬉しい・楽しい・幸せ
感謝・ありがとう・愛してます
ついている　許します

健康だ・円満だ・治る・良くなった
問題ない問題ない・ソウカソウカ無理もない

た方もいると思います。事実、その通りなのです。何故なら言葉はエネルギーですから、良い言葉・幸福になる言葉を唱えると幸せになれるということは本当の話なのです。

実はこのポスターを作るに際し斎藤一人氏の推奨する言葉を幾つも無断で借用させていただいています。というのは人を幸福にする素晴らしい言葉はやはり限られており、ここに引用した言葉に集約されているからです。それと本来言葉というものには専売特許というものがないという理由からです。

では、何故に良い言葉を使えばハッピーになれるか？　その深い理由に関しては今迄ほとんど説かれていませんし解明も出来ていませんでした。この言葉の奥に秘める深い裏付けは光透波理論によって初めて読み解くことが出来てくるのです。

この不思議な言霊の力を光透波理論（＝命波学）の視点では光透波エネルギーとして捉えています。光透波（コトハ）が真理なら必ず救いの道が開かれる筈である……と、筆者は常々考えていました。何故ならコトハは神であり、エネルギーだからです。

人は霊的には送受信器

さて、人は物質的な肉体と霊的な精神・生命の両面をもって生かされています。人間を物質的な視点でなく霊的な視点で捉えると、テレビやラジオのような送受信器に置き換えられることが出来ます。

テレビはチャンネルを切り替えることにより異なった映像世界が見えるようになっています。人も心のチャンネルを切り替えることによって、自身の生き方や境遇を替えてゆくことが可能だからです。人の思考はテレビで言えばチャンネル機能を持っており、思考を替えることによって自身の境涯や運命を変え

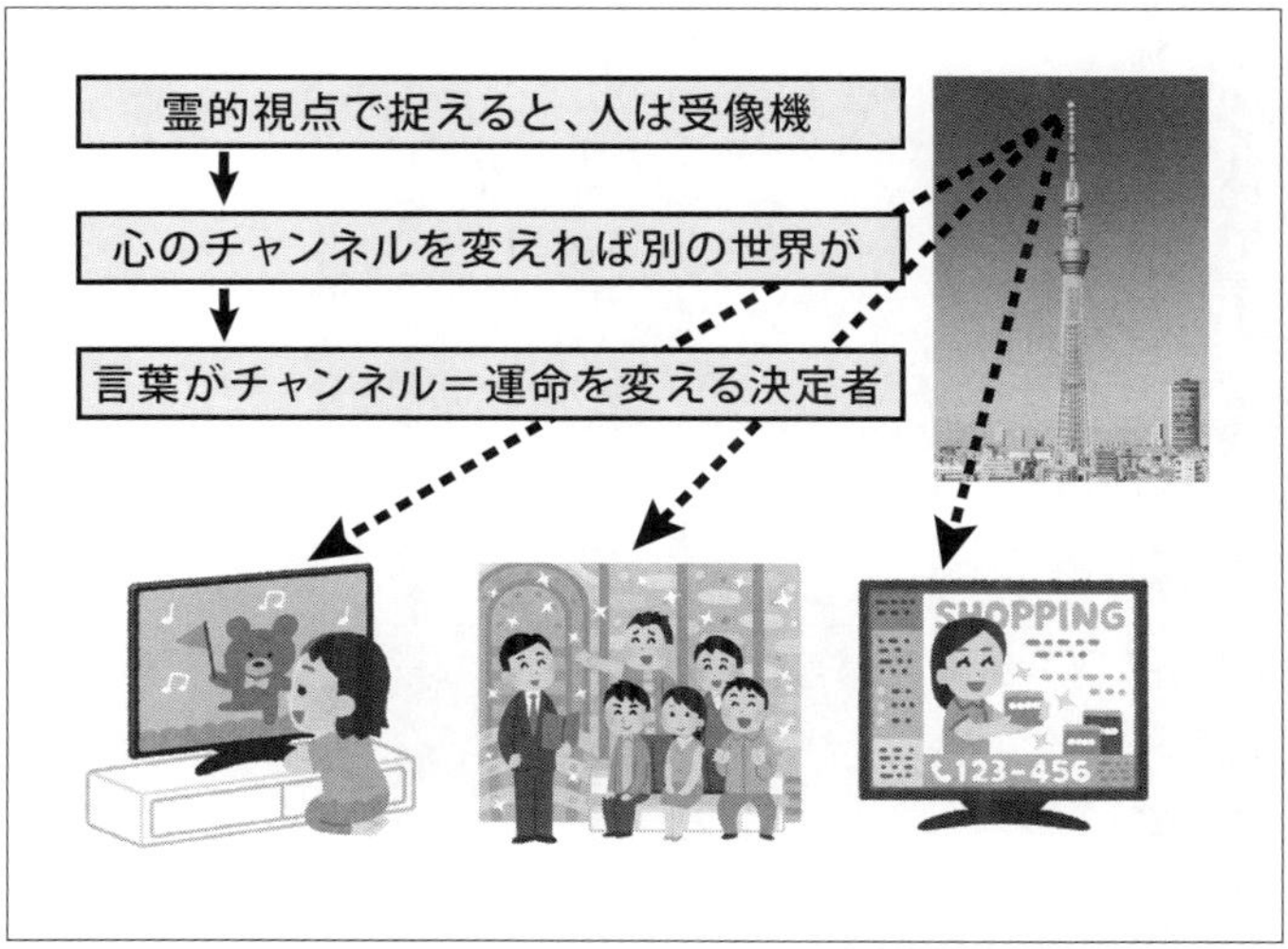

てゆくことが可能になっているのです。

テレビは受像機であるとともに送信機でもあります。テレビがどのようにして様々な映像が映るのかについて、前頁の図を参考にお話しましょう。テレビのチャンネルを1チャンに選択すると、受像機から微弱な1チャンの周波数の電波が発信されます。するとスカイツリーの電波塔から強力に発信されている様々な電波のうち、同じ周波数のＮＨＫの電波だけが同調波長の法則で引き寄せられて瞬時にテレビに流れ込み映像化して映るようになります。4チャンに切り替えると今度は4チャンネルの画像が映るようにテレビは仕組まれているのです。

思考はチャンネル機能を持つ

これと同じ様に人間の思考はチャンネル機能を持っており、引き寄せの法則によって自身の思考通りの境涯や運命が展開されるようになっているのです。昔から「笑う門に福が来る」

「泣き面に蜂が刺す」あるいは「類は友を呼ぶ」という諺がありますが、正にその通りの現象が起きてくるのです。

よく「思い通りにしかならない」とか「諦めたら終わり」とか言う言葉を耳にしますが、思考がチャンネル機能を持っている事を端的に表現した言葉と言えましょう。

ところが自身の思考や持って生まれた性格を変えることは容易ではありません。しかし「言葉」は思考に捉われることなく自由に表現することが可能です。

ですから自身が話す言葉には「思考＝心のチャンネル」を切り替える力があるということです。

思考を超えて言葉は自由に使える

具体的な事例を上げて説明いたしますと、会社の上司から突然理由も分からないのに厳しく叱られたとします。すると誰しもその上司に対して「嫌な奴だ……」という意識を持つものです。当然のこととして反発し上司を嫌悪する想念や態度や言葉が自然に出てくるものです。すると上司も霊的な送受信機機能を有していますから敏感にそれをキャッチし、さらに輪を掛けた激しい叱責を浴びせてきます。まともに上司に反発して「何言っているのだ。あなたの方が間違っている」と本音を語れば、ますます自身の立場を悪くしてゆくものです。ところが、言葉は思考に囚われずに自由に表現することが可能です。心の中では憎いと思っても「申し訳ありません」と謝罪する言葉も、上司に平気でお世辞を言うことも出来るものです。すると、その好意的な言葉の波動が感応して上司の態度も良い方へと変わってゆく……。

この事例は狭い視野で捉えると、偽りの言葉、嘘をついていると否定的に受け止める方もいるかも知れません。が、大局観的に捉えると本心＝思考と乖離したこの言葉の使い方が悪であるとは断定できない筈です。自身の思考が破滅的な方向へ向いているなら、その思考の暴走に運命を委ねることは愚かなことです。思考から離れて自由に表現できる言葉を使って破綻を喰い止める、このような事例は多くの人が行っている事でもあります。ここに支点を置いてゆけば言葉のエネルギーを善用する道が開かれてくるのです。

「言霊」とは言葉のエネルギー

この思考を超越して自由に表現できる言葉の特性を発揮して、誰もが願う健康と幸福と繁栄を言葉のエネルギーを活用して掴むために作ったものが差し込んでいるポスターです。言葉のエネルギーのことを古来日本の国では「言霊」と表現しておりました。それで「言霊」を分析力のあるアルファベットに置き換えて、光透波理論（＝命波学）で読み解いたものが下の図解です。

言霊＝KOTODAMAになります。

K＝ケイ＝計、OTO＝音＝50音、DA＝

言霊＝ことだま ＝ KOTODAMA

KOTODAMAを分析して意味をとると

K　OTO　DA　MA

K（ケイ＝計）＋（オト＝音）＋（ダ＝兊）＋（マ＝真）
↓　↓　↓　↓
計らい　音（50音）　喜び　まこと

「言霊・コトダマ」は50音（初めのコトバ＝光透波）に計らわれた真の喜びと読み解けます。言葉は音ですから当然ですね。

ダ＝兌＝よろこび、ＭＡ＝マ＝真と解せますので、「言霊とは初めのコトハに計らわれた真の喜び」と理解出来てきます。この言霊の力＝言葉のエネルギーを活用して幸福への道を掴むことが出来たら素晴らしいことではないでしょうか。

引き寄せの法則

言葉は量子力学的にもエネルギーと解せるようです。発した言葉のエネルギーと同じ周波数のものがくっつくようになっているのが量子力学の世界。それはまさしく、引き寄せの法則とも理解できます。

前述したテレビの解説のように、振動している周波数と同じものがくっつくようになっているのがこの世界です。

・前向きの言葉を発したら明るいものが引き寄せられる。
・不平不満ばかり言っていたら、暗いものが引き寄せられる。
・全ては自己原因、自分が発した言葉が全部引き寄せてくるのです。

夢を叶えるために言葉のエネルギーを使うのです。よく「思い通りにしかならない」とか「諦めたら終わりだ」とか言われますが、正に言葉のエネルギーと同じ周波数のものがくっつく引き寄せの法則を端的に表現した言葉なのです。「もう駄目だ、絶望的だ」と言えばその通りになってしまうのです。ですからこの逆の建設的な思考、言葉の使い方を心掛けることが大切であるということです。

人は光の方向へ向けて歩めば光明の世界が開かれて来ます。闇の方向へ向いて歩めば闇の世界へと閉ざされてしまう。光明か闇か？　そのチャンネルが思考であり、この思考を決めるのが言葉であるということです。

そこにポイントを絞って光の言葉のエネルギーを活用してゆくことが必要になってくるのです。言葉こそ夢実現のキーワードなのです。

有名な「引き寄せの法則」の著者・ウイリアム・アトキンソンは「人は思う通りの者になる。これは本当です。それを可能にするのがあなたの発する念波の強弱です」と記しています。彼は念力がその主体であることを説いているのですが、その「念」の本質にまで気付いていなかったようです。
ところが光透波理論の字割をすれば、いとも簡単に「念」の正体が明らかになってきます。「念」＝「ネン」＝「音云」。そうです50音が運んでいるのが「念」。すなわちコトバが運んでいるのが「念」であったということです。

※この字割理論に関しての解説は後ほど詳述しますので、ここでは掘り下げないことにします。また「音＝50音」についても第4章で解説します。取り敢えずここでは論を先に進ませていただきます。

古今東西を通じ多く宗教家や知識人達も言葉には力があり、言葉の使い方の大切さに気付いていたようです。そしてこの言葉のエネルギーを密かに活用して多くの歴史上の人物や政財界の人達は成功を収めているようです。

ひと昔前に政界や財界の人たちの指南役として大きな影響を与えていた思想家の中村天風氏は「言葉には人生を左右する力がある。この自覚こそ人生を勝利に導く最良の武器である」と明言しています。

感謝の言葉↓感謝の想いが高まり↓感謝のエネルギー↓宇宙にその感謝の波動が届く

↓神からその報いとして愛の恵みが届けられるのです。感謝の心、感謝の言葉を発信してゆく、喜びのコトバを発信してゆくことにより、その波動は同調波長の法則によって、喜びの現実をもたらしてくれるのです。

このことを現実に証明された人の中に今は亡き科学者の政木和三博士を挙げることができます。生涯、自動炊飯器・自動ドアー・格安テレビなど１０００以上の発明をしながらも特許権を無償で公開し社会の進歩に大きく貢献された政木氏は「喜べば、喜びが、喜んで、喜びを連れてやって来る」と説かれています。正に言葉のエネルギーを最大限に活用された方といえましょう。

意識は実現する。これが宇宙の摂理なのです。良い意識は良い言葉によって生み出されてくるのです。そこに人生を幸せに生きて行く要諦があったのです。

光透波は人の意識を光の世界に導くことが出来る新しい時代の言霊学とも言えるのです。

第三章　思考は過去の体験に支配されている

顕在意識と潜在意識

さて心理学の世界では人間の意識には顕在意識、潜在意識、超意識の三つの層があると言われています。私達の心＝意識は絶えることなく認識したり思ったり考えたり欲望に捉われたりし続けています。この自身で自覚している意識を顕在意識と言います。この顕在意識は無意識のうちに潜在意識によって95パーセントも影響されて動かされていると言われています。加えて潜在意識は感情に直接影響を及ぼし色々のことを起こしているのです。

心が動いた部分が周波数となって現実を引き寄せているのですから、潜在意識は私達の思考に凄く大きな影響力を持っているということです。この潜在意識の影響を克服しない限り本当の引き寄せは起こらないとも言えます。

より理解を深めるために次頁の図解を使って人の意識を解説いたしましょう。

潜在意識は大きく二つに分けられます。一つはこの世に生まれてからの学習や体験の全ての情報。二つ目は輪廻転生を繰り返ししてきた過去世での学習や体験です。幾十回幾百回？

となく輪廻転生をして現世に至るまでの記憶に加え、すでに忘れてしまった現《こ》の世での学習や経験が、全て潜在意識情報の中に組み込まれているということです。

　具体的な事例として、この世に生まれ出て産湯に漬かりますが、そのお湯の温度が冷た過ぎたり熱過ぎたりすると、その子はお風呂嫌いになってゆくと言われています。また前世で高い所から落ちて命を失った経験があると、その人は高所恐怖症になる……というように、現世の体験や過去世の体験情報が顕在意識に大きな影響を及ぼしているのです。初めて会った人に理由も無いのに好感を持ったり嫌気の感情を持ったり、また生来持ってい

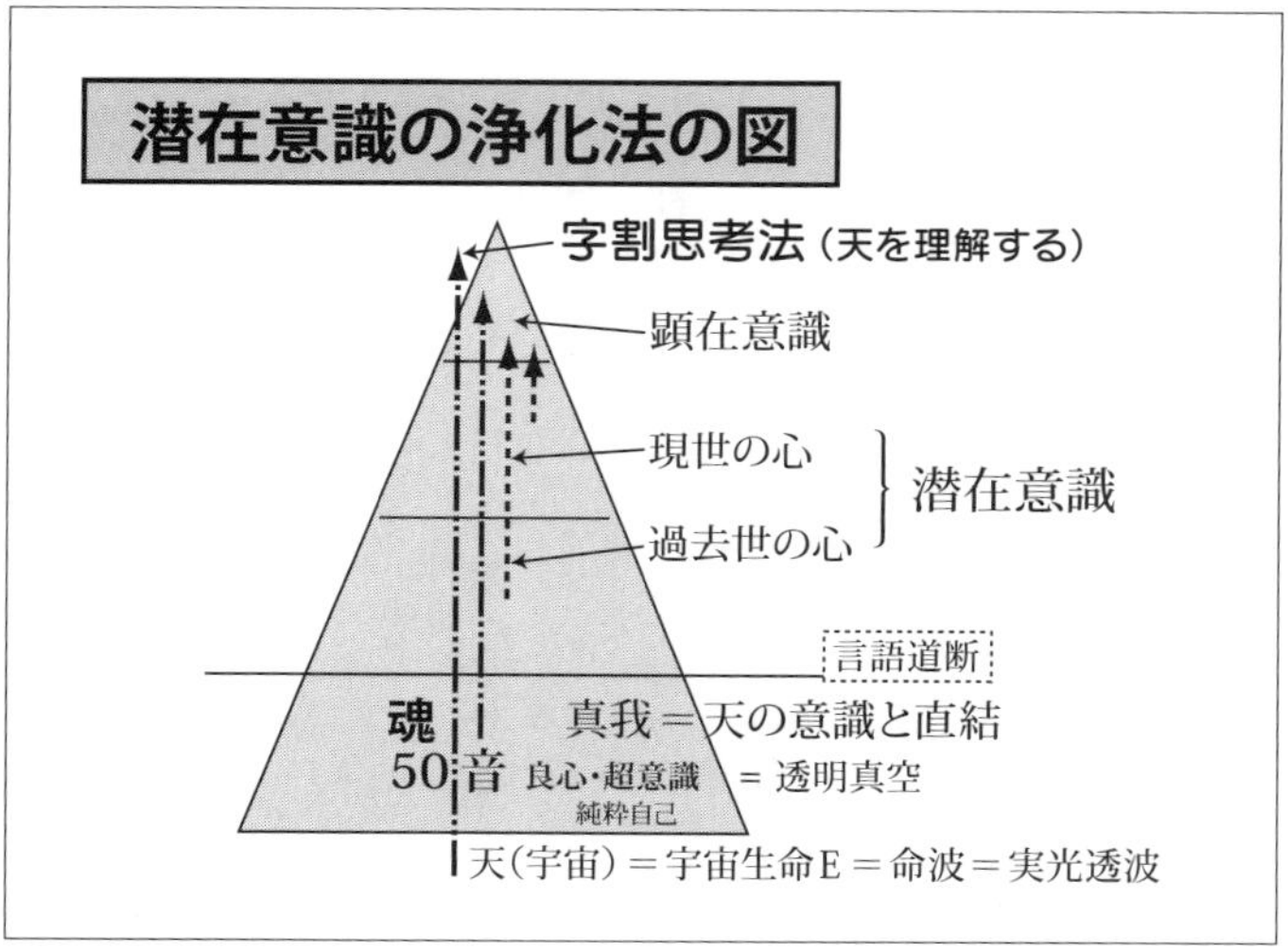

る人の得手不得手の特性など、前世来からの潜在意識に左右された現象と考えられるようです。

勿論、顕在意識はこれらの事を自覚していないのですが、この膨大な潜在意識情報が陰に陽に顕在意識に影響して生きているのが私達人間の実態なのです。

前世来の過去の体験情報によって不安や恐怖やエゴや煩悩に影響され支配されている思考は、テレビで言えばチャンネル機能の働きをしているのですから、その周波数に応じた現実を招き出すようになってしまうのです。このように思考や感情は過去の因果律に支配されているので容易に変えることが難しいのです。

言葉と思考は車の両輪

ところが言葉は発想を変えれば、その思考に捉われることなく自由に言葉を選ぶことが可能なのです。

大正から昭和の前半にかけて活躍された北原白秋の詩に「ひとつのことば」という詩があ

ります。

この詩をじっくり読みますと、私達の心＝意識＝思考というものがコトバによって左右されていることが良く理解できます。もっと言えばチャンネル機能を有する思考を言葉が変えていることがよく分かります。言葉と思考は車の両輪関係にあり、お互いに影響し合っているからです。

このところにポイントを置いて言葉のエネルギーを活用してゆけば、幸福と発展への活路が開かれてくるのです。先に掲げた光の言葉には当然のこととしてエネルギーがあります。その言葉のエネルギーを活用して生きる

ひとつのことば

北原 白秋

ひとつのことばで　けんかして
ひとつのことばで　なかなおり
ひとつのことばで　頭が下がり
ひとつのことばで　心が痛む
ひとつのことばで　楽しく笑い
ひとつのことばで　泣かされる
ひとつのことばは　それぞれに
ひとつの心を　持っている
きれいなことばは　きれいな心
やさしいことばは　やさしい心
ひとつのことばを　大切に
ひとつのことばを　美しく

ことが求められているということです。

ところが良い言葉を唱えれば思考＝意識が直ぐに切り替わるか？　というと、なかなか顕在意識はその通りに切り替わってくれるものではありません。

過酷な前世体験で顕在意識は病んでいる

何故なら潜在意識の過去の情報エネルギーは想像以上に強いものがあるからです。私達が幾十幾百回となく転生を繰り返してきた過去世を振り返って考えてみましょう。今の時代と違って人類の歴史は大変に厳しい時代の連続でした。戦乱や飢饉や天変地異、物質的にも経済的にも貧しく、また環境的にも過酷であり、現在より遥かに余裕の無い時代が営々と続いていました。そのために私達はそのような環境を生き貫くために我善《われよ》しのエゴの心を持たざるを得ず、強い者勝ちの弱肉強食の人生を繰り返し転生し続けてきたと想像できます。

今日、心理学の世界では退行催眠（生まれて来る前の母親の胎内の時代や、前世来の記憶を思い起こさせる催眠術）というものがあります。その退行催眠情報によると、人の魂は時代や国境を超え、民族や人種を替え、男女を替え、また身分や職業や境涯を替えて転生を繰り返しており、様々な学びを重ねてきているとのことです。平均すると80年に1回ぐらいの割合でこの世に転生していると説く心理学者もいます。

ならば私達の過去世は干ばつや冷夏等による飢饉、その飢餓の中で必死に生き続けようとした経験、地震・洪水・津波・噴火・台風の恐ろしさ、伝染病や病魔による死の恐怖、壮絶な戦国の世の殺し合いに怯えた日々など、様々な暗い厳しい深刻な経験で満ち満ちている筈です。

勿論、明るい良いことや楽しいことも数多く経験しているのでしょう。しかし過去世の経験はネガティブで辛い厳しい記憶の方が圧倒的に多かったと推理されます。この生きるか死ぬか喰うか喰われるかの厳しい生存競争社会は、人々の心から純真でピュアな神から与えられた本来の心を奪ってしまったのです。生き延びるために、自己保存の為に自我を強烈に持ち続け、我善しのエゴの心を滾《たぎ》らせて生き続けるより方法がなかったからです。

したがって人々の顕在意識の底辺には不安や恐怖やエゴの心、さらには生き残るために犯した罪の意識や煩悩五欲が渦巻いている……のも至極当然のことと考えられます。

このような潜在意識情報の影響によって顕在意識は無意識のうちに暗い方向へと思考を回転してしまう傾向があるのです。すなわちチャンネル機能を持つ思考は病んでしまっているのです。それが陰に陽に現《こ》の世の境涯や運命に大きく影響を及ぼしているのですから、この世を昔から「苦の娑婆、苦の娑婆」と言われてきた所以なのです。人間は悩みの無い人は一人もいないのです。またエゴの心を持っていない人も一人もいないのです。

物質的な力が支配する地球世界

さて、「嬉し、楽しい、幸せ、愛してます、感謝します、ありがとう、許します、健康だ」等のハッピーな光の言葉を使うことを提唱させて頂いているのですが、このハッピーな言葉を唱えれば直ちに幸せを掴めるかというと、現実はそんな生易しいものでもないことは事実です。

それは何故かというと、一つは私達が住むこの地球物質世界は、言葉のような形の伴わないエネルギーよりも、有形の物質的な力の方が大きな支配力を有しているからです。もう一つは過去世の潜在意識情報によって縛られた顕在意識が病んでいるからです。それ故に、病んだ潜在意識・顕在意識を放置したままにしておけば、その狂った思考チャンネルに翻弄《ほんろう》され続け、何時まで経っても苦悩や混乱が解消しなくなることは明らかでありましょう。

宇宙の真理は心を光へ向ければ光の世界へ進むことが出来、闇の方向へ心を向ければ闇の世界が待ち受けてゆくものです。

ですから健康と喜びと幸福と豊かさ平和という夢を願うならば、コントロールが難しい思考から一旦離れ、自由に唱えることが出来る言葉のエネルギーを活用してゆくことが求められてくるのです。北原白秋の「ひとつのことば」の詩で明らかなように、心（思考）と言葉は車の両輪であり、言葉という車は思考を超えて自由に唱えることが可能だからです。

思考はチャンネル機能、そのチャンネルを決めるのが言葉であるのですから、光の言葉を繰り返し唱えることは、病んだ思考によって闇に向かっていた人生に修正を加えることになってゆきます。心だけでなく自身の境涯や運命を確実に光に向けて切り替えてゆくことになるのです。

このことを解説したものが次頁の図解です。思考にはエゴ性と神性の二面性がありますが、思考はおうおうにしてエゴ性に支配される傾向が強いのです。したがってこれからは、神性につながる「光の言葉」を主軸に生きてゆく。さすれば光の言葉のエネルギーに思考が順応するようになり、人は幸福と発展への道を歩むことが可能になってゆくのです。

それ故に光の言葉を唱えても即効的な効果が現われないからと諦めるのではなく、光の言葉を繰り返し心に染み込むように声を出して唱え続ける必要性があるのです。そうすることによりチャンネル機能の思考が無意識のうちに変化してゆき、自身の境涯や運命が好転してゆくようになるのです。

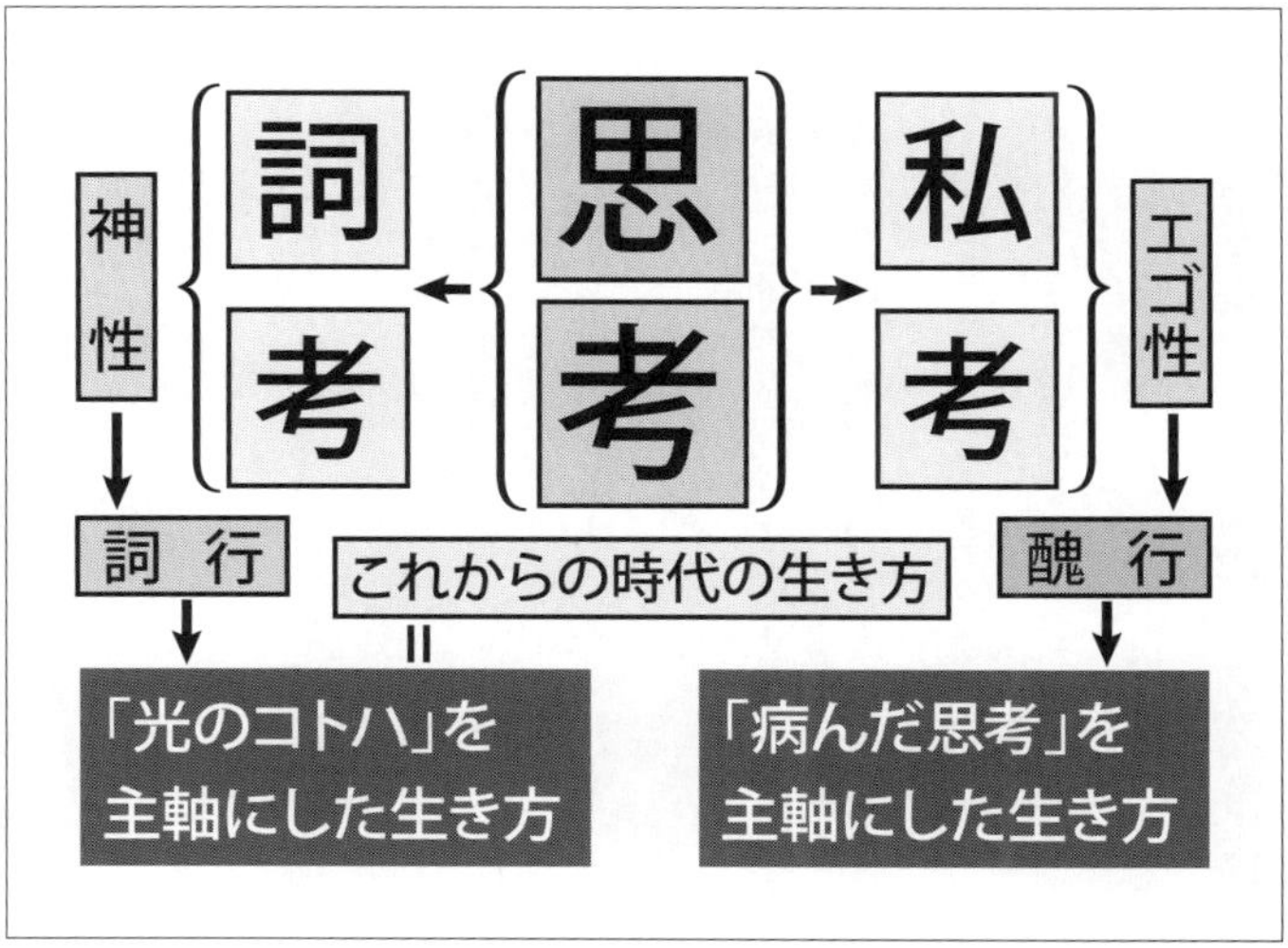

厳しい修行、輪廻転生の意義

さて、話を少々脇道へ転換させることになりますが、輪廻転生の意義について触れてみたいと思います。

今迄強調してきたように繰り返してきた人の転生は、苦悩ばかり刻み込んで無駄だったように受け取られる方もいると思いますので、転生の繰り返しにより人類が大きく成長してきた一面を覗いてみたいと思います。

実は大宇宙を創成された霊なる大神様は、物質の世界にも神界と同様に理想の天国を築く夢を実現されるために、水清き緑豊かな美しい星＝地球を造られ、宇宙のオアシスのような地球に神の管理者として、人間を降ろされているようです。

しかし、地球は三次元物質世界の定めにより有限・相対・差別の掟に支配された世界です。そこで生を営む人類は自己保存のために我善しの心を抱くようになったのは自然の流れでした。人類が持ち続けてきたエゴ性・利己性の意識は、有限な厳しい地球環境で必然的に培われていったのです。天はそのように仕組まれて人間をこの地上に降ろされ厳しく鍛えられたということです。

その一方で地上の物質世界に理想世界を築こうとされる創造主の御恩寵は深く、神は人間を自身の似姿にして降ろされ、言葉と文字という創造する力と仕組みを人類にお与えくだされたのでした。

そして宇宙の創造主は地球の管理者として全面的に信頼できるように人間を厳しく鍛えに鍛え、学ばせ続けてきたのです。何ごとも見たり聞いたりしただけでは身のつくものではありません。現実に体験し味わってみなければ本当のことが分からないものです。

神の管理者に相応しい能力と精神性を身に付けるために、サムシング グレートは人間を繰り返し転生させて修業を積み重ね続けさせてきたと考えられるのです。それが幾度となく転生してきた真義であったということです。

人類の集合意識はこのようにして善悪を学び、愛を学び、調和を学び、平和の大切さを学び、神の心に通じる生き方も学んできました。まだまだ未熟で不完全でありますが、学んできたプラス面がいろんな分野で現われていることも事実です。

その証拠が人々の心が大勢として格段と優しくなって来ている事です。愛と調和と平和を願う人々が着実に増えていることです。昔は政治的に対立すると対抗勢力を殺戮する手段がとられていたのが、今では選挙制度に切り替わってゆくというように、野蛮で残虐な弱肉強食の誤りにも気付くようになってきました。また未完成ではありますが様々な福祉制度が整えられるというように、時代の変遷とともに人の世は穏やかになりつつあることは確かなようです。

そして、何よりも明確に現れているのが豪華絢爛たる物質科学文明が百花繚乱の如く花開かせていることです。

神は霊的な存在故に、物質面においては人間のように精緻な工作力を持ち合わせていません。そのために人間という代行者を創られて地上に物質的な理想天国を築こうとなされているのです。

そして遠い遠い神代の昔、神と人が仲睦まじく歩んでいた「霊主体従」の時代を経て、今から三千年程前に人間の自律と成長と物質的発展を促されて、神は表の世界から身を隠されていったと想像されるのです。以来三千年という長年月を掛けて「体主霊従」の時代を人類に課せ続けさせて、今日の高度な物質科学文明を築かせられてきたのです。

しかしその一方、この三千年の時の流れにより人類は霊性面を疎かにしてしまい、物質中心の思考に囚われて物金中心のエゴの心、強い者勝ちの世を生み出し混乱を招来させてしまっているのです。その端的な現れが核弾頭や原発であり、深刻な地球環境の破壊であり、そのため世界人類は今日、破滅の危機に直面しているということです。

鳥瞰的に観ずれば今日、世界人類は最終的な危機を乗り越えて神の求める地球の管理者になり得るか？　はたまた不合格の烙印を押されて破滅するか？　その伸《の》るか反《そ》るかの瀬戸際の分岐点に立たされている……と言っても過言ではないのです。

この現代の厳しい試練の時代を乗り越え、救われ行く道が言葉の本質とそのエネルギーに目覚めることに繋がってくるのです。そして「光の言葉」の活用法と言えるのです。本書はその思考様式であり哲理でもある言霊学＝光透波理論へと案内出来ることを願って書かれているとも言えるのです。

第四章　全ては波動によって生じている

聖書の言葉と一致する現代科学の見解

現代の科学では全てのものは波動・振動によって成り立っているとの見解に立っています。私達の身体にしても机にしても、光や音や私達の心も、突き詰めれば全て波動によって成り立っているというのです。

先に紹介した聖書の「初めに言葉ありき……」の文言の「言葉」を「音」と読み替えますと、音は波動・振動でありますから、振動で総てが成り立っているという現代科学の見解と見事に一致しているのです。

この宇宙の全てのものを成り立たせている根源的な波動でありエネルギーを、命波学（光透波理論）では光透波と称しています。光透波とは「光」の「透」明な「波」ですから光（こ）透（と）波（は）、ですから光透波とはコトハ＝言葉、すなわち究極の根源的波動がコトバのエネルギーであると理解出来てくるのです。

言葉は人類だけに与えられた

人類の発祥時、私達の祖先は他の動物と同様に言葉を有していなかった……と考えられますが、それを憐れんだサムシング グレートから言葉を授けられたと推理されます。なぜなら人間だけが言葉を有しているからです。それでギリシャの哲学者アリストテレスは「人間は言葉の動物である」と喝破されています。

このことを裏付ける宇宙の意識体から降ろされた啓示がありますので紹介いたしましょう。某国立大学の教授をされている一二三朋子女史のブログの中に明確に書かれている次の文章です。

「太古の日本」（2009年2月21日）より　　ひふみともこ 著

本日、地上に最初に現れし、人の祖先の元を教えむ。人の太古の始まりは、ことばも持たず、立つこともなし。サルにも近く 野生に等しき。そこへ神は現れて、人にことばを授けたり。

始めのことばは、言霊なり。一音一音、働きを持つ、神の仕組みを表わすもの。宇宙の創世、進化の法則、星の運行、自然の循環、全てを秘める、厳《おごそ》かなるもの。

なれば始めの人類は、言霊の持つ霊力を、恐れ、畏《かしこ》み、崇《あが》めぬる。やがて人は、言霊を、神とも敬い、尊びて、祝い　祀《まつ》りを始めたなり。


この初めに人類に与えられたことば（光透波）を、私達の祖先は長い長い人類の足跡の中で徐々にアレンジしてゆき、今日の人間だけにしか通じない言葉へと変化させてしまったというのが、どうやら真相のようなのです。

今でも毎年流行語が次々と出てきますし、本来の表現から外れた新語も数多く見出されます。その一方で時代の変遷の中で廃ってしまった言葉も数多くあります。このように人間は自分らの都合の良いように言葉をアレンジし続け、夥《おびただ》しい方言を生み、さらに人種国境や時代の変遷によって様々な言語へと別れていったと考えられます。

命波学（光透波理論）では初めの「コトハ」を「詞」、後の言葉を「語」と表現しています。

ですから現在、人類が使っている日本語・英語・ドイツ語・チャイニーズ・朝鮮語、その他すべての言語は、後の言葉＝「語」ということになります。このように言葉には大きく「詞」と「語」の二つの言葉があることを、まず押さえておいてください。

原初の言葉はエネルギーに満ちた「言霊」

宇宙には無限絶対の光透波エネルギー・振動が鳴り成り響いている……。そして元祖の人々に初めのコトハが降ろされました。そのエネルギーに満ちたコトハは言霊でした。この言霊の中には音霊と数霊が含まれています。何故なら音霊の順序を決める数霊により言霊が生まれるからです。数霊は法則性・順序性・規則性という力を有しているのです。

どのように言霊が生まれるかというと、宇宙に鳴り成り響いている音霊50音、そのうち「ヤ」「マ」の音が数霊によって一番目に「ヤ」二番目に「マ」と順序が決められると「ヤマ」という言霊が生まれるのです。

そして「ヤマ」という言霊のエネルギーによって「山」を創造される……という仕組みで、

宇宙の森羅万象は生成化育されていったというのが、どうやら宇宙の真相真実であると推理されてくるのです。

　このような常識では考えられない命波理論の「言葉の誕生」の見解に読者諸兄は戸惑われると思いますので、これと軌を一つにした話を紹介いたしましょう。先ほど紹介しました一二三朋子女史の著書の一節です。この方は大学の先生でありながら宇宙の意識体と交信ができる方で、その降ろされた言葉を『神から人へ』『神誥記《しんこうき》』等の本で世に出されています。その『神誥記』の201ページに以下のような文章が掲載されています。

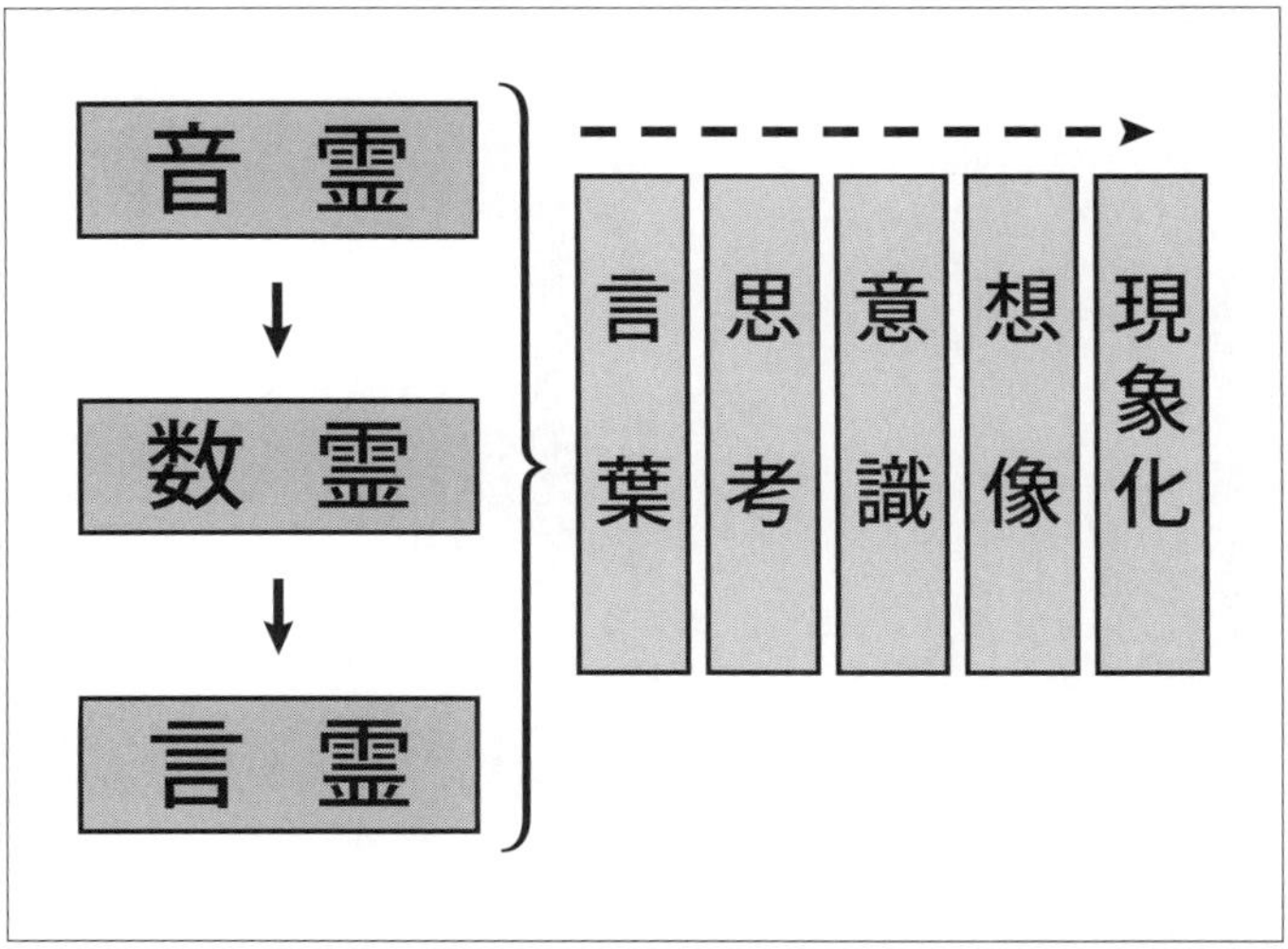

（質問）音から先に作られ、その音に、意味が与えられたり、物が作られたのでしょうか。

さなり。「やま」という、ことばが先なり、山は後なり。

ことばを作りて、その後に、神は音に合う意味与えて、意味を持つもの、物質作られり。


この啓示の内容は命波学の音霊の力によって宇宙の一切が生成されているという見解と見事に一致しているのです。

人類文明の奥には言葉の力が脈打つ

言葉が人類文明の根幹にあることを分かり易くしたものが次頁の図です。

初めのコトハ＝言霊を人は言葉に変化させ、その言葉を駆使して人間は他の動物に無い傑出した力を持つことが出来るようになったのです。

もし言葉がなかったら、どうなるのでしょうか？　思索はまとまらず、「私」すらも、「どこへ」すらも定かでなくなり、一切は混沌状態になる筈です。「好き」も「嫌い」も「海」も「山」も分別できず、自己はただ空虚に漂うのみです。

言葉あるからすべてのことを認識することが出来、識別することが出来、その言葉の組み合わせにより判断し、思考し、意識し、そして欲望を持ち、想像することが出来るようになったのです。そして想像は創造へと展開して今日のあらゆる文化文明を築くことが出

認識・思考・判断

想像・欲望・意識

そして人類の科学文化の一切は

言葉を根底に生み出されています。

もし、言葉が無ければ

何も生み出されなかったのです

来るようになったのです。

人間が人間たる所以は言葉を持っているということです。それ故に今日の輝かしい文明の花を咲かせることができているのです。

ですから全ては言葉を根本にして創造されたと言っても言い過ぎではないのです。

音は森羅万象を生み出した根源的な力

次に音とは何でしょうか？ について触れてみたいと思います。音は振動です。

1秒間に20回から2万回の振動が空気に伝わって聞こえるのが音の実態です。それ以上の振動数になるとコウモリなどには聞こえるが人間には聞こえない超音波になってゆきます。

大気中にはいろいろの電波が漲《みなぎ》り錯綜していますが、その各種の電波域は3千から3兆Hzという非常に広い周波数帯です。光になると3兆Hz以上、放射能は3京Hz以上というように、振動数＝周波数の多寡《たか》によってそれぞれ性質を違えたものになっているのです。

このように音・電波・光・放射能・他、全てのモノは波動によって生み出されているのです。

言葉は音の組み合わせですから当然振動。そして現代科学でも全てのものは振動（波動と周波数）によって成り立っているとの見解をとっているのですから、言葉を広義の振動の意味に置き換えると、先に掲げた聖書の「万物は言葉によって成った」という文言がその通りであると理解出来てくるのです

さて、「命波学」即ち「光透波理論」では、東洋を代表する言語として日本語、西洋を代表する言語として英語、この東西の言語を総合して文字の奥に潜む真意・真理を読み解く「字割」ということを行ないます。この字割の仕方等に関しては光透波セミナーにて別途学んでいただきたいと思います。

ここで手始めに「音」を英語に置き換えて字割した解釈を次頁の図解で説明させて頂きます。

「音」は英語で「ＳＯＵＮＤ」、それぞれのアルファベット文字の順序数を和してゆきますと次頁図のように、73の数が出てきます。実はアルファベットには分析力があり、数に置き換えることが出来る文字なのです。この特性を使ってＳＯＵＮＤを数で掴むと73、73→ナ

ミ↓波↓波動。そうです、音を英語に置き換えて字割すると「波動」と解することができるのです。まさに英語の「ＳＯＵＮＤ」の真意は波動であったと、科学的な解釈と一致してくるのです。不思議ですね。

音の元素の数は50音でした

次に「音」を分析力のあるアルファベットに置き換えて解読してみましょう。

「音」↓「ＯＴＯ」↓15＋20＋15＝50。

そうです、音の元素が50音であることが浮かび上がってくるのです。私達日本人は幼い

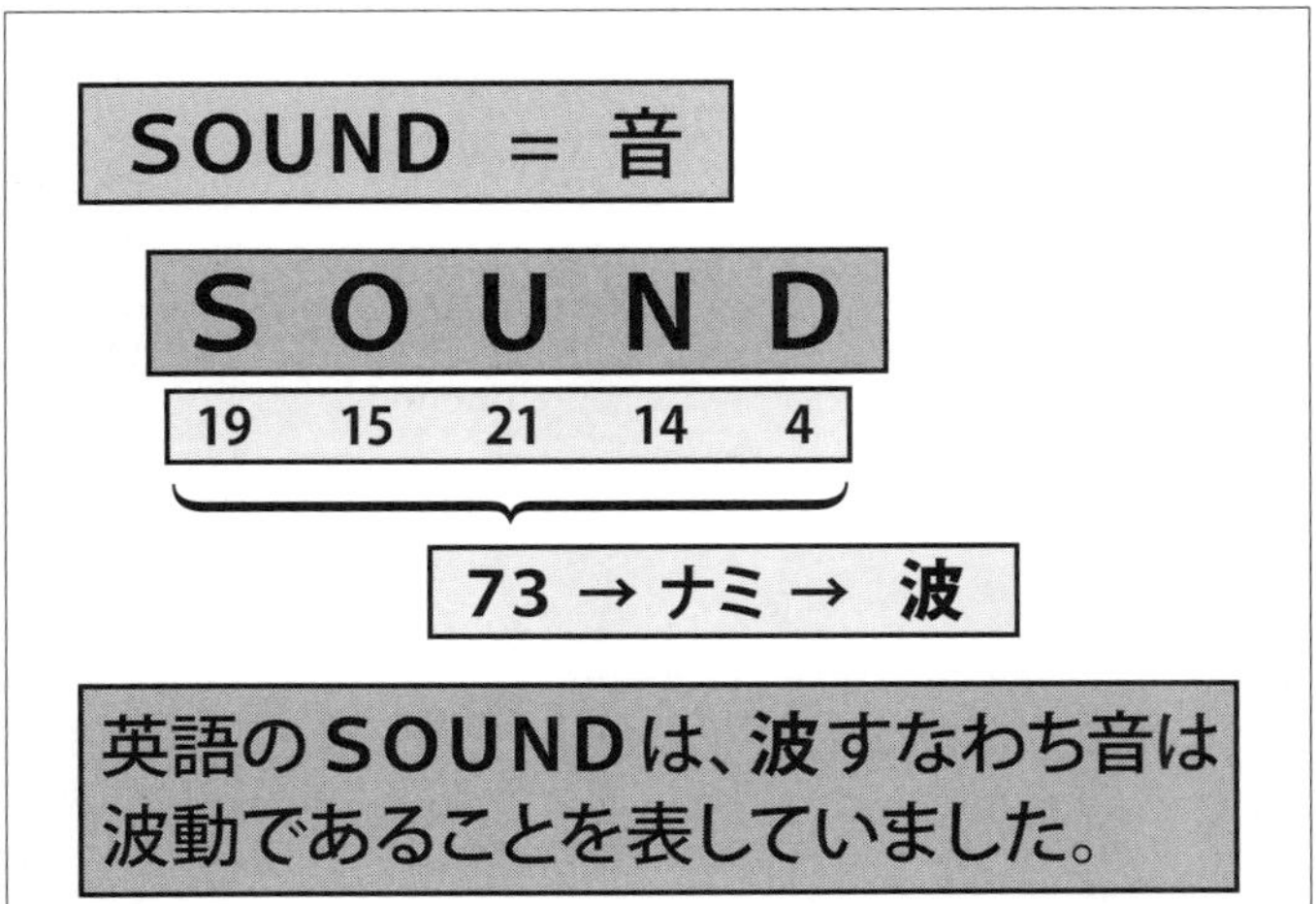

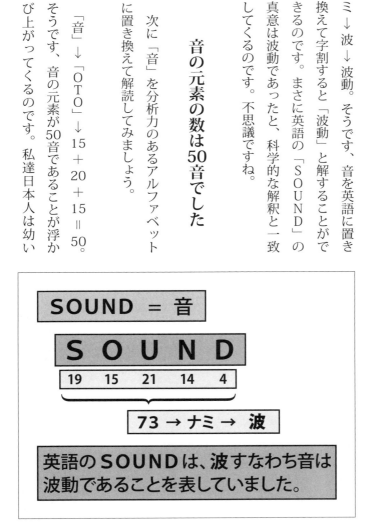

時から50音図表というものを習っていますので、ごく自然に50音が音の元素であると納得できるのですが、日本人以外の人達にはなかなか理解できないようです。

　何故なら世界には６５００～７０００あると言われる言語の中で、唯一日本語だけが母音中心の言語であり、発声音がきちっと整理されているのですが、他の言語は英語にしてもフランス語にしても中国語にしても、全て子音中心の言語で多岐な発声音を有しているからです。

　これら子音中心の言語の場合アクセント、イントネーション、巻き舌音、中間音、特殊な呼吸音等々と複雑な発声法を駆使して声を

音＝OTO

アルファベットでOTOを読むと

O＝15、T＝20番目にあります
15＋20＋15＝50の意味がある

音の元素は50音だったのです

出していますから、私達は人が話す言葉の音はもっと多くの音の種類があるように思いがちです。

ところが複雑に発音する異国の人たちの言葉は、例えば英語の発音記号である「æ」、アとエの中間音はその境がはっきりしないのですが、整理するとエかアかどちらかに納まります。このように仕分けると世界中の人々が話す言葉は50音に集約されてくるのです。もう少し正確に言うと50音から派生しているガ行・ザ行・ダ行・バ行の濁音20音と、パ行の半濁音5音と、「ン」音に、50音を加えた合計76音しか声に出して表現できていないのです。集約すれば人間は50音が基本発声音なのです。50音のお陰で相互の意思伝達が行なわれており、思考や意思を練ることが可能になっているということです。

母音中心の言語は日本語だけだと記しましたが、厳密に言えばポリネシアとかミクロネシア島の南洋の原住民の使う言葉も母音中心の言語と言われています。しかしそれらの原住民の言語はすでに滅びかかっております。日本語の場合1億2千5百万以上の日本人が使い、世界的にも堂々とした存在感を持った言語です。そういう意味で母音中心の言語は唯一日本語のみと言っても言い過ぎではないのです。

では母音中心の言語と子音中心の言語とはどのような違いがあるか？　分かり易く説明いたしましょう。母音は永続音、子音は瞬間音ともいえます。日本語で魚＝サカナ＝SA　KA　NA、一音一音を伸ばして発音できる母音で終わっています。英語で魚＝Ｆｉｓｈ、瞬間音の子音の「ｈ」で終わっています。勿論、英語にもＩ（私）とかＹｏｕ（あなた）等の母音で終わる言葉も多くありますが、総じて子音中心の言葉であることは否めません。日本語以外の世界中の言語は皆子音中心の言語であるということは、日本語は文字通り特別な言語と言ってもいいようです。

　そして光透波の祖・小田野女史は音の元素

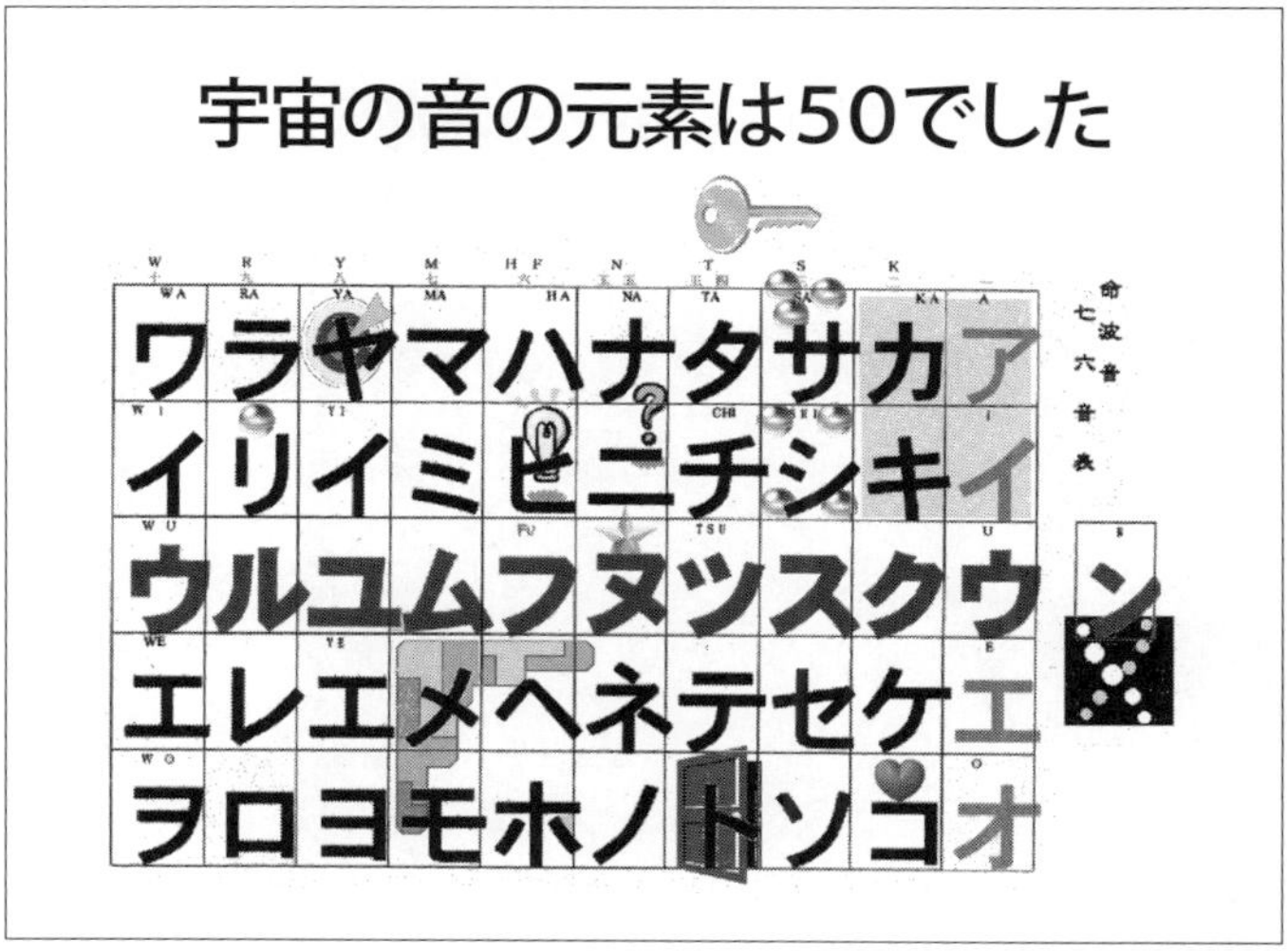

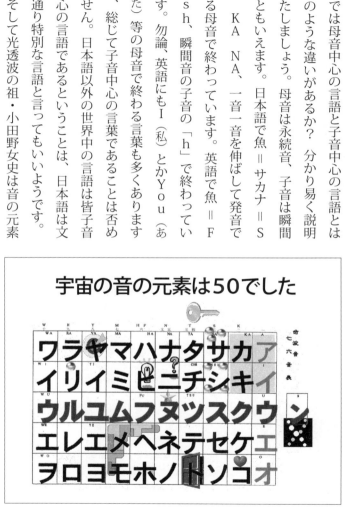

が50音であることを、自身で幾回となく繰り返し発声しながら究明され世界で初めてこのことを発見されたのです。この一事をとってみても凄い実績を残されたと言えるのです。

この50音の一音一音にはそれぞれの周波数がある、エネルギーがある、意味があるのです。さらに小田野女史はこの50音の一音一音の意味を読み解かれているのです。その一覧表を天鏡図と命波学では言っております。この天鏡図があるからこそ、言葉の奥の真意・真理を読み解くことが可能になっているのです。

第五章　文化文明の根源には言葉が機能している

人間の人間たる所以《ゆえん》は言葉を持つこと

言葉とか文字に関して多くの人は人間は頭が良いから言葉を作り文字を作ったと錯覚しています。確かに新しい発明や発見がある度に人類は言葉を次々と作ってきました。しかし人間に基本ベースになる言葉が与えられていなかったらどうでしょうか？　猿や犬のように何ら思考することも出来なくなるのです。基本となる「初めのコトバ」を与えられていたからこそ人間は思考することができ、次々と新しい言葉を生み出し、文化文明を築くことが出来ているのです。

頭が良いから人間は言葉を作ったという考えは全くの錯覚なのです。言葉を与えられていたからこそ、人間は今日の高度の文化文明を築くことが出来ているのです。

コトバの持つ核心的な力について光透波を開かれた小田野早秧女史は、その著書『生命の原理』の中で明確に記されていますので紹介いたしましょう。

「生命の原理」　36頁　小田野早秧 著

もし吾々に「ことば」がなくて、「耳にきく」音感のすべてが、一様に何の意味にも感覚されず、「目に見る」すべてが「無名詞」の実在の世界であったとすれば、吾々は何事をも何物をも「知る」という実感を得ることは不可能であろう。

こうして「知」の性能が空白なれば「考える」という事実も成立し得ない。

体験体得といえども「感能力」から「ことば」をはずして何が成り立つであろう。

実に吾々が「感知」する事実の成立は、吾々が感覚する限りの実在現象が総て名詞（動詞も働きに対する名詞をなしている）になって、吾々の生命に感置されて「思考力」や「理解力」という知性能に活用されているからである。

もし言葉が無ければコミュニケーションも取れなくなるのですから、今日の人類文明は一朝にして崩壊してしまうことは明らかではないでしょうか？　言葉がなかったら脳内の思索はまとまらず、「私」も「時」も「所」も定かでなくなり、もちろん「好き」も「嫌い」も、「海」

も「山」も「川」も明確に識別できなくなり、混沌の世界が現出し自己はただ空虚に漂うのみになるはずです。

哲学や自然科学を論ずる前に、言葉があって初めて宇宙のカオスは、自己の前にまとまりを見せるのです。言葉が無ければ思索は纏まらず、言葉が意識をまとめ、意識の内容を深め、本能・知性・感情・理性の分別を整理し、行動意識の原型を作っているのです。

私達人類が恩恵に浴している科学技術の一切もあらゆる文化文明も、言葉をベースに築き上げられているということです。ことほど左様で重要な言葉にも拘わらず、殆どの人達は無関心です。言葉は人間が使う道具として軽く扱い、乱用し、誤用し、穢し続けているのです。

「意《こころ》」を字割する

この世で人間が認識するもので名が付いて無いものはあると思いますか？　実は無いのです。天体の全ての星々にしても、細菌・ウイルス・素粒子にしても全て名が付けられているのです。もし名の無いものがあったとしたら、それは私達が知らないだけなのです。全てのものに名があるからこそ、私達は認識し識別し、そして言葉を駆使して思考を練ることが出来るのです。

具体的にここに「テレビ」と「机」があるとします。「机」の「上」に「テレビ」が「載って」いる。「机」は「長さ」「1メートル」「幅」は「50センチ」「高さ」は「85センチ」「色」は「茶色」……というように、言葉を組み合せて具体的に表現することが出来、正確にその状態を識別し認識することが出来てくるのです。そして思考することが出来るようになり、思考は意識＝こころに変換し、欲望・想像し、さらに想像が創造する行動へと走らせているのです。

確かに犬や猫も欲はあるでしょう。しかしそれは本能に基づいた欲望であり、人間のように高度な欲望を持つことは不可能なのです。何故なら彼等には「言葉」というものが与えられていないからです。このように掘り下げると人類が豪華絢爛たる科学文明を築くことが出来た根源力は言葉であることが、誰にでも分かってくると思います。

当然のこととして私達の意《こころ》も言葉があることによって生み出されているのです。その意《こころ》の字はどのように読み解けるのでしょうか？

「意」の字は「音」と「心」で組み合わされていますから「意」は「音」の「心」。そして「音」は「立」と「日」で構成されています。「立」は立体のことであり宇宙の「宇」＝無限空間の意味になります。「日」は時間の単位ですから「時間」、宇宙の「宙」＝絶対時間の意味ととれます。即ち「音」の字の奥には「宇宙」の意味が含まれていたということです。その宇宙の心が本来の私達の意《こころ》ということを「意」の文字は教えてくれているのです。

また「意＝イ」、この「イ」を天鏡図に当て嵌めると「意」「異」「為」の三文字が出てきます。したがって『意＝こころ』は異な

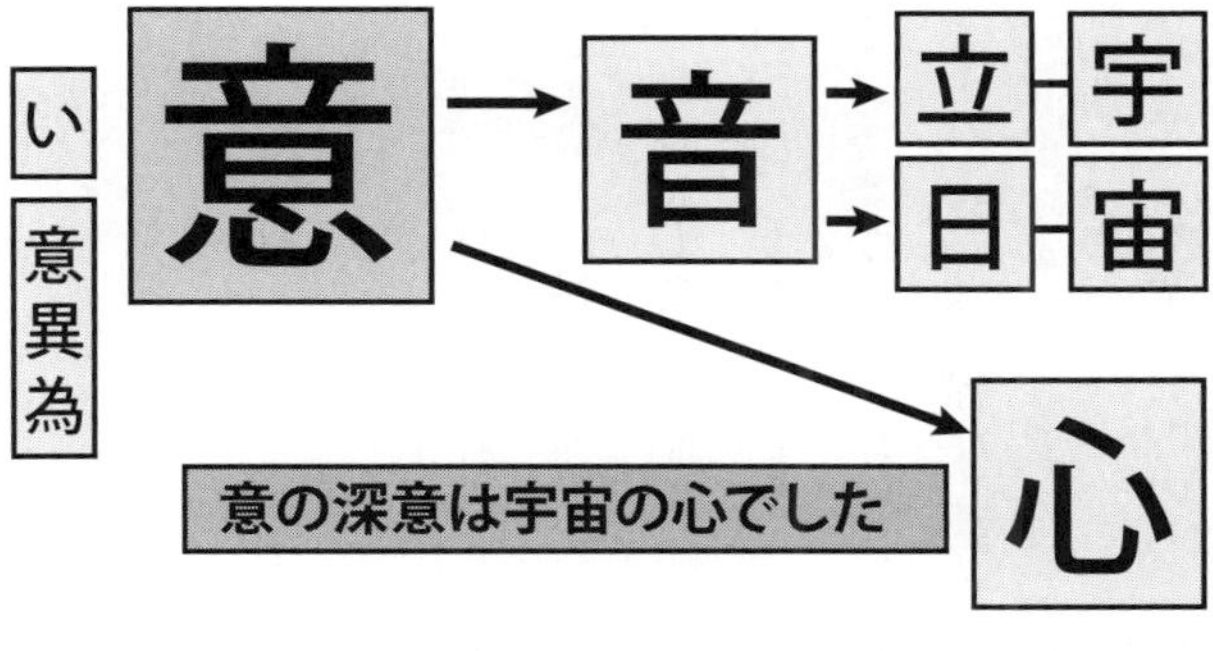

人の意（い・こころ・おもい）とは、本来は宇宙の心であり、想いであり、それは、それぞれ異なりを為しているのです。

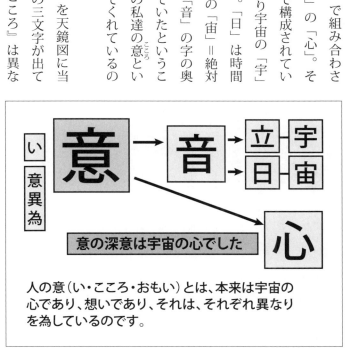

りを為している」と読み解けてきます。宇宙の心であるのに異なっている……。

※「天鏡図」とは28頁の注釈で既述してありますが、命波学（＝光透波理論）で文字の字割をして解読するときに使う50音の深意を表わした一覧表のこと。

確かに人の心は皆違っています。本来は宇宙の心なのですから同一であるべきですが、何故に人の心は違っているのでしょうか？

それは私達が生活している地球は物質世界です。命波学では物の世界は有限・相対・差別の世界と捉えています。そして「物」の世界に対する「霊」の世界は無限・均一・平等の世界であると説かれています。どのような巨大な存在、地球にしても太陽にしても銀河にしても、形あるものは皆有限の存在です。そして前があれば後ろがある、上があれば下があるというように相対・差別関係が生じるのが物の世界です。ですから地球環境は当然のこととして有限・相対・差別の世界ですから、そこで生活する人々の心は皆異なりを為している……という訳です。

その反面で人は宇宙の心（真我）も持っているのです。それ故に人間の心には神の心と鬼の心が宿っているのです。神（仏）の心とは内なる純粋ピュアな「魂の心＝宇宙の心」、鬼の心とは物質次元で生きて行かなければならないために自然の内に培われていった「エゴの心」、我善しの弱肉強食の心と言えましょう。

「神」の姿は「無」でした

では次に、少し話が飛びますが「神」の文字を字割してみましょう。

「神」を分析力のあるアルファベットに置き換えますと「ＫＡＭＩ」それぞれの順番数

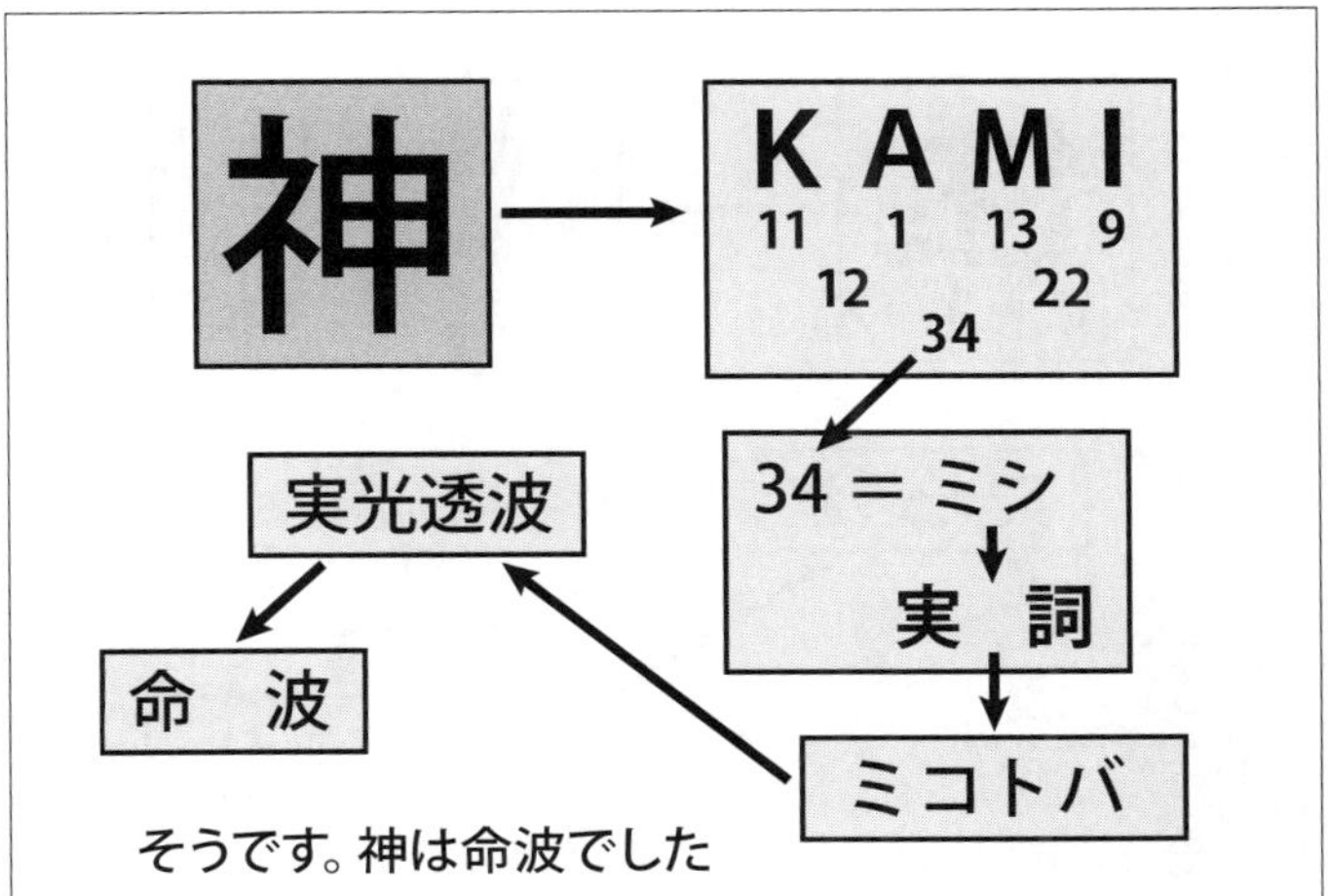

を取り出すと、K＝11、A＝1、M＝13、I＝9、したがって、「KAMI」を数字で表すと、11＋1＋13＋9＝34になります。

「34」→「ミシ」、これを天鏡図に当て嵌めますと前頁の図のように「実詞」→「ミコトバ」→「実光透波」→「命波」。そうです「神」とは「実の光透波」であり「命波＝命の波動」であることが理解できてきます。すなわち私達の命の波動は神のエネルギーであったのです。

同じように「無」を読み解いてみますと、下の図のように「無」→「MU」、13＋21＝34の数字が出てきます。

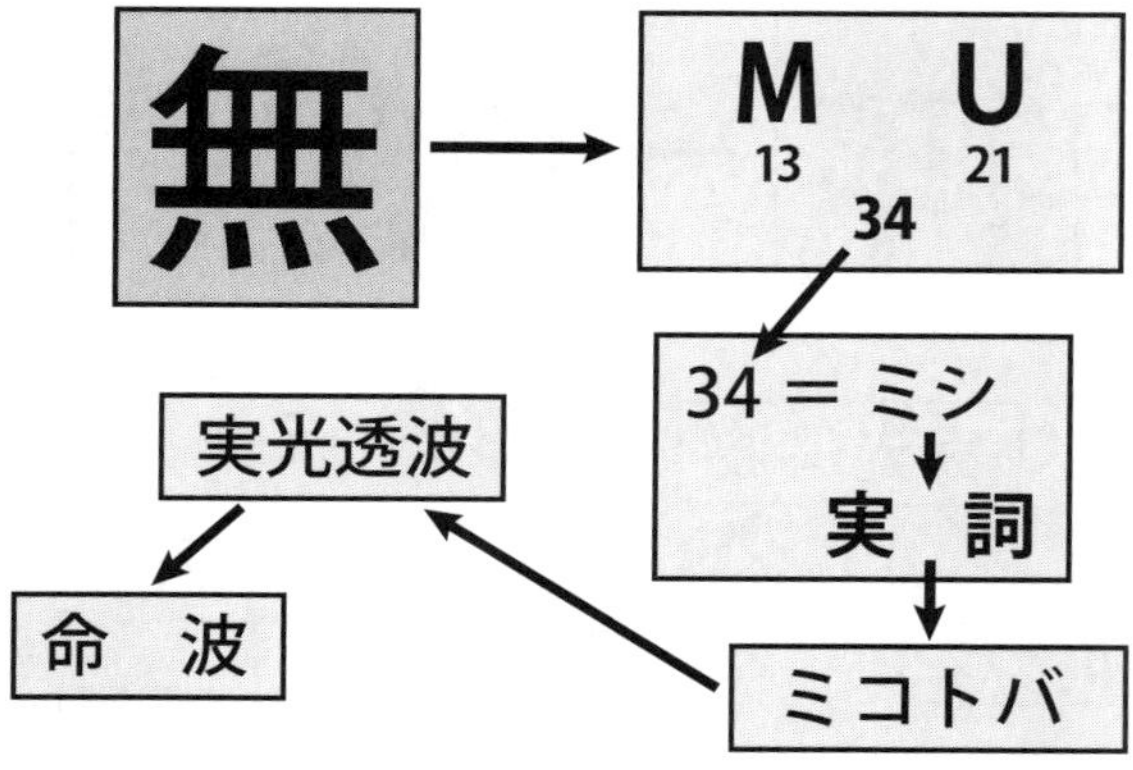

そうです。無は命波＝神の姿なのです。

「34」↓「ミシ」↓「実詞」↓「ミコトバ」↓「実光透波」↓「命波」。そうです「無」とは「神」の姿であると理解できてくるのです。

古事記の中にも天之御中主神・高御産巣日《タカミムスビ》神《ノカミ》・神産巣日神《カミムスビノカミ》の造化の三神を初め元の神々様は身を隠したまう……と書かれてありますように、神は無の姿であるということです。

「実光透波」を数字で読み解いたものが下の図解です。

「神」と「無」の字割の図解の中で「神」↓「実詞」↓「実光透波」↓「命波」であり、その

実光透波 = MIKOTOHA
MI K OTO HA
實 +（ケイ=計）+（オト=音）+（ハ=波）
「実光透波とは音のエネルギーの実の計らい」
13 9 11 15 20 15 8 1
92
92 → クニ → 工皃 → 宇宙の主の能きが開かれて創られた
92 → コフ → 光普 → 光が普くゆきわたっている

姿が「無」であると解説したように、「実の光透波」は「命波」であり「宇宙の命」でもあったのです。光透波とはミコトハの音で命波音《めいはおん》とも言います。

このように命波学（光透波理論）で字割してみますと、全て文字の奥に秘められた深意＝真理を読み解くことが出来るのです。それ故に光透波は文字の言霊学とも言われている所以でもあるのです。

第六章　小田野早秧《さなえ》女史により啓かれた光透波

言霊の国・日本に光透波が出現

では文字の奥に秘められた真理を明らかにし、これからの時代の道標となり得る「光透波理論」が生まれた経緯に話を展開してゆきましょう。実は光透波は昔から言霊の幸はふ国と謳われてきた日本の国の言葉文化の中から自然発生的に生み出されてきているのです。

万葉集の中に

「磯城島《しきしま》の　大和《やまと》の国は　言霊《ことだま》の　助《たす》くる国ぞ　ま幸《さき》くありこそ」

柿本人麻呂

「神代より　言い伝《つ》て来《く》らく　そらみつ　大和の国は　皇神《すめかみ》の　厳《いつく》しき国
言霊の　幸はふ国と　語り継ぎ　言い継がひけり」

山上憶良

この憶良の歌は遠方の任地に赴く友人に、神代の昔から大和の国は天皇の権威が行き渡っている国であり、人々は盛んに言霊を使っている美しい国であると語り継がれているから大丈夫だよ……」と語りかけた歌だそうです。

今からおおよそ１３００年前の大昔から我が国は言霊の幸はふ国と称されており、またそのように太古の昔から語り継がれて来た……と謳われているのです。

漢字が日本に伝来したのは西暦２８５年に百済の和邇《ワニ》が千字文1巻を献上したことによって伝来したと言われています。しかしそれ以前の遺跡から墨書された「山」の字が出土したりもしています。我が国には漢字が伝来する遥か以前に神代文字と言う幾種類もの古代文字（ホツマ文字・カタカムナ・阿比留文字・豊国文字・その他）が存在していたことが、近年のペトログラフの発掘等によって明らかになっています。

また、古事記編纂にあたって、編者の太安万侶の古事記序文の中に古事記作成の資料として各豪族に伝わる帝紀（帝皇日継）や本辞（先代旧辞）等の漢字でない文字で書かれた史料や大和言葉で述べられた口誦口伝は、漢字で書き表わすのは難しいと記されていることによっても、我が国には太古の昔から各種の文字があったことは明らかでありましょう。（註＝『ね

ずさんと語る古事記　壱』小名木善行 著）

このような豊かな文字文明があったればこそ万葉の歌人たちは「大和の国は言霊の幸はふ国」と謳っているのです。そして日本は６５００～７０００もある世界の言語のうち唯一母音中心の言語であり、50音図表を継承してきた言霊の国であったということです。このように日本語は世界的にも特殊な言葉と言えます。そして言葉が最初に降ろされた国が日本の国であるとの見解を命波学ではとっています。

※ 拙著『言霊《光透波》の世界』で詳述してありますのでご参照ください。

宇宙のご意図は世界に２００か国以上ある国々の中で、この言霊の国・日本の国に光透波を降ろされたとしか考えられないのです。

小田野早秧女史と光透波誕生の経緯

それでは光透波を啓かれた小田野早秧女史（１９０８～２００１）の経歴と、光透波誕生の経緯に話を進めてゆくことにいたします。

大正11年（1922）、アインシュタインがノーベル賞を受賞された直後に日本に来たとき「相対性原理」の話題が国内で沸騰しました。彼は各地において講演会を開催し「相対性原理」がフィーバーしたのです。その時に相対性原理があるならば絶対性原理があって然るべきであると閃いた若い女学生がいました。光透波理論を後に打ち立てた若き日の小田野早秧（14）女史です。

明治41年生まれの小田野女史は当時高等女学校に在籍しており、数学などは百点以外取ったことがないという聡明な頭脳の持ち主

アインシュタインに触発された小田野早秧先生

ノーベル賞受賞直後にアインシュタインが来日した時に「相対性原理」の話題が沸騰しました。その時に「相対性原理があるなら絶対性原理がある筈だ」と考えた変わった女性がいました。

であったそうです。

以来、絶対性原理とは何であろうか？　彼女は探究の道を歩み始めたのです。大正13年に東京女子美術学校に入学。その後に中学校の美術教師となりました。その傍らで「絶対性原理」とは「生命では？」と考究に努められたのです。その探求の決意を一段と高めたのが相対理論を根拠に開発された広島・長崎の原爆の投下であったとのことです。

信ずることより「何？」という疑問をもって考えることが好きな小田野女史は以来、何かに憑かれたようにエネルギー理論と幾何学法則（数理法則）をもとに、「絶対性理論」見

光透波の祖・小田野早秧先生

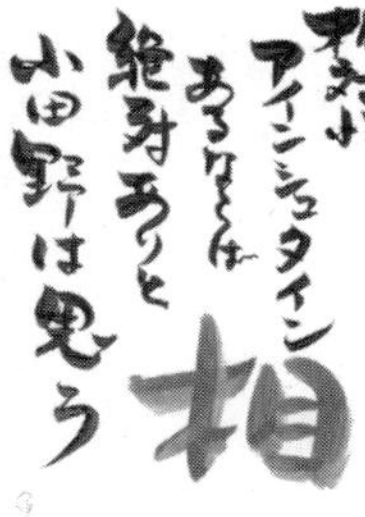

長い探求と努力の結果、昭和３２年末に
光透波理論を啓かれた小田野先生

えない世界「命とは?」を真剣に思索し追究するようになったのです。小田野女史の凄いところは宗教書とか哲学書等の既存の資料に一切立ち入ることなく、ご自身の思考を駆使して絶対性原理を探索していったところに大きな特徴があります。

長い長い歳月、傍《はた》から見ておかしいのではないか? と思われるほどに探求に明け暮れ、次第に研ぎ澄まされた境地に入られてゆきました。そして次のような不思議な霊的体験を重ねながら「絶対性原理」とは「光透波《コトハ》」であると確信し、50音一音一音の意味を4年4か月にわたって、断食すれすれの探究生活を経て解明し、昭和32年10月に天鏡図を纏め上げ光透波理論を啓かれるようになったのです。

人智を超えた霊的導きで光透波は啓かれた

●昭和24年(1949)1月14日に黄金の光(絶対光)の霧に包まれるという不思議な体験をされる。

●昭和28年(1953)に「光・透・波」の光の文字が天井の隅の壁から小田野女史の

顔に飛び込んでくるという霊的な体験をされ、その瞬間に「透」の字を「秀」と「走」に分解して、秀でた走り＝トップスピード……。絶対性原理の謎が「光透波＝ことは」であることを悟られる。

●同年6月22日、午前9時ごろ、胸の上部に「白い人差し指」で「天鏡」と刻印される霊現象を体験。

●同年6月25日、霊夢で「アイウエオカキクケコサ」の文字を見せられ、「サ」の次の「シ」音の表意文字が３００以上ある凄さに気付き、「天鏡図」の作成に没入。４年４か月にわたって断食すれすれの探究生活を送られる。

●昭和32年（１９５７）10月31日に１２３文字の「天鏡図」＝「文字の紐解図」＝「命波音76音表」を纏め上げられたのでした。

小田野女史は50音が音のベースであり、その50音の意味を読み解くことに成功して光透波理論を確立されたのでした。一音一音にどのような意味の漢字を当て嵌めたらいいか？　積極的な言葉・建設的な言葉・光＝宇宙に繋がるコトバを選択されていかれたとのことです。

そして宇宙の理に沿わない違う文字を選ぶと、自身の生理機能に影響が出てくるというような、ご自身の命を懸けての求道探究の末に天鏡図を完成されたのです。

小田野早秧女史の一生を掛けた壮絶なご努力によって、絶対性理論＝光透波理論（命波学）が誕生し、今日に継承されるに至っているということです。

光透波理論はこの天鏡図があることによって、言葉の音に天鏡図の文字を当て嵌めることにより文字の奥に秘められた深意＝真理を読み解けるようになっているのです。

天鏡図

併せて英語のアルファベットに秘められた真理についても小田野女史は究明し、アルファベットは数を読み解く言葉、分析力ある言葉であると気付かれ、東洋を代表する言葉として日本語、西洋を代表する言葉として英語、この東西の言葉を総合的に読み解くことによって、光透波の字割理論は確立されているのです。

始めの言葉＝詞、後の言葉＝語

既に記しましたように命波学では言葉を大きく二つに分けています。私達が意思伝達の手段として使っている言葉はすべて「語」の

西洋の代表的な言葉の文字である
アルファベットは数を読み解く文字

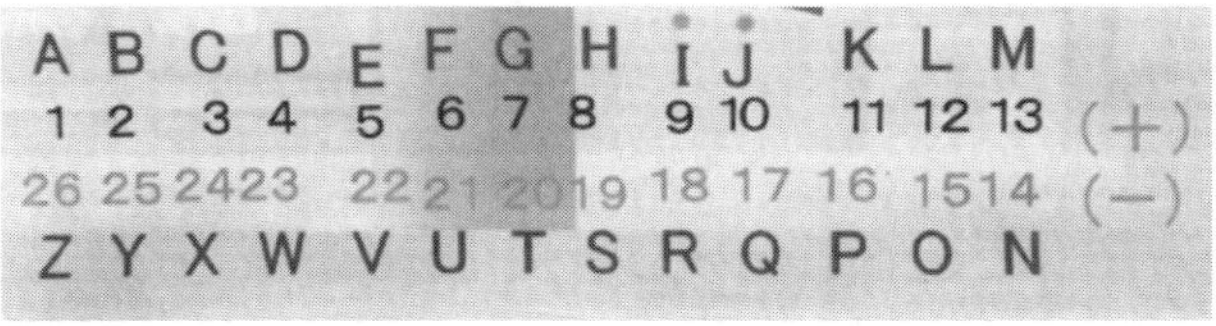
A B C D E F G H I J K L M
1 2 3 4 5 6 7 8 9 10 11 12 13 (＋)
26 25 24 23 22 21 20 19 18 17 16 15 14 (－)
Z Y X W V U T S R Q P O N

アルファベットの各数を足して、原数戻しをしたり、
表の数、裏の数を出してその意味を読み解きます

言葉、「語」↓「後」で後の言葉です。これに対し原初の昔に神が人間に降ろされた言葉を「詞」の言葉、「詞」↓「始」の言葉と受け止めています。

ですから「始めの言葉」があって、それを幾万年幾十万年という人類の足跡の中でアレンジし続けて「詞」から「語」に転じて行ったということになります。その結果、当初は宇宙に繋がっていた言葉が時代の経過とともに繋がらなくなってゆきました。それ故に現在世界中で使われている言語は日本語にしても英語にしても中国語にしても、全ての言語は宇宙と断絶した言葉ということになります。

始めの言葉＝詞、後の言葉＝語

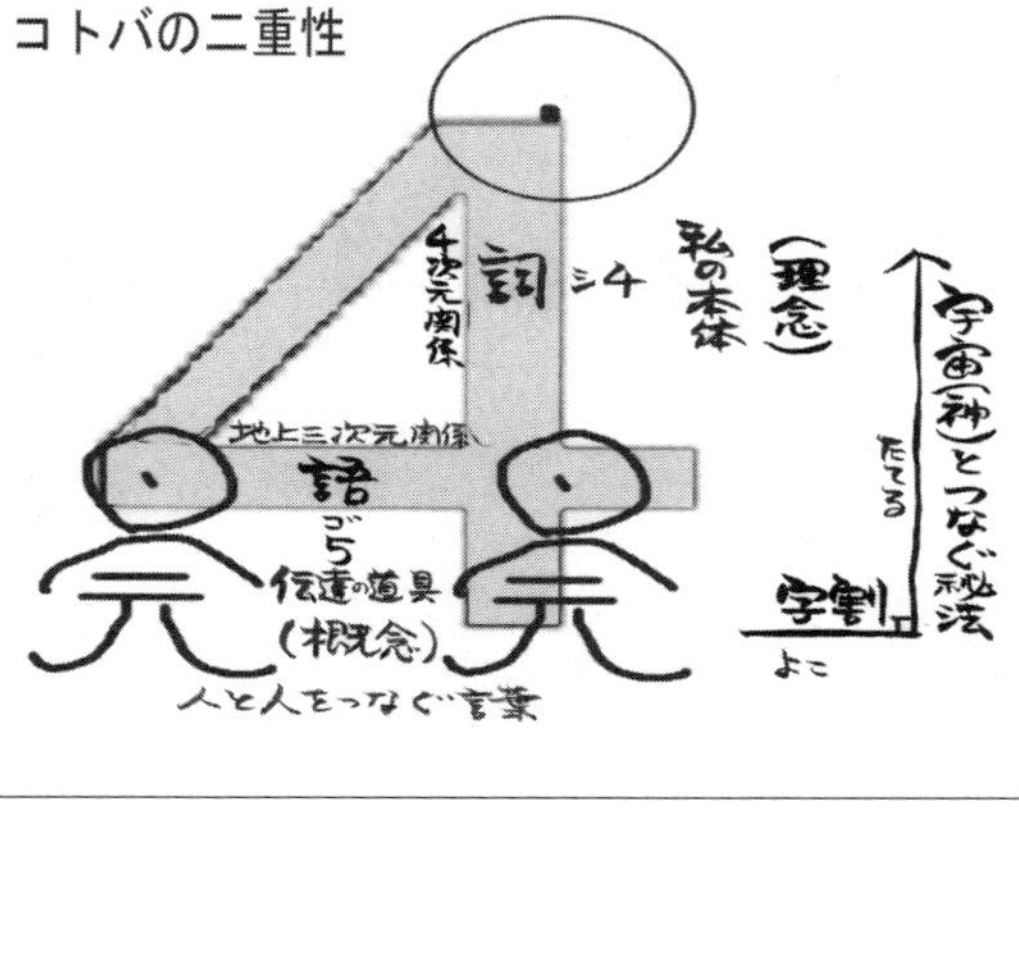

したがって世界人類が言葉を乱用し誤用し、自然の法則から遊離して暴走し続けて、今日の混乱と危機を招きよせている根本原因がここにあると言っても言い過ぎではないのです。

ところがこの宇宙の理から遊離した「語」の言葉を命波学で字割をすると、不思議なことに「詞」の意味、すなわち宇宙に繋がる意味＝真理＝神意が浮かび上がってくるのです。そうして小田野女史は数限りない文字を以下の図解例（小田野女史のメモ書き資料）のように、驚くほど精緻な字割思考法で検算し続けて光透波理論＝命波学を確立されたのでした。

図解例(1)（小田野女史のメモ書き資料）

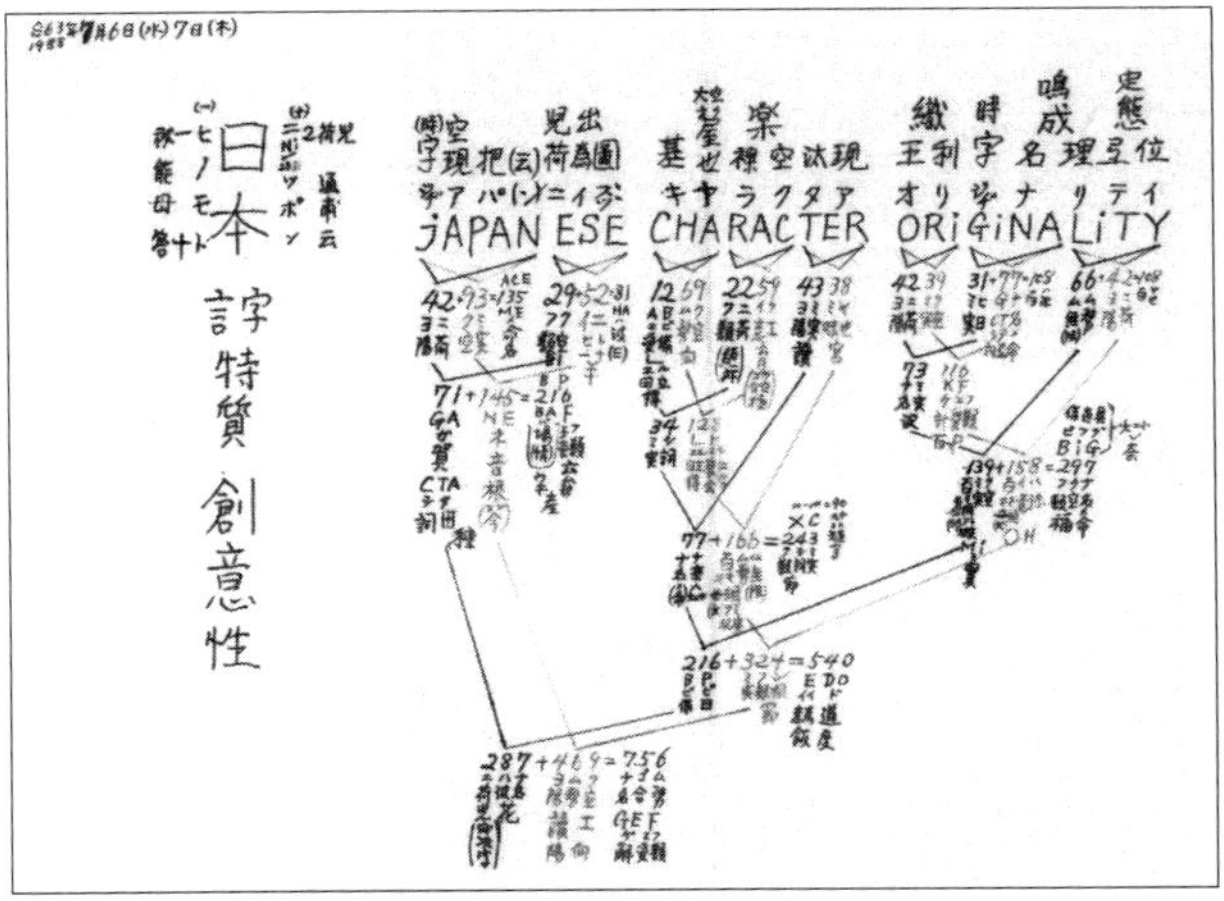

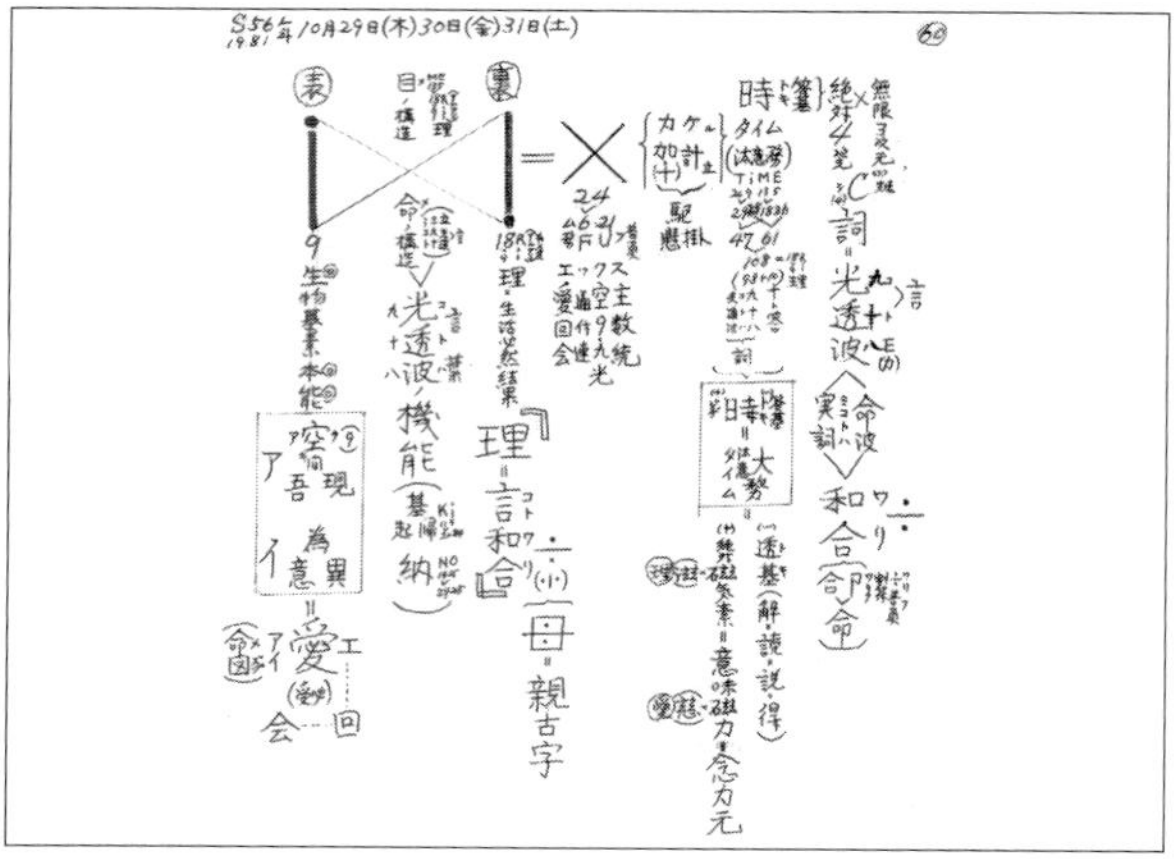

図解例(2)（小田野女史のメモ書き資料）

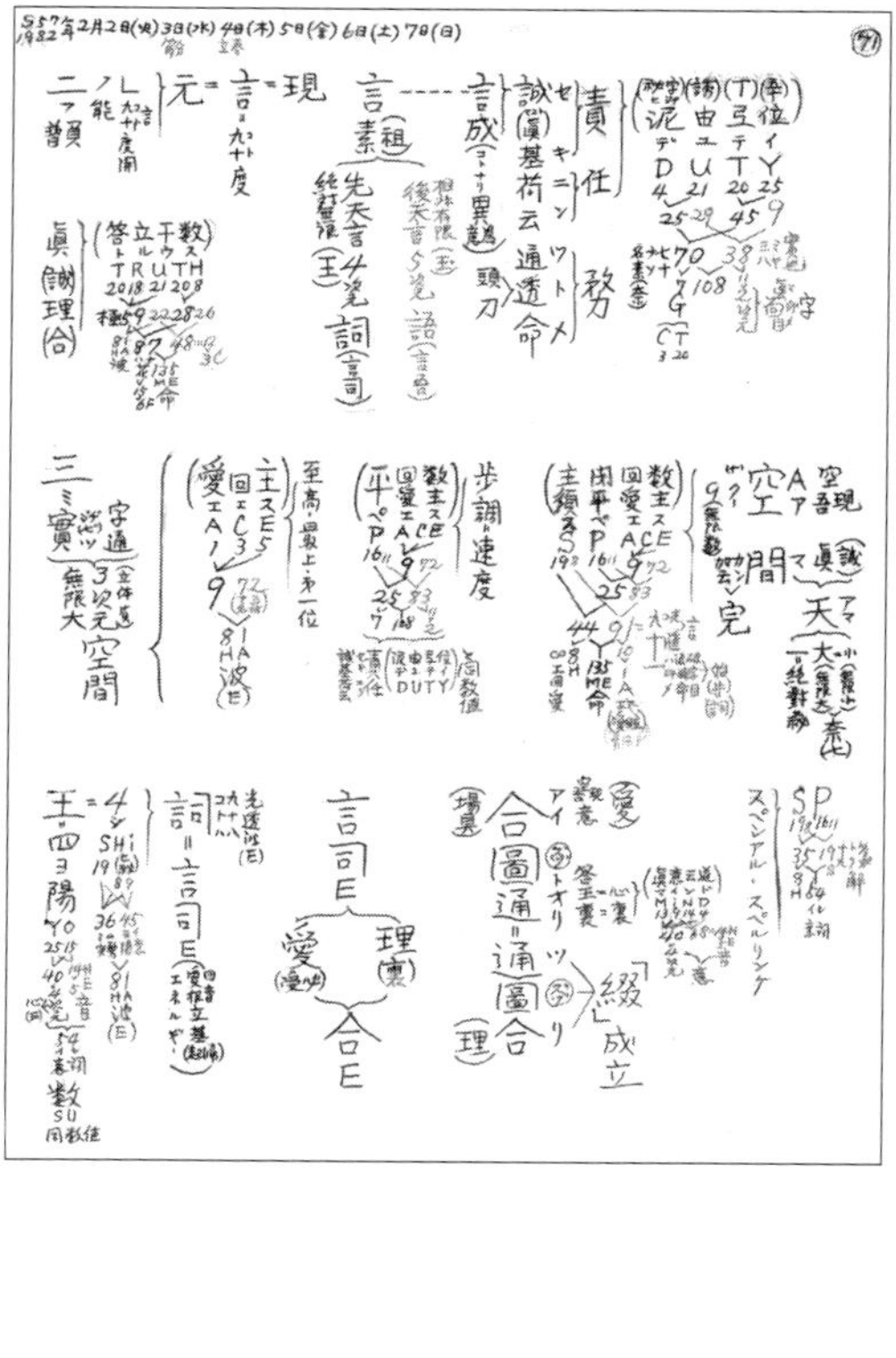

図解例(3)（小田野女史のメモ書き資料）

第七章　宇宙は光透波《コトハ》のエネルギーで創られている

光透波はこれからの時代の最高思考様式

私達は宇宙の命の中で光透波50音を伴って生かされているのです。宇宙の命のハタラキは直接私達の目には見えませんが、文字に書き表わすとそのハタラキが見えてきます。宇宙を創造されたサムシング グレートは文字の中に命の謎のハタラキが解明できるように仕組まれ、セットしてくれていたのです。その宇宙のハタラキを読み解く手法が光透波の字割思考法です。

人の命は心に展開し、命は一切をコトバで認識しています。コトバと心のカラクリは「詞」と「語」の二重構造になっていたことは既に記述しました。したがって光透波の字割理論で文字を割るということは「天の命の内容」を確認し学ぶことでもあるのです。平たく言えば字割すると天の意味が明らかになるということです。故に光透波はこれからの時代を導く思考様式になり得るものであり、視点を変えれば指導理法であり、宇宙翻訳文法であるとも言えるのです。

「観音言」＝文字の深意を読み解く字割

命波学（光透波理論）では言葉には三つの形態があると説いています。

● 「心音言」……思考の中で回転させている……心の言葉
● 「声音言」……話し言葉
● 「観音言」……音を観る言葉……「文字」

「心音言」すなわち「心の言葉」ですが日本人は日本語を使い、英国人は英語を用い、中国人は中国語を使うというように、それぞれの母国語を回転させて思考を練っています。ですから後の言葉である「語」を駆使して思考するのですから、すでに宇宙と乖離していると言えます。

読者の中には瞑想とか座禅をされている方もいると思いますが、座禅したり瞑想した当初は「無」になろうと一生懸命に努力しても、次々と思考が回転していろいろな想念が浮かんでは消え、消えては浮かび、なかなか「無」の境地になれないものです。それは何故かと言いますと人間は命と思考と言葉が一体となって生きているからです。

「声音言」話し言葉は発声するとともに消えてしまい、じっくり考証することは不可能な言葉です。それで、命波学の字割はこの三つの言葉の形態のうち「観音言」＝「文字」に焦点を合わせ、文字を主体に展開して言葉の奥の真理を探究する手法をとっています。したがって文字の言霊学とも言えるのです。

「光」・「透」・「波」を字割する

「言葉」、その究極の奥には宇宙を生み出しているエネルギーが脈打っており、それは現代の物質科学では捉えることが出来ない最小最強のエネルギーであり粒子でもあるので

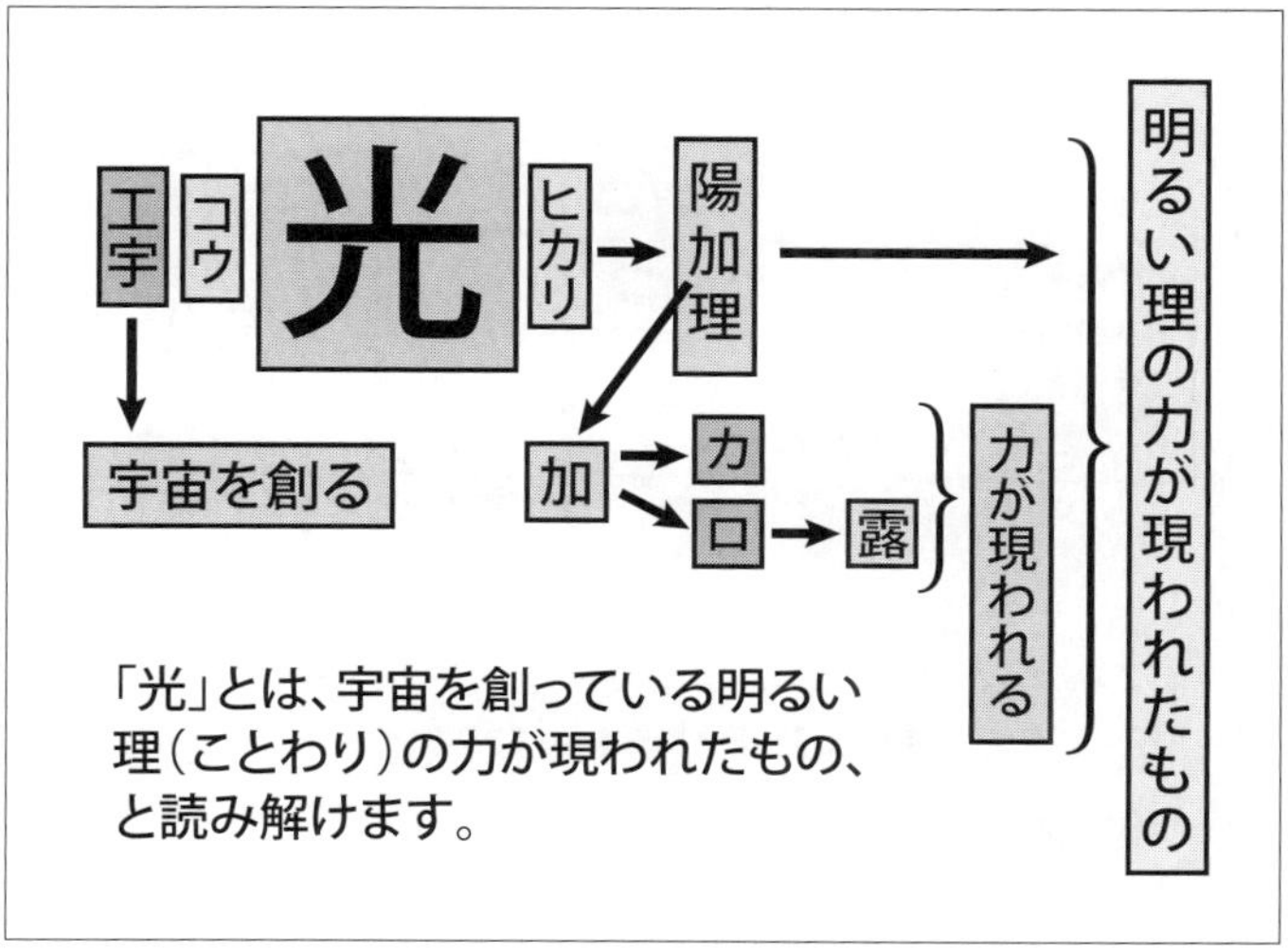

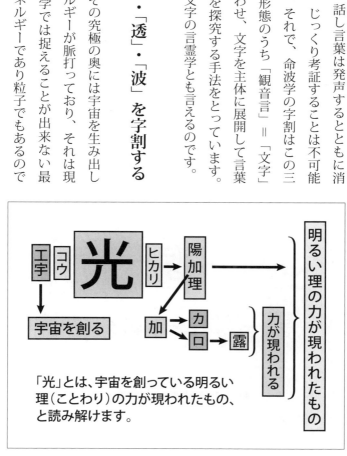

す。では「光透波（コウトウハ）」とは如何なるものであるか？　を理解して頂くために天鏡図を当て嵌めて字割してみることにいたしましょう。

初めに「光透波」の「光」の字はどのように読み解けるのでしょうか？　それを読み解いたものが前頁の図です。

「光とは宇宙を創っている明るい理の力が露われたもの」と解することができてきます。

次に光透波の「透」の字を読み解いてみましょう。すると下記のとおりになります。

「透」の字は「秀」↓秀でた＝最高、「⻌」

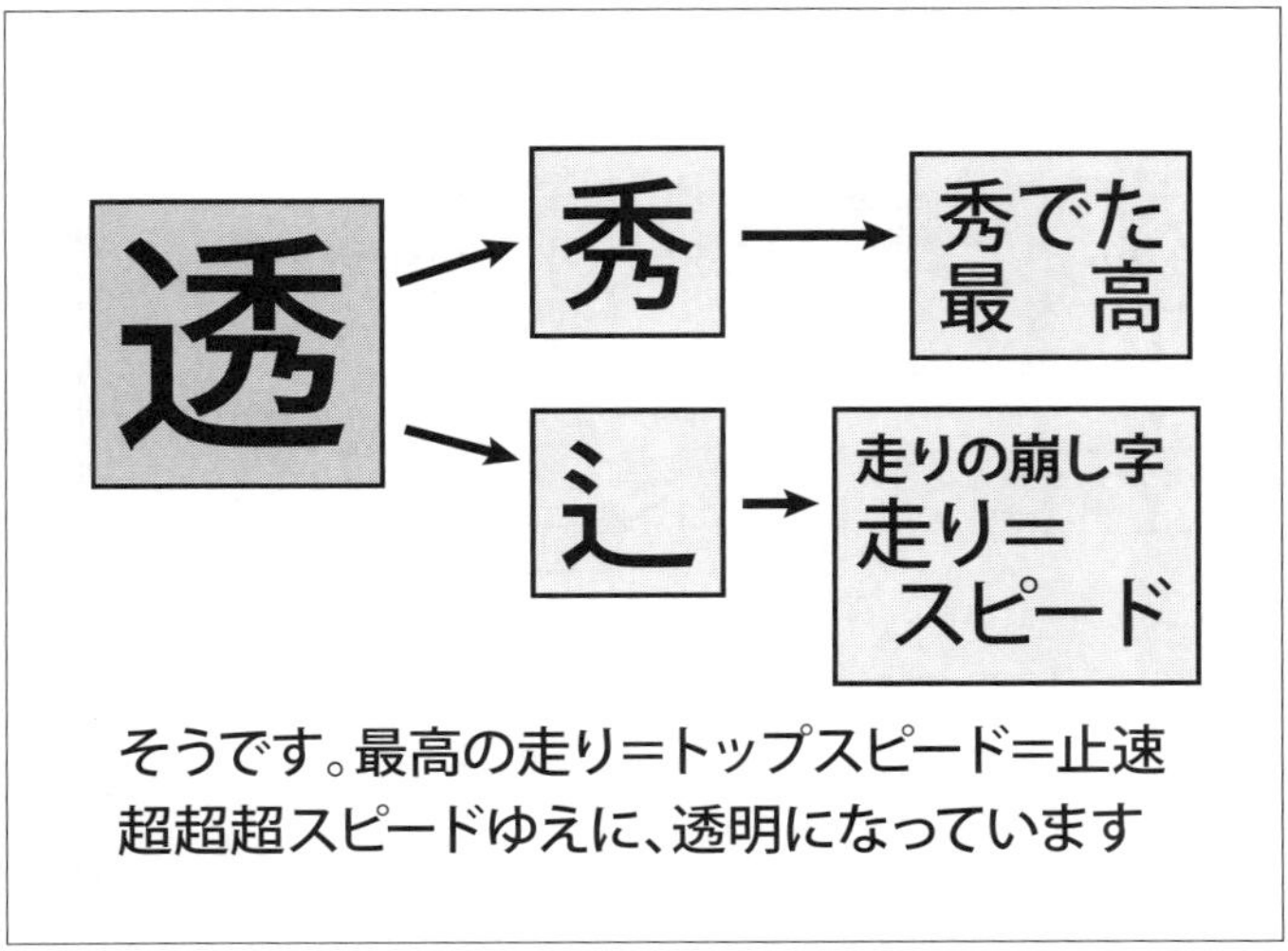

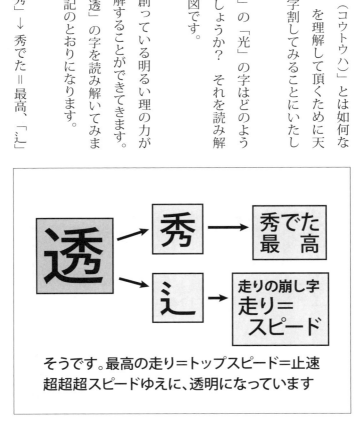

＝「走の崩し字」↓走り＝スピードという意味に解せます。したがって「透」とは最高の走り＝トップスピードであり、それは超超超スピードゆえに透明な姿になっていると読み解けます。

続いて「波」はどのように解せるでしょうか？「波」の音は「ハ」↓「波」↓波動でありエネルギーということになります。

視点を変えて「波」を字割すると「シ」と「皮」に分けられます。「シ」は天鏡図で「詞」＝初めのコトバ＝光透波の意味になります。「皮」は「カワ」と読めますので「カ」↓「加」。「ワ」は↓「和」の文字が出てきますので、

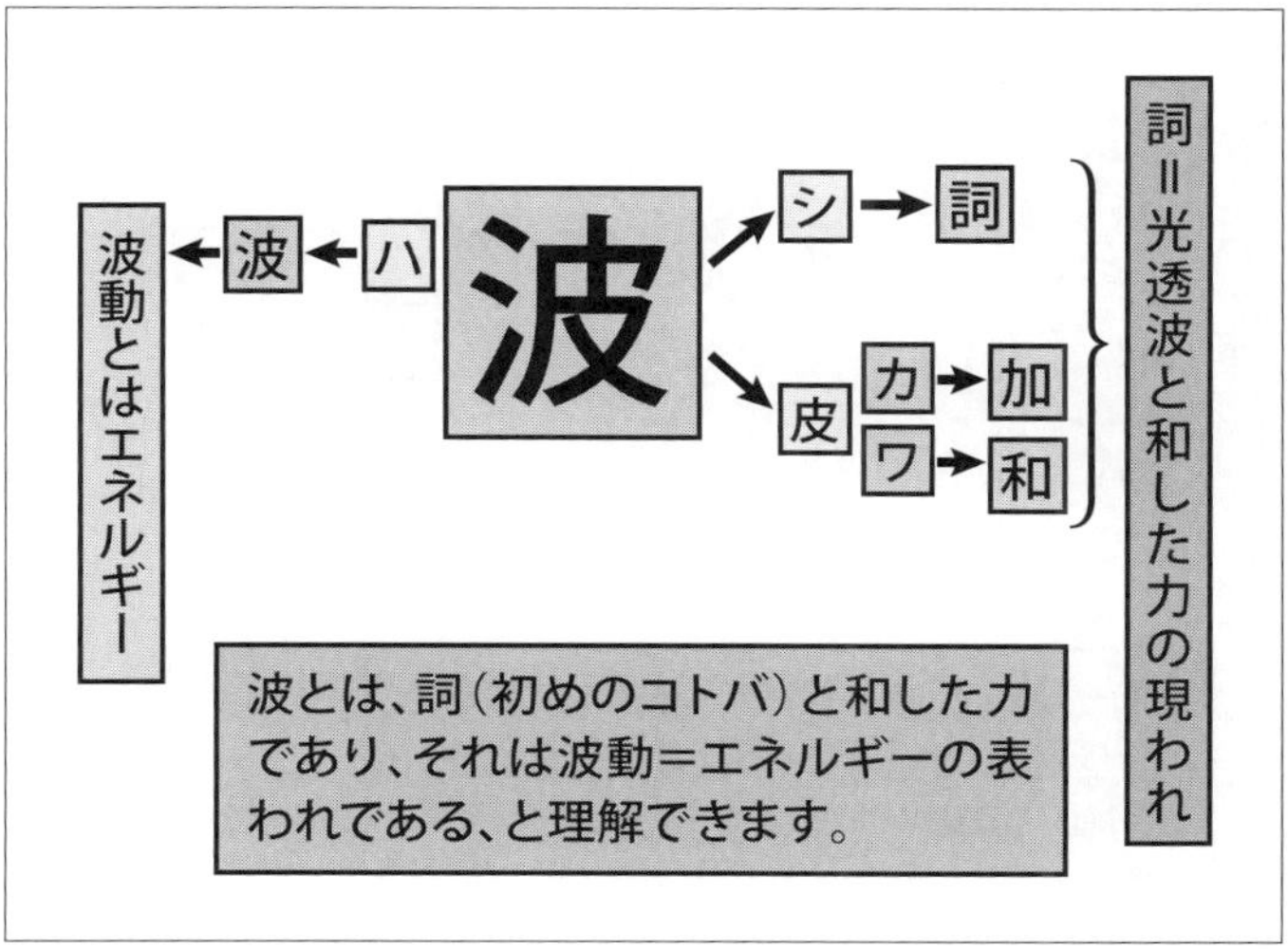
詞＝光透波と和した力の現われ
シ
詞
波
皮
カ
加
ワ
和
ハ
波
波動とはエネルギー
波とは、詞（初めのコトバ）と和した力であり、それは波動＝エネルギーの表われである、と理解できます。

これらを全体的に読み解くと、「波」の字の深意は「波とは、詞（初めのコトバ＝光透波）と和したもので、それは波動＝エネルギーの現われである」と解することが出来るのです。

そして三文字を纏めて「光透波《こうとうは》」を読み解きますと、次図のように、「実在の基本の光であり、そこには透明な答えの波動がある」と解釈できてくるのです。

拙著『痛快!! 宇宙の謎を解く究極の言霊学《光透波理論》の全貌』では「光透波とは創造主の極小の一点が超超スピードのトップスピードの透明な姿で現れたものであり、それは詞《ことば》の波動である……」と解説しています

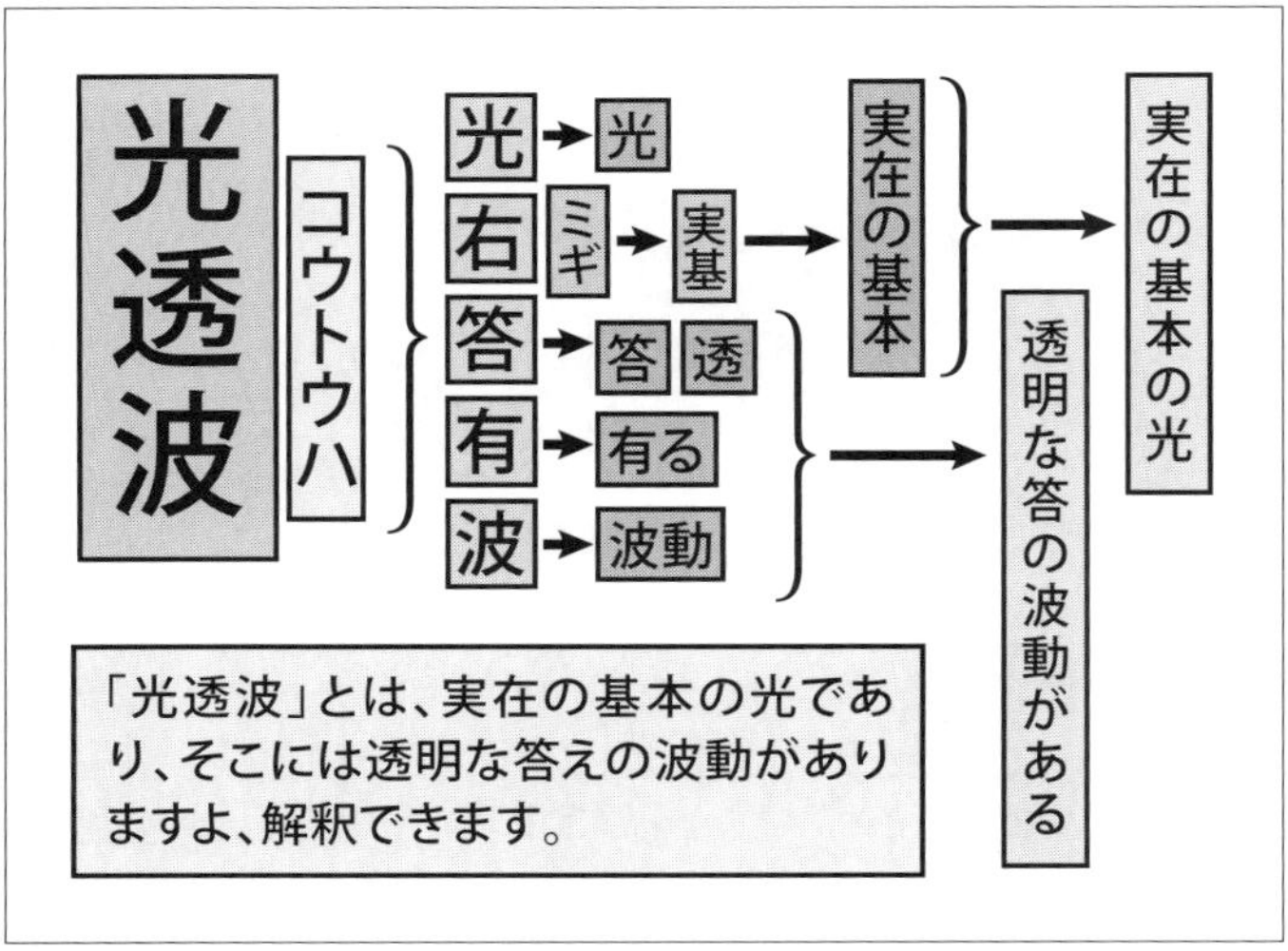

光透波
コウトウハ
光→光
右→ミギ→実基
答→答 透
有→有る
波→波動
実在の基本
実在の基本の光
透明な答の波動がある
「光透波」とは、実在の基本の光であり、そこには透明な答えの波動がありますよ、解釈できます。

が、これは別の角度から字割したので表現が異なっているのです。が、命波学では天鏡図をベースに字割しますので、本書の解読とともに相互に補完する整合性のとれた解釈が出てくるのです。そこに光透波理論の字割の不思議さがあるのです。

命波学で捉えた宇宙の実相

さて、この「光透波」の視点に立って宇宙の実相を捉えてみることにいたしましょう。

大宇宙には地球や太陽や月をはじめ、無数の星々や無数の銀河が輝いています。それらの天体は真空透明の無限の大宇宙空間に浮いています。ということは無数の天体を浮かしているエネルギーが真空透明の大宇宙の中に充満しているということです。

この宇宙空間に天体が浮いていることを裏付ける文字がありますので紹介いたしましょう。それは文字どおり「浮」くという字です。

「浮」を字割すると次頁図のようになります。「浮」の音読みは「フ」、天鏡図で「普《あまね》」くの意味が出てきます。そして「浮」の字は「シ」と「孚」に分けられます。「シ」は「詞」であり「光透波」の意味になります。「孚」は「マコト」の意味もありますから天鏡図に照らすと「真光答」の文字が浮かび上がってきます。

したがって「浮」の字の真意＝神意は「光透波の真の光によって普く浮かせている、それが真の答えである」と読み解け、「浮」の文字から地球・太陽・銀河を浮かせているのは光透波のエネルギーであることが理解できてくるのです。

この現代の科学では捉えることが出来ない未知なる偉大なエネルギー＝波動こそ「光透波」＝「コトハ」であり、大宇宙空間はその

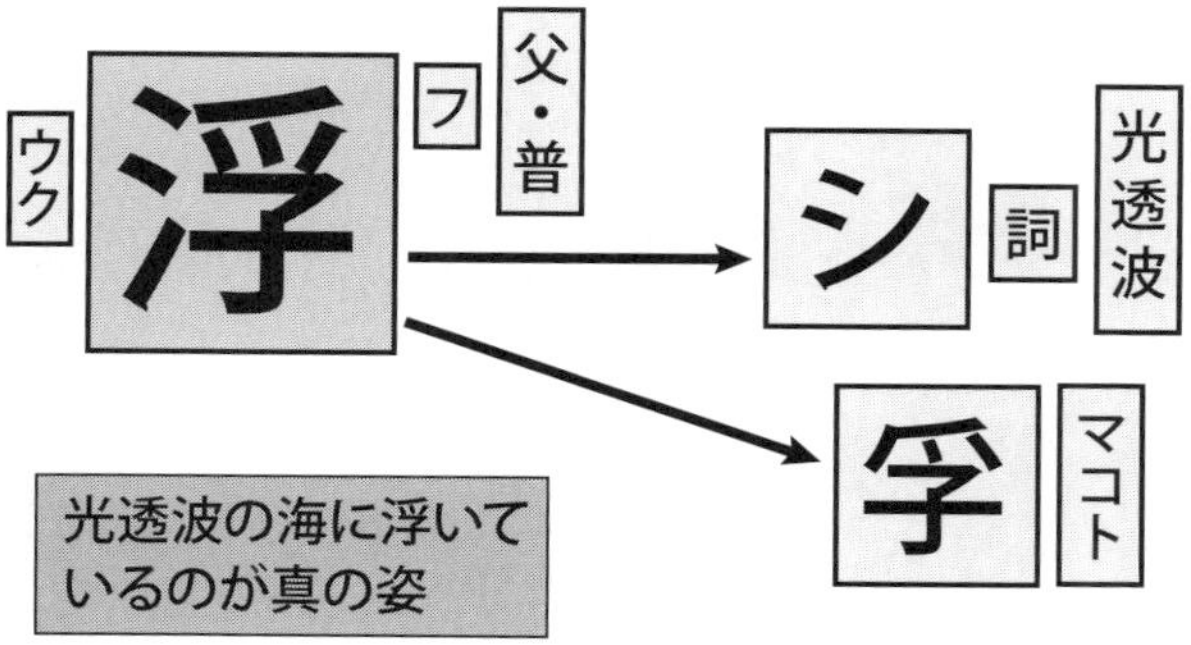

真空透明の光透波の中に、地球・太陽・銀河等が浮いているのが真事であることが分かります。

最小極小の粒子でありエネルギーである「光透波」によって充ち満ちている海であると命波学では捉えています。

その極小の粒子でありエネルギーが、トップスピードという光速の無限乗の超々速度で宇宙空間を巡り巡っている。それはあまりにも速いのでポンと打てば瞬時に宇宙の涯に行って戻ってくる、あたかも止まっているような速度＝「止速」であると推理しているのです。「静動一如」、仏教で説く「如去如来(にょこにょらい)」＝「去るが如き来るが如く」に通じる意味になってくるのです。

このように光透波＝コトハの実態は、現代

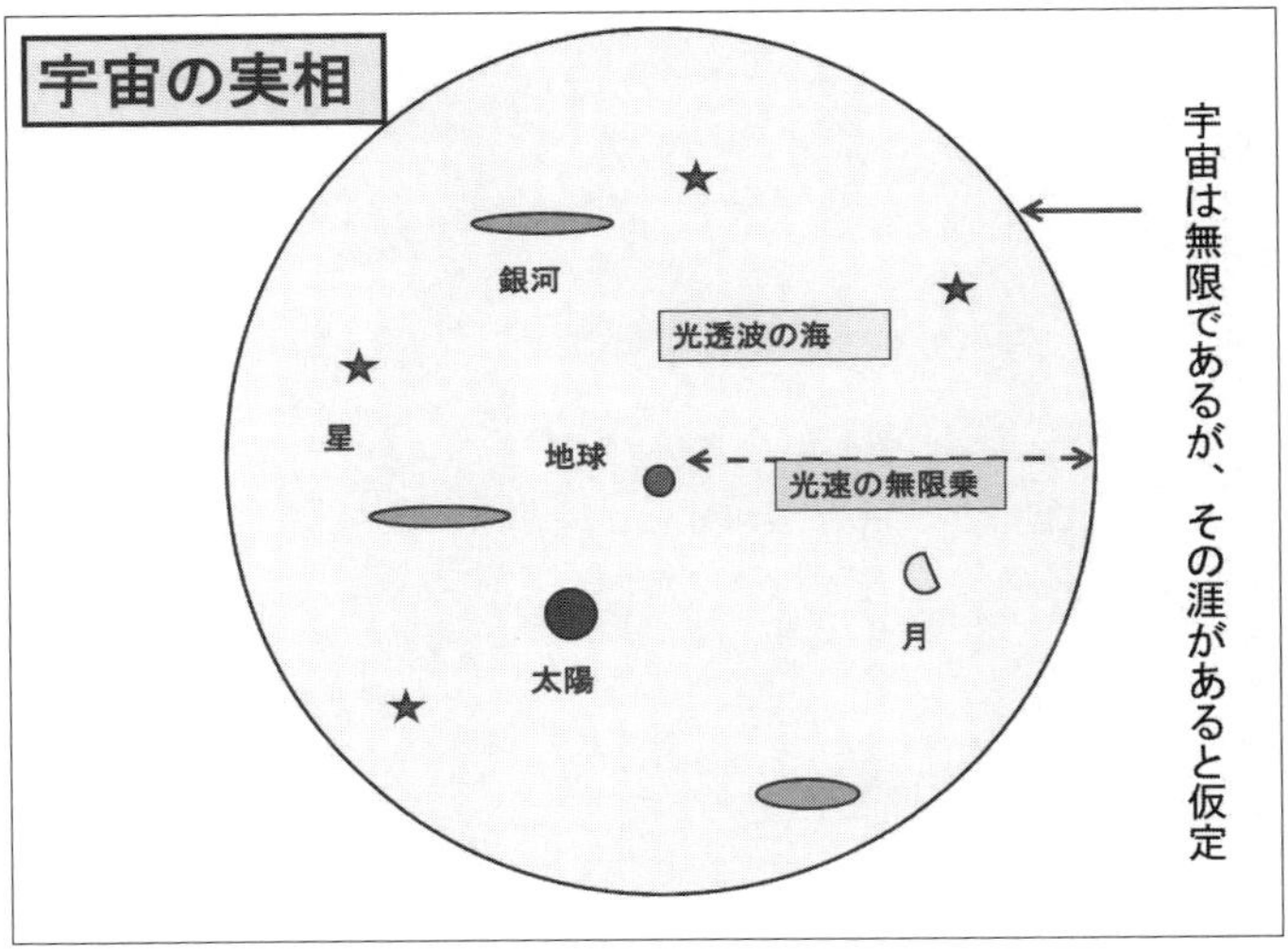
宇宙の実相
宇宙は無限であるが、その涯があると仮定
銀河
光透波の海
星
地球
光速の無限乗
月
太陽

の物質科学や人智の物差しでは及びもつかない宇宙の真相真理の世界であったと言えるのです。したがって当然のこととして見えない精神・生命・神の概念の世界へと繋がる理論へと展開してゆくことが理解できてくるのです。

摩訶不思議な光透波を宗教的な側面で捉えれば「創造主」、「神」、「天」、「宇宙」等の本質と表現できることも可能になってくるのです。

最新の宇宙物理学も光透波E《エネルギー》を暗示か？

この光透波エネルギーの世界を暗示する見解が近年、宇宙物理学の世界でも説かれるようになっています。詳しくは拙著『《光透波理論》の全貌』で書いてありますのでご参照いただきたいと思います。

「東京大学カブリ数物連携宇宙研究機構」という研究団体が、広く一般の人達を対象に最先端の宇宙物理学の見解を広報する講演会を開催しております。

昨年（平成29）1月22日の講演の中で、今日の宇宙物理学では大宇宙全体の質量の配分を下の図のように捉えていることを発表されていました。

大宇宙全体の質量中で、全ての星々や無数の銀河等の天体が占める質量は僅か５％であり、95％はダークマターとかダークエネルギー等の未知なる素粒子の質量であると言うのです。

この未知なる素粒子の究極最少最強の素粒子が意識子・光透波ではないか？　と、光透波を学ぶ筆者は推理しているのです。まさに「光透波」の３文字の字割でもこのことを裏付けているのです。また命波学でも究極の素粒子＝光透波（コトハ）のエネルギーによっ

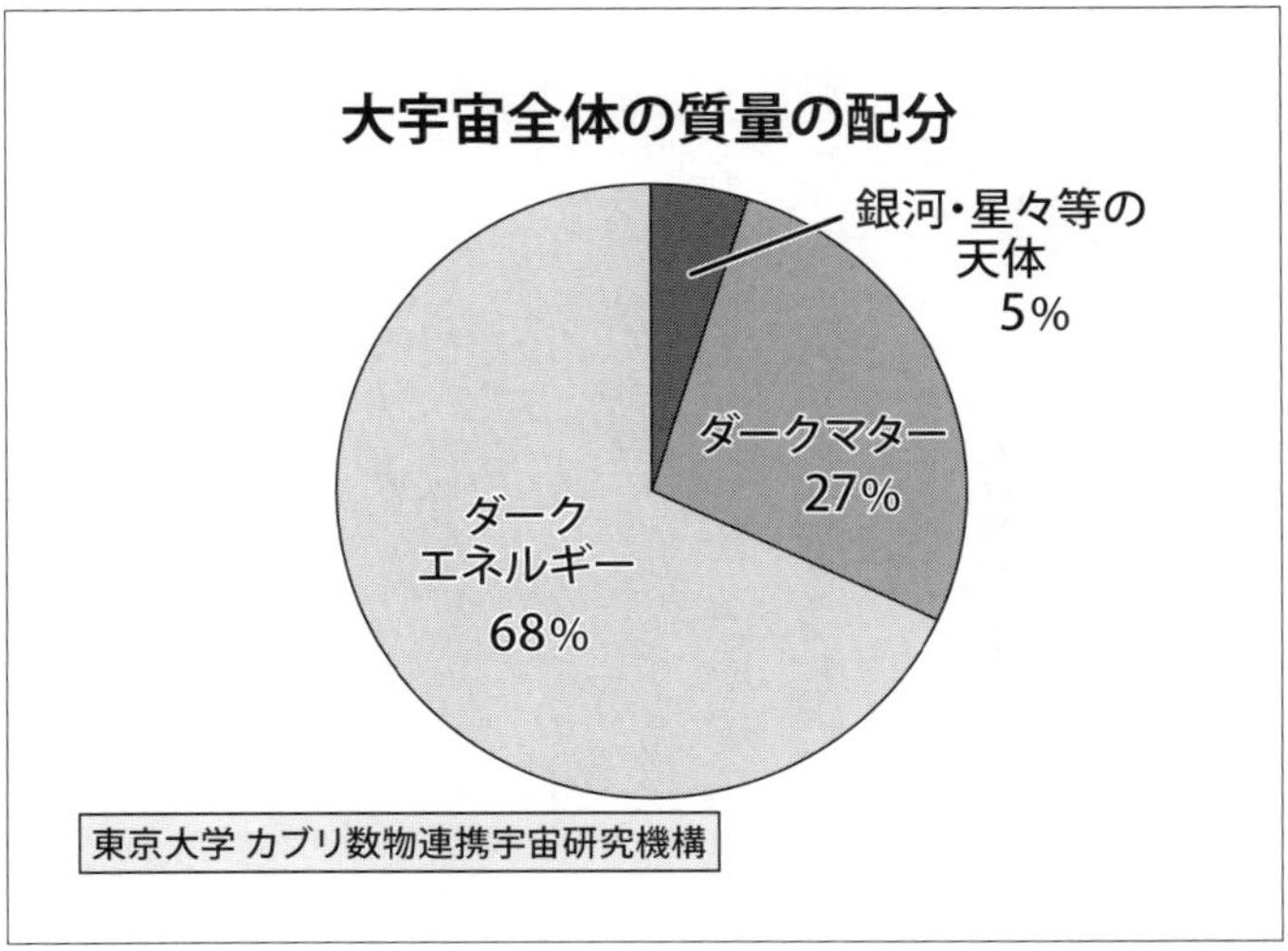
大宇宙全体の質量の配分
銀河・星々等の天体 5%
ダークマター 27%
ダークエネルギー 68%
東京大学 カブリ数物連携宇宙研究機構

てこの宇宙は満ち満ちており、森羅万象は光透波の波動によって生成流転している、それが宇宙の真相実態であるとの見解をとっているのです。

※ 拙著『痛快!! 宇宙の謎を解く究極の言霊学《光透波理論》の全貌』で詳述。ご参照ください。

もう少し理解しやすく比喩的な表現をするならば、宇宙の全ての天体を浮かせている光透波（コトハのエネルギー）の大海には、当然のこととして千波万波、怒涛のような大波や、さざ波のような小さな波に至るまで無数・無限の波が生じていると推理できます。絶えることなく生まれては消え消えては生まれるその波々（振動）の全てを有形無形、森羅万象の具象・無象と仮定しますと、全てがコトバ（光透波）の波動によって生じていると解釈できてくるのです。

宇宙の創成も、森羅万象一切万有の生成流転も、さらに全ての人類の文化文明も、このような視点に立って捉えるとコトバの波動によって生まれて成り立っていると推理できるのです。判りやすく図解したものが次の図です。

この命波学の見解を裏付ける言葉がありますので紹介いたしましょう。それは宇宙の意識体と交信されていた大本の出口王仁三郎師の「宇宙には言霊75声が満ち満ちている。これが世を救う」の言葉です。

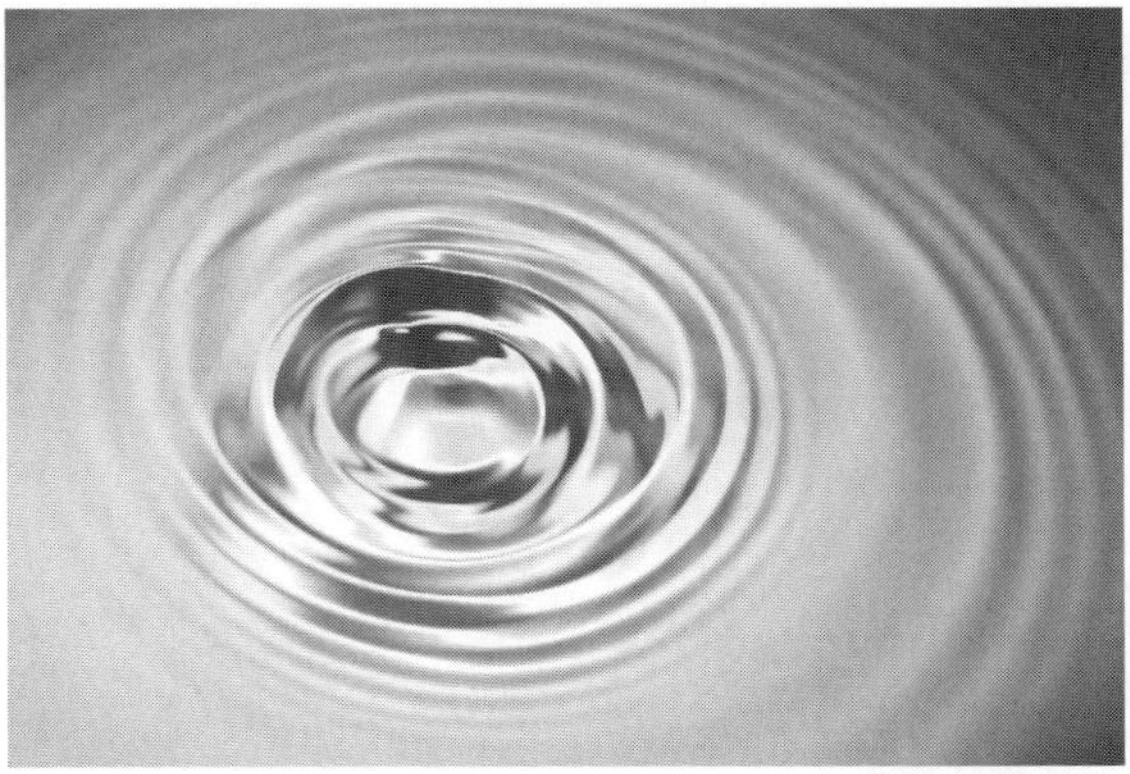

©Roger McLassus

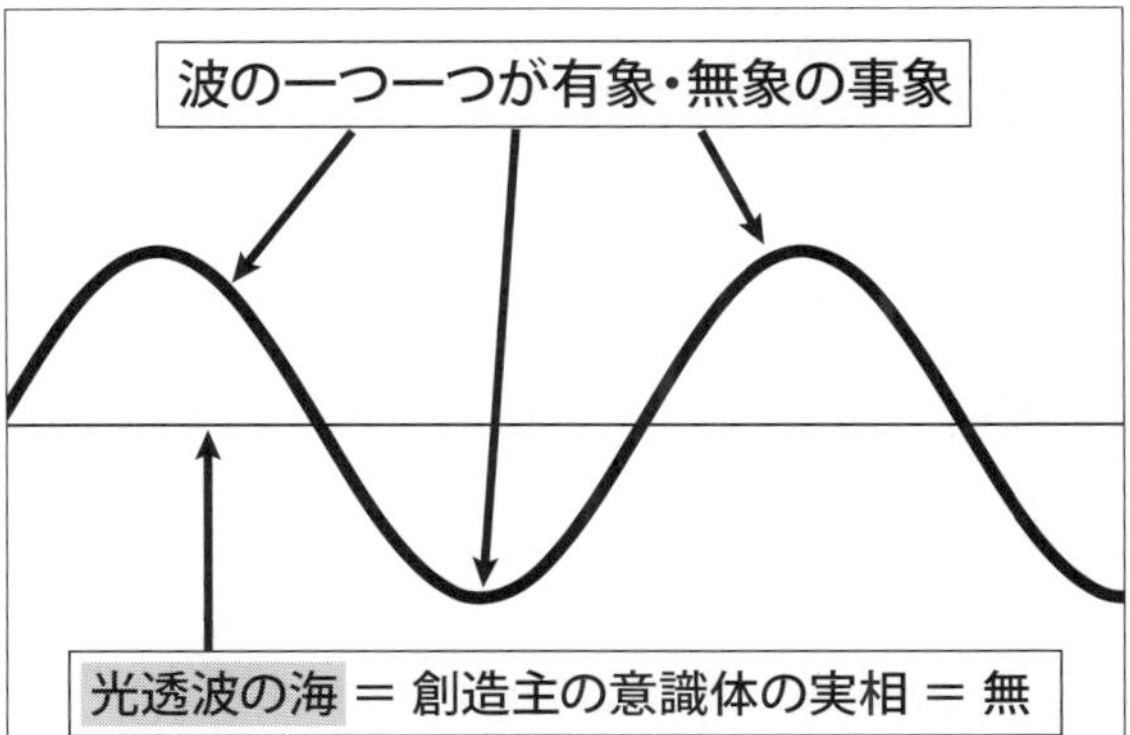
波の一つ一つが有象・無象の事象
光透波の海 ＝ 創造主の意識体の実相 ＝ 無

「玉鏡」

出口王仁三郎 著

この大宇宙には、アオウエイの五大父音が鳴りなりて鳴りやまず不断にとどろいている。そしてこの父音より発する七十五声の音響は種々さまざまに相交錯して、音楽のごとく、鳥の声のごとく、秋野にすだく虫の音のごとく、微妙の音声を絶えず放っている。この微妙の音声は、天地進展の響きであって、これによって森羅万象一切が生育発達を遂げているのである。言霊の幸う国、言霊の天照る国、言霊の助くる国などという言葉は日本のみのことでなく、天地森羅万象一切の進展的活動に対してとなえたる言葉である。大声耳裡に入らず、と言って人間の聴覚力には限度があって余り大なる音響もまた微細なる音響も聞きとることができないのである。（…）

この宇宙には言霊が充ち満ちている。すなわち一つの機械でも動かせば非常なる音響を発するごとくに、この宇宙も大旋廻しているから、非常な大音響を何時も発している。すなわちアオウエイの五大父音が鳴り鳴りて鳴り止まずにいるのである。

音響もまた言葉の一種である。意識的に発するのが言葉であり、無意識に発するのが音響である。とにかく、言葉は『道』であり『神』である。

王仁三郎は透徹した境地から宇宙の意識体から降ろされたと思われる情報を記しているのです。

また、同じように精神世界の人達の間では人類最大の預言書の一つと評価されている「日月神示」を世に出した岡本天明の言葉も紹介いたしましょう。

「日月神示」 地つ巻三十四帖　　岡本天明 著

神は言波ぞ。言波とはまことぞ。息吹ぞ、道ぞ。まこととはマツリ合わした息吹ぞ。
言葉で天地にごるぞ。言波で天地澄むぞ……。

と記しています。

そして既述してありますが

「新約聖書のヨハネ福音書」　第一章

初めに言（コトバ）があった。言は神と共にあった。言は神であった。この言は、初めに神と共にあった。万物は言によって成った。成ったもので言によらずに成ったものは何一つなかった。言の内に命があった。命は人間を照らす光であった……。

と謳っているのです。

このように記してゆきますと読者の皆様にも、光透波の字割によって読み解いた宇宙が極小最強の粒子であり波動・コトハによって生成流転しているという推理が、現代の宇宙物理学の見解と、そして宇宙の意識体と交信されていた霊覚者たちの言葉とも一致し、そこに整合性があることに納得いただけるのではないかと思います。

第八章　幸せは「光の言葉」を活用すれば掴める

コトハのエネルギーの活用法を再度提唱

さて、これまで光透波が如何なるものであるかと色々と記してきました。結論的に言えば光透波（コトハ）が宇宙構成の根源的なエネルギーであり、真理であり、一切のものを生成流転させている創造主の実態であるということです。光透波の開祖・小田野早秧女史は「アインシュタインが説く相対性原理があるならば絶対性原理があるはずだ」と閃き、長年月に亘る常人では思いもつかない厳しい探究生活の末にこの絶対性原理を究明されました。

そしてコトハの実態を掴まれた小田野女史は「光透波を学んでいれば病なんかにならないのよ。癌なんか治ってしまうのよ」と話され、その絶対的確信と信念をもって人生を全うされておられます。

であるならばこのコトハのエネルギーを活用すれば必ず救いの道が開かれる筈である……と筆者は思い、本書の前半部で光の言葉の活用を提唱してきました。しかし多くの読者諸兄は「光透波」の認識が無いので、第四章から第七章にかけて光透波の紹介と実態に焦点を合わせて話を展開してきました。

それでこの八章以後では、再び光透波エネルギーの活用法について話を戻し、光の言葉を使って幸福と繁栄を掴む手立てへと論を転じてゆきたいと思います。

「思考」を字割すると

第四章では思考がチャンネル機能を有していること、そして人の運命や境涯はその「思考」によって左右されることを記述してきました。

この大切な「思考」をより良く理解していただくために字割で解釈したものが次の図解です。

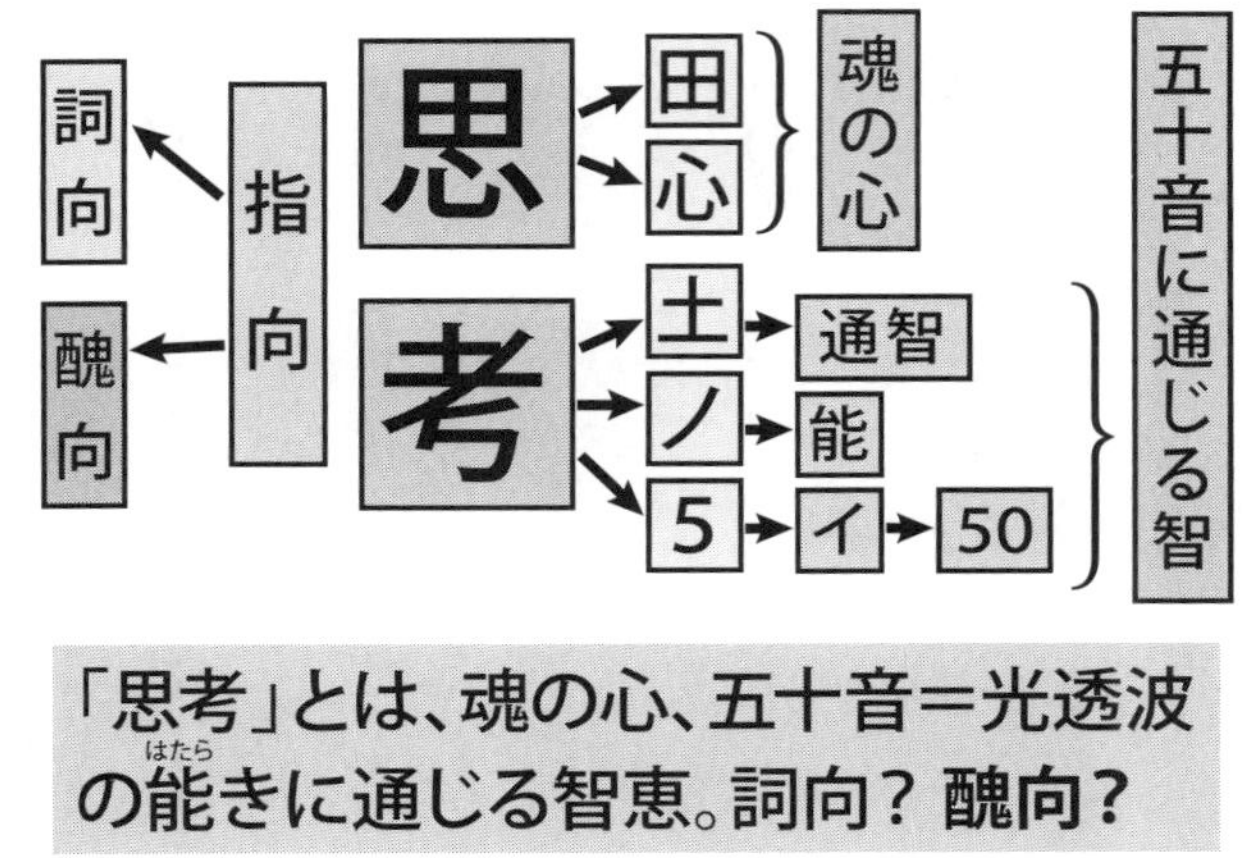

「思考」とは、魂の心、五十音＝光透波の能《はたら》きに通じる智恵。詞向？ 醜向？

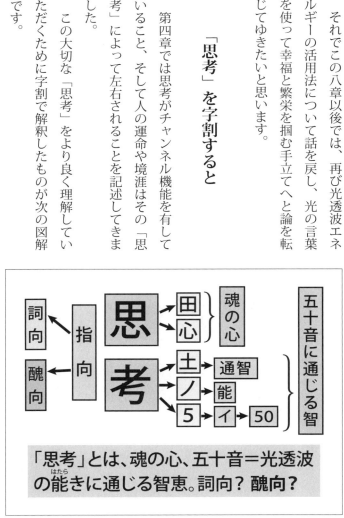

思考とは「初めのコトバ・光透波50音に通じた智恵である」と解せるので本来は純粋ピュアである筈ですが、思考↓指向↓「詞向」・「醜向」、ですから向かう方向によって、人の「思考」は初めのコトハの明るい方向へ向くか？　暗い醜い方向へ向くか？　その両面を持っていることが分かります。チャンネル機能を有する思考が良い方向へも悪い方向へも働いてゆくことが字割によっても明らかになっているのです。

思考は霊的な干渉も受けている

次にこの思考がどのような波動（＝エネルギー）に影響されているのか？　それを示唆する情報を次に紹介いたしましょう。今日、精神世界で脚光を浴びているチャネラーに神人氏という人がいます。この方が宇宙の意識体から降ろされた啓示集「大日月地神示」に記載されている一節を以下に転記させていただきましょう。

「大日月地神示」

神人 著

人民、日々《ひび》言葉磨き、身魂《みたま》磨きいたさねば、悪魔の容《い》れ物となりて好き勝手もの申し、好き勝手いたす我《わ》がまま幼稚《ようち》な御魂《みたま》となりますのじゃ。（…）

人民、良いか。言葉は選ばねばならんのじゃぞ。言の葉《ことは》は、もの生みますぞ。己《おのれ》作りますぞ。世生み出して参りますのぞ。言の葉は力ぞ。靈《れい》と繋《つな》がりますのじゃ。どのような靈と繋がるかは、言葉で決まりますのじゃ。良き言葉は良き者らと繋がるもの、悪《あ》しき言葉は悪しき者らと繋がるもの。自ら悪魔呼《よ》び寄《よ》せ、悪魔の容《い》れ物となって下さるなよ。（…）

この地（日本）はこの地の言葉、教え、昔からあるのじゃぞ。大昔から神の言葉あるのじゃぞ。無きものにされておるが、神、言葉伝えてきた所であるのじゃ。言葉の生まれ育ち、歴史分かれば簡単《かんたん》なことじゃが、人民、真《まこと》の歴史分からぬようにされておるゆえ無理もないなれど、世の民《たみ》は悪魔の言葉使いて悪魔褒《ほ》め称《たた》え、呼《よ》び寄《よ》せる言葉口にいたしておること知らんのであるぞ。言葉は思考選ぶことじゃ。思考は靈と関わる所じゃ。

どのような者と関わるか、言葉で決まる。己、選ばねばならん。悪魔の言葉口にいたせば、悪魔悪霊《あくりょう》に魅入《みい》られ好き勝手にされますぞ。知らず知らずに操《あやつ》られ、望まぬことまで思わされ、可笑《おか》しなこと申し可笑《おか》しなことといたす者となりますのじゃ。（傍線、カッコは宿谷）

また、同じような神界からの啓示で三六九神示がありますが、その平成28年4月6日に降ろされた言葉も以下に紹介いたしましょう。

「三六九神示」　　小長谷修聖 著

人の身魂は神気・霊気の受信器であり発信器と四九三（仕組み）てあるぞ。神界や霊界の気も受ければ、様々の霊も憑《か》って来るから、常に我が身を神の鏡（神意）に照らして正邪を審神《さにわ》しておらねばならぬぞよ。思い上がり、利己主義の思いでありたら善き神は憑いて来ぬぞ、響いて来ぬぞ。

※三六九神示とは、33頁の注釈で詳述してありますが、日本三景の一つ「天之橋立」の近くにあ

る元伊勢と言われる由緒深い「籠神社」の先達を勤められる小長谷修聖氏に降ろされた霊言。

この二つの啓示からも、思考は言葉によって大きく左右され、その思考がチャンネル機能を有して霊的な送受信機である人間の運命や境涯を左右していることが明らかになってくるのです。また思考は物質現象界だけでなく目に見えない霊的な世界の干渉を受けていることも鮮明に書かれています。そして言葉は霊的エネルギーの影響を受けたり干渉されたりして、言葉が「思考＝心のチャンネル」を決定していることも述べられているので

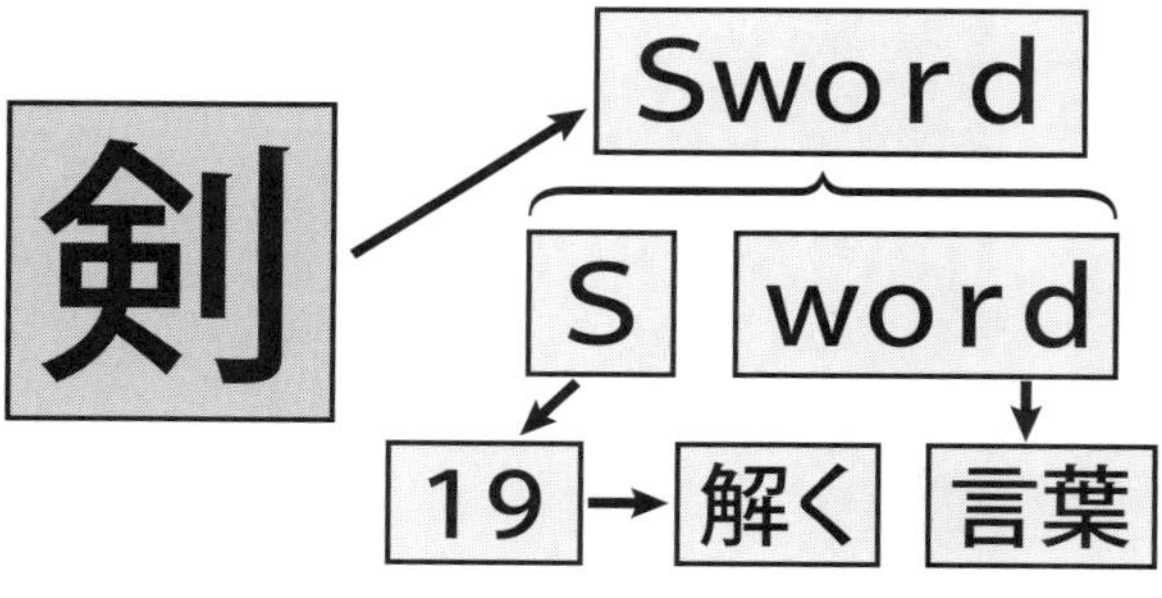

「剣、英語でSWORD」、剣とは言葉を解くこと。
すなわち、剣の深意はコトバのエネルギーでした。
不思議と日本語の意味と合致しますね。

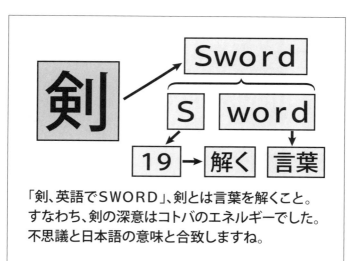

す。

言葉が人を良い方へも悪い方へも結びつけ る決定的な力があることがお分かりいただけたと思います。この言葉の両面性を見事に映し出している文字がありますので紹介いたしましょう。それは「剣」という文字です。

「剣」は英語では「Ｓｗｏｒｄ」→「Ｓ＋ｗｏｒｄ」。「Ｓ」はアルファベットの19番目。19→解く。「ｗｏｒｄ」＝「言葉」。したがって「剣は言葉で解く（説く）」という深意が出てきます。

さらに「剣」は刀と違って両刃の刃《やいば》ですので、転じて善悪両面に働く意味と解すること

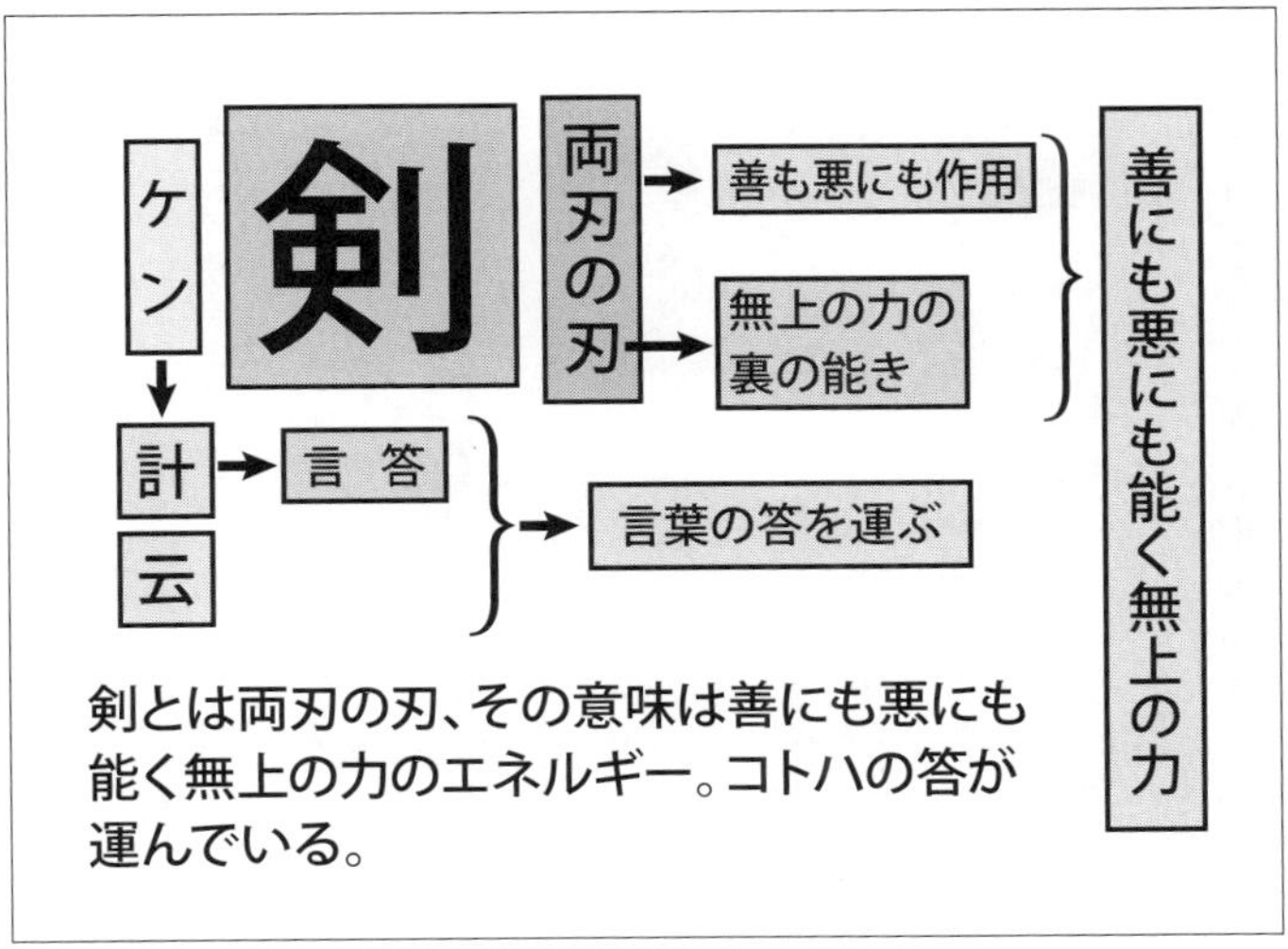

剣とは両刃の刃、その意味は善にも悪にも能く無上の力のエネルギー。コトハの答が運んでいる。

ができるのです。また「刀」は「力」の上部が無い字形をしているから命波学では「無上の力」と解しています

この「剣」の文字で明らかなように言葉は善にも悪にも働くということです。それでここで重要になってくるのは、言葉のエネルギーを如何に善の方向へ活用するかということです。

思考が形成される全体像

それでは、ここらで私達の思考＝意識が、どのようなエネルギーの影響を受けているかを整理してみましょう。分かり易く絵にしたものが次頁の図解です。

この図のように思考はかつて経験したこと、学んで来たこと、過去世から現世に至る膨大な経験等々の影響を大きく受けています。そしてそれらの多くは負の情報であるということ。その反面で内なる魂の声もあるのですがピュアで純粋な神の声は、自我という強力なエネルギーによって封じ込まれ、なかなか表面には出てこない傾向があるのです。

そして想像以上に強いのが教育（＝狂育）やマスメディア等の操作された情報です。とく

に謀略的に操作された新聞・テレビ等のマスコミ情報によって現代人の思想や思考は毒され続けているのです。

ちょっと話題を逸らしますと、古今東西の絵物語の世界で神や鬼や悪魔は共通して人間の姿で描かれています。人間の心の中には神聖なる神の心と邪悪なる鬼や悪魔の心があることを暗示しているのです。どんな聖人といえども人間である以上、心の内面ではエゴの心を有していますし、どんな極悪非道な人でも神の心・仏心を持っている……それが人間なのです。

今まで人類が辿ってきた時代は、譬えて言

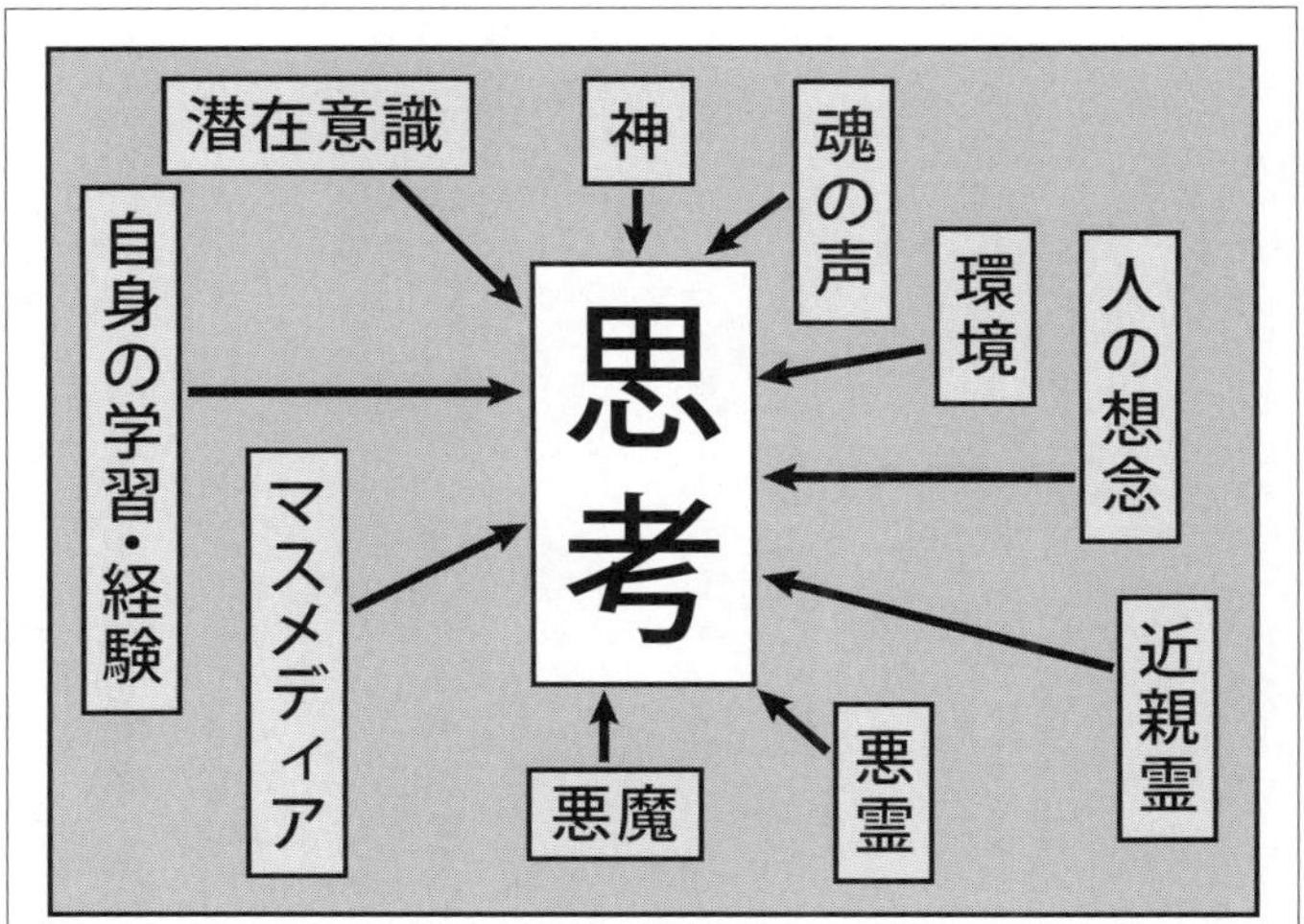

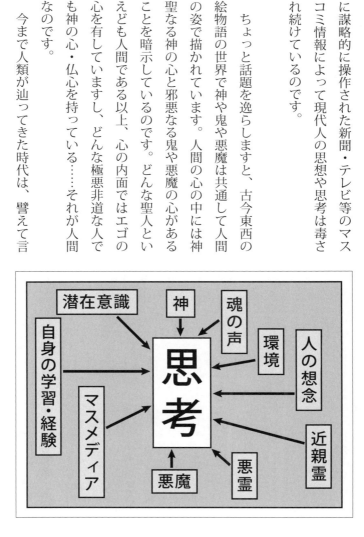

えば夜の闇の時代でした。邪悪なエゴの心が強く働いていた時代でした。したがってこの図に示してある善なる神とか魂の声というものが封じ込められる傾向が強かったのです。思考はどちらかと言うと邪《よこしま》な悪魔悪霊や様々なマイナスのエネルギーの影響を強く受けていたということです。

前頁の図のように私達の思考は物的・霊的な情報エネルギーによって影響され干渉され翻弄され続けてきたのです。それ故に自らの意識を自律的に働かせて幸福と繁栄を掴む的確な思考を堅持し続けることが、極めて至難であったことが分かってくるのです。

このように病んだ思考が私達の境涯や運命を決めるチャンネル機能を有しているのですから、人々が懸命に夢を求めて努力しても、様々な否定的な干渉エネルギーや誘惑によって、なかなかその願い通り思い通りに実現出来ずに終わってしまったということです。

心のコントロールは至難

そこで言葉のエネルギーを活用するポイントが「思考・心のコントロールは難しい。しかし言葉は思考を超越して自由に言える」ということです。

分かり易く纏めますと、言葉の重要さに気付かずに「思考」を優先にして生きていきますと、潜在意識を始め様々な負の干渉要素の影響を受けている思考は容易に切り替わるものではありません。さらにこの世は物質的な力が強い世界ですから、霊的な言葉のエネルギーよりも物質的な現実は大きな支配力を有しています。したがって幸福・健康・繁栄を招く光の言葉を唱えれば、すぐに結果が出るかと言いますと即効的な効果はなかなか起きない傾向があります。

それ故に過去の情報や経験によって病んでいる顕在意識（思考）に身を任せていては、人は何時まで経っても迷いの世界から脱却することが出来なかったのです。

ところが「言葉」に主軸を置き換えて生きてゆくと、言葉は思考を超えてニュートラルに唱えることが出来ますから、現実を超えて光の言葉を繰り返し発信することが可能です。それにより次第に思考・心が動かされ光の言葉のエネルギーが心に染み込むようになり、その度合が深くなるにつれて言葉と思考は両輪関係にありますから、光の言葉の影響を受けて思考が良いチャンネルを選ぶようになってゆくのです。そして受像機たる人間にその映像が映り出されるようになる。即ち明るい境涯・運命が展開するようになるのです。暗くても病んでいても、貧困で不幸であっても、その現実を無視して光の言葉を心に染み込むように声出して繰り返し唱えることが求められるということです。

「千」の回数には力がある

では、どのくらい唱えれば効果が現われるのでしょうか？　勿論、一度や二度ですぐ結果が現われると期待しないでください。何故なら殆どの不幸な現象は幾多の輪廻転生で積み重ねて来た罪穢れや歪みの浄化現象として起きているのですから、負のエネルギーが強いのでそれなりの努力が必要であることは言うまでもありません。この事に関し「ハッピーな言葉を唱えればハッピーなる」と主唱され数多くの人達を導いておられます斎藤一人氏は「千回唱えると効果が出てくる」と言われております。それで「千」の文字を字割して検証してみた解釈が次頁の図です。

どうやら「千」という字は天の働きを起こす数であることが読めてきます。ですから「感謝します」を毎日のように繰り返し唱え、それが千回程の数に達すると「光の言霊」が心に沁み込み無意識のうちに思考を変え、「感謝」する現象を引き起こすようになる……ということです。勿論、千回唱える前に「感謝」の現象を招き起こす波動の高い人も沢山居られることでしょう。なにか問題を抱えている方は千回を目途に光の言葉を繰り返し唱えることをお勧めいたします。しかし比喩的に薄い氷の人、厚い氷の人と個人差がある訳ですから、千回の数に達しても好転しない人も当然出てくると考えられます。しかし結果が出

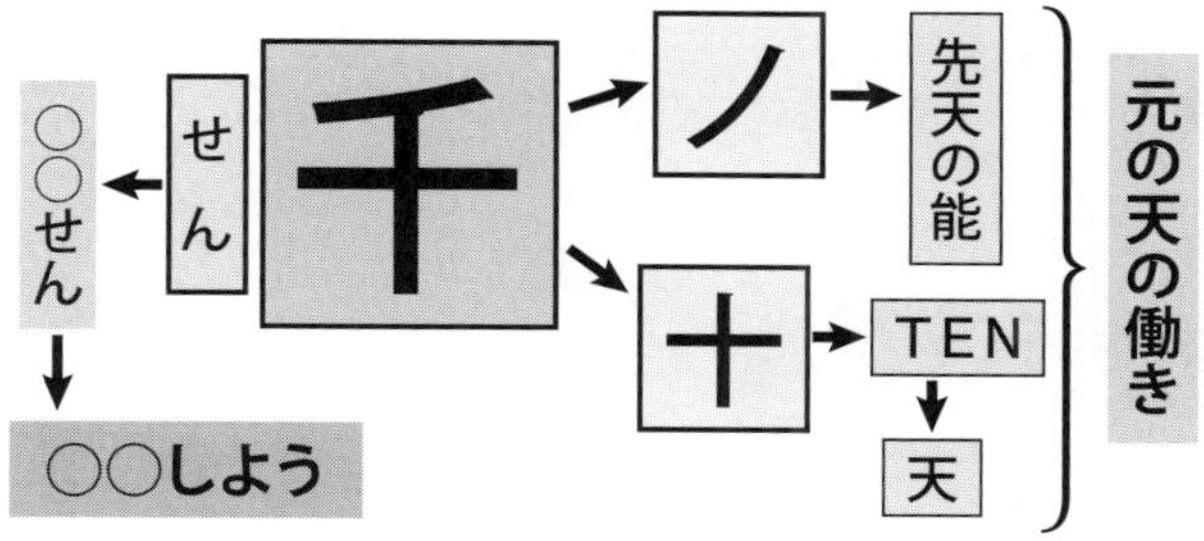

「千」の深意には天の能きが現われる。
「○○しよう」の天の能きが発動する数。

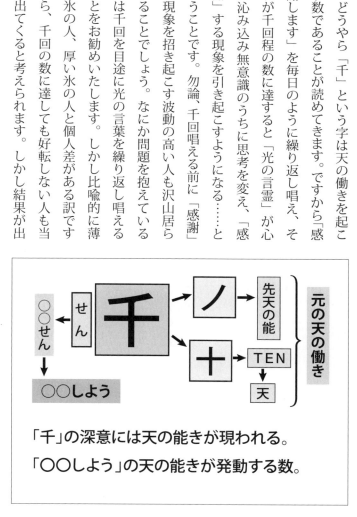

ないと諦めてしまうことは早計です。何故なら1センチの氷が溶けたら10センチの氷は9センチになっている筈だからです。繰り返し光の言葉を唱え続ける意味は大変に大きな意義があるのです。

人は闇に向かって歩めば一層深い闇の世界へ、光に向かって歩めば光明の世界が展開されてゆくのが宇宙の真理です。ですから光の方向へ、夢実現の方向へ、倦まず弛まずハッピーな言葉を唱え続ける。そうすることにより同調波長の法則により、天から大いなる光のエネルギーが入ってきて、境涯や運命が変わる道が開かれるということです。

箴言に「天は自ら助くる者を助ける」の素晴らしい言葉がありますが、この光の言葉の活用の前提には、否定的でなく肯定的に受け入れて、自ら建設的に自助努力してゆく必要があることは言うまでもありません。

ともあれ、今迄の「体主霊従」の時代は過去の情報に支配された「思考主体」の生き方であったのですが、これからの「霊主体従」の時代は未来に向けて「言葉主体」の生き方に切り替えてゆくことが大切です。その光の言葉の波動の力をアップするように努めてゆくことが求められているということです。

光透波エネルギーの活用ポイント

それでは光透波（コトハ）エネルギーの有効活用のポイントを箇条書にしてみましょう。

●ハッピーな良い言葉のエネルギーを最大限に発揚させるには、機会ある度に積極的に声を出して繰返し繰返し唱えること。

言葉は増幅機能を有していますから良い明るい言葉エネルギーは機会ある度に繰り返し声を出して唱えた方が良いということです。

●良いコトバに心をフォーカスすること。負の思考を無視し、ハッピーな言葉に心の焦点を合わせ続けるように努める。

・思考＝エネルギー＝心のチャンネル

・コトバ＝エネルギー＝増幅器＝チャンネルを決める

●負の現象に捉われない。現象はあっても、ハッピーな言葉に心をフォーカスする。

不幸な現象にフォーカスすると現実のエネルギーは強烈であり、人はどうしてもその負のエネルギーに引き込まれてしまう傾向があります。したがって、その負の現象があっても出来るだけ無視し、良い言葉に心の支点を置いてハッピーな言葉のエネルギーにフォーカスする。

●負の現象は総べて浄化の現象、厄落とし、デトックスであると理解すること。

陰陽・明暗・幸不幸・清濁・プラスマイナスと言うように何事も二面性を持っているのが地上三次元の世界です。同じものでも表があれば裏があるのです。

●何事も浄化の現象を頂いたのだ、厄を落として頂いたのだとプラスに受け止め、感謝するようにする。また負の現象は己の魂の高次元化の学習体験であるとポジティブに受け止めること。

何事も明るく陽気に……、「泣きっ面に蜂」でなく、「泣きっ面に笑い」で捉えてゆくのです。そうすると同長波長の法則が宇宙を支配しているのですから、明るい笑いの波長に見合うものを引き寄せるようになるのです。その引き金になるのが光の言葉のポスターであるということです。

●世に偶然というものは一つだに無し。全ては因縁果の法則で成立している。

判り易い事例がビリヤードです。名人になればキューを自由自在に駆使して有り得ないような球の動かし方をするものです。球の動きは偶然ではなく、力学的に計算されて寸分違うことなく転がっているのです。この地上の世界は全て因果の法則で動いているのです。

●しかし、光透波エネルギーは宇宙の根源的・最強のエネルギーです。宇宙次元では因果の法則を越えるパワーが働いているのです。

●言葉のエネルギーを発揚し、絶対的信念を持つことにより負の現象を最小限に喰い止め、解消することは可能なのです。

ところが人間世界は厄介なものでハッピー言葉を唱えれば直ちに「絶対的な信念」を持てるか？　というと、なかなかそのように切り替えることが難しい一面もあります。ですから初めから「絶対的信念」を持つことは不可能なのです。信念が持てなければ持てないで結構ですから、ここで提案している活用ポイントに沿って日夜、光の言葉を唱え、光の言葉のエネルギーを発信してゆくように心掛けてゆくということです。そうすることにより闇の方向から光の世界への転換が叶うようになってゆくのです。

●光の言葉で唱えた願い事を、同時に強いメンタルイメージ（心像）を描き続けることも重要です。心に描くことにより大きなエネルギー効果が生じてくるのです。

●私達が現実世界と思っているこの世は仮の姿であり、また宇宙の実相は「万物は波動」で成り立っています。

現象は全て波動の現れ、言葉も波動でありエネルギーです。ならばこの両者に同調波長の法則が働くことは必然であります。それ故に「絶対的信念」を滾《たぎ》らせハッピーな言葉のエネルギーを発信してゆく。さらに唱えた願いが叶ったことを心中にビジュアライズ（絵にして）堅持し続けてゆくとパワーアップしてゆくのです。

●言葉エネルギーの善用こそ、体主霊従から霊主体従への最善の道です。

これからの時代は体主霊従の物質中心の時代ではなく、霊主体従の霊（＝波動＝エネルギー＝精神）を主体にした生き方へ転換する時代です。既に物金の時代は崩壊し切り替わりつつあります。

光透波エネルギーの活用の道は、正に霊主体従の時代への最先端の生き方でもあるのです。

思考を超えて自由に使える言葉を活用

重複しますが本書の重要ポイントですので整理しますと、今迄の時代は言葉の神聖さに気付かず言葉を人間の道具の一つのように錯覚して嘘・偽り・誇張・謀略の言語が満ち溢れていました。その原因は宇宙から降ろされた初めの「詞」の言葉から、宇宙と断絶した後の「語」の言葉を長い人類の足跡の流れで使うようになっていたからです。

言葉は波動でありエネルギーですから、その波動の乱れた言葉を使うに従い人類の心は宇宙のご意図から離れていったのです。そして誤ったエゴの溢れる言葉文化が助長され、今日の世界的な危機と混迷が生み出されていったと考えられます。

既に詳述してきたように、私達の思考は物的・霊的な様々な情報エネルギーにより影響され干渉され翻弄されています。つまり私達の思考は物や金中心の価値基準に捉われ、エゴ主体となって多かれ少なかれ病んでいたのです。したがって自らの思考を宇宙の摂理にそって自律的に働かせ、幸福と繁栄を掴む方向へと堅持し続けることが極めて難しかったのです。

それ故に何時までも病んだ思考に捉われ続けて堂々巡りを繰り返すのではなく、自由に唱えることが出来るピュアな言葉のエネルギーを、最大限に活用する必要があるということです。言葉と意識は車の両輪であり一体ですから、自由に使える言葉のエネルギーを活用して思考を軌道修正してゆくことが可能なのです。

そして意識＝思考＝チャンネル機能を光の方向へ向けるよう言葉のエネルギーを積極的に活用することが求められているのです。負の影響を大きく受けている「思考」に優先して自由に表現できる「言葉」に焦点を合わせ光の言霊を発信してゆく、そうすることで幸福と健康と豊かな人生の道へと切り替えることが出来ることを提唱させていただく次第です。

第九章

文字の奥には秘められた真理がある

命波学の字割で文字から学ぶ

引き続いて命波学の字割を幾点か紹介しながら、思考を創り出す言葉と、文字の奥に秘められている宇宙の真理を読み解き、明るい幸福への道を探ってみたいと思います。

人は「悪」に働けば当然のこととして「罪」をつくりますので、その「罪」の文字の深意を探ってみましょう。

下図のように「罪」の字を字割して読み解きますと、『罪』とは、光透波（＝宇宙に繋がるピュアな初めの言葉）でないこと」と読み解けます。人類の根源的な罪と間違いがここ

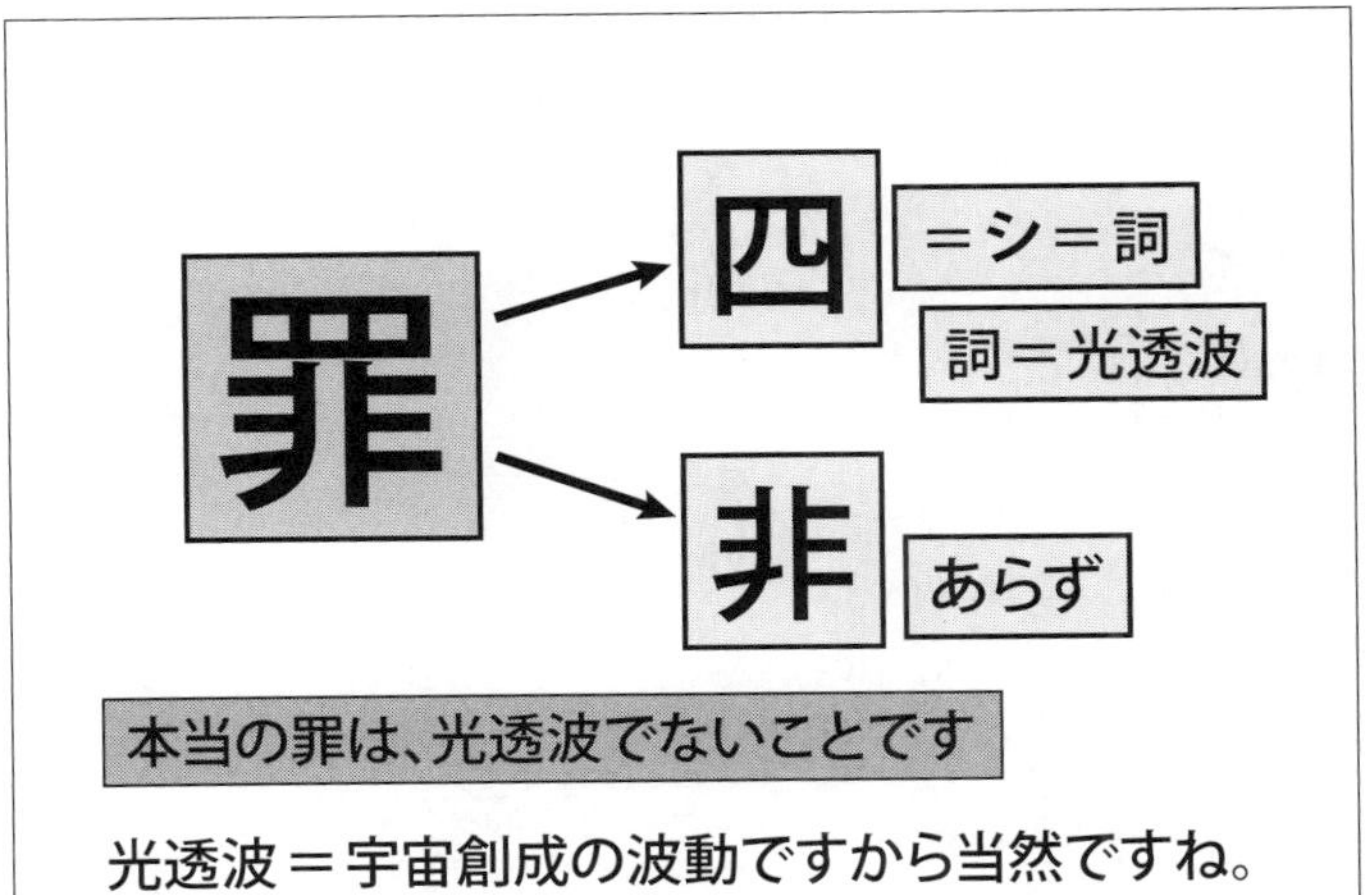
罪
四
＝シ＝詞
詞＝光透波
非
あらず
本当の罪は、光透波でないことです
光透波＝宇宙創成の波動ですから当然ですね。

にあったことを教えているのです。「実光透波」が「神」ですから当然ですね。

人が生まれたときは宇宙に直結しているので皆ピュアな赤子の心を持っています。幼児になるに従い親や周囲の大人達から言葉を憶えさせられてゆきます。そのころは皆純真であり天真爛漫な心を有しています。そうして小学・中学・高校と高学歴になるに伴いより多くの言葉を憶え、成長するに従って自我が生まれ我善のエゴの心を強く持つようになってゆくものです。人は光透波（コトハ）から離れた「語」の知識を多く蓄えるにともなって、精神的に狂いが昂じてゆく傾向があると言えるのではないでしょうか?

それに加えて教育内容それ自体が今日の唯物的なシステムに翻弄されているので、本来の「教育」から「狂育」になり下がっている一面があることも大きく影響していることは確かでありましょう。さらにマスメディアから洪水のように溢れ流れる操作された各種の情報が、人々の純真性を狂わしているとも言えましょう。視点を変えれば現代人は悪しき多くの言葉に染め上げられて日々生活しているとも言えるのです。求められるは光の言葉、幸福と繁栄へと導いてくれる初めの言葉・光透波に目覚めるということではないでしょうか。

誰でも悲しむことは嫌いです。しかしこの文字を字割しますと下図のように「悲しみとは本来の心で非ず。悲しみの奥には陽(明るさ)が秘められている」ことが明らかになってきます。要するに悲しみの現象は浄化現象、厄落しであり、それを乗り越えれば明るい世界が開けることを教えているのです。又は反省して本来の道に戻れば常の心に帰れることを教えてくれているのです。

今日、我が国では死因の約半数が癌であると言われております。人々は周囲の人達の体験談やマスメディアから流れる情報によって刷り込まれて、癌は死病であると大変な恐怖

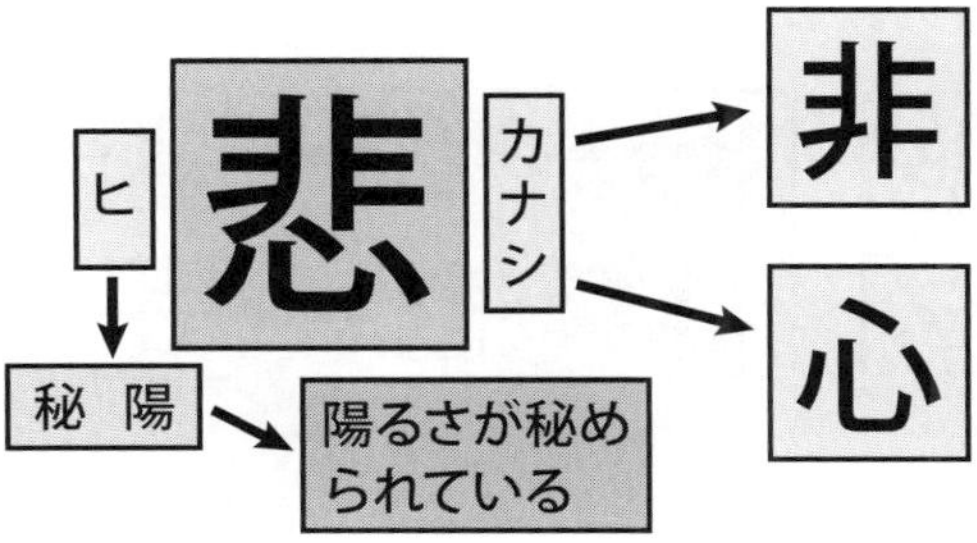

悲しみとは心に非ず、すなわち本来性ではない。
そこには陽《あか》るさが秘められています。

心を抱いて受け止めています。この負の思考である恐怖心が、さらに人々を深刻に苦しめてゆくのです。

ところが「癌」の文字を命波学の天鏡図に当て嵌めると下図のように解することが出来てきます。

癌とは「我＝強固なエゴの心が運んでいる病であり、反省して我を克服し軌道修正すれば、賀びが運ばれてくる病」と解することが出来ます。ですから癌はエゴの心を神の心に沿うように修正することへの警鐘であり、その病症であると理解できるのです。したがって癌は心を浄化するようにとの典型的な警告

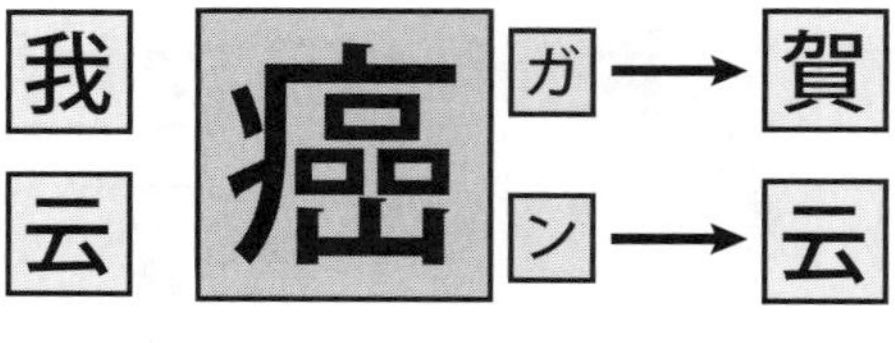

癌とは、「我」が運んでくる病であり、そのことに気付けば、喜びが運ばれてくるのです。

であり「災い転じて福となす」病気である……と理解することが出来るのです。

御神籤《おみくじ》などで凶が出ると、誰もが不愉快になったり不安にかられるものです。

しかし字割すると凶の字は「凶事に直面しても光透波（コトハ）＝命に目覚めれば開放され、上の世界＝神の光の世界へと運ばれる」ことを教えている文字であることが分かります。

具体的にこの凶の字をリアルに解読してみましょう。「凵」（読みは「カン」・「コン」）の字は魂の器＝肉体に置き換えることが出来ま

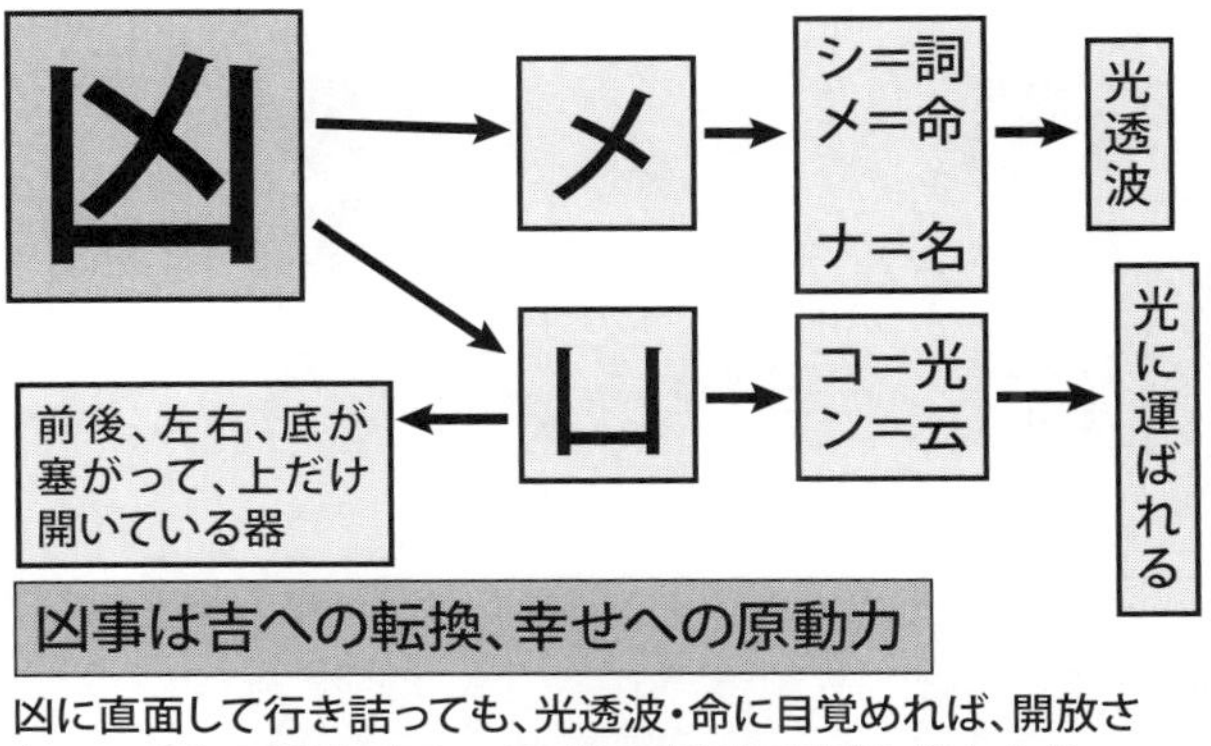

凶に直面して行き詰っても、光透波・命に目覚めれば、開放されている上の世界、宇宙＝神、光の世界に運ばれ救われる。

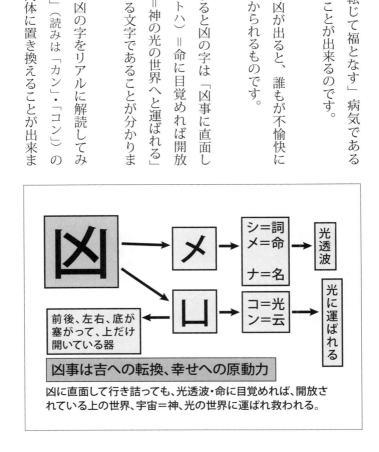

す。そこに「メ」＝命が納まっているのが私達人間です。ですから「凶」の字は肉体という容れ物に命（メ）が納まっていることを表わしています。そして前後左右の周りの状況がニッチもサッチもゆかなくなった時に命の脱出口＝上部の開けられた神の世界に心を向けることにより、救いの道が開かれることを「凶」の字は教えているのです。

宇宙の実相を証す「實」と「裏」の文字

では、實《まこと》とはどのように解せるでしょうか？　「實」の字を分解しそれぞれのパーツの意味を読み解いて纏めたものが次頁の図です。

「實とは宇宙を貫いている創造主の命の波動」と出てきました。近年になって物質科学の世界でも全てのものは波動であると説かれるようになりました。なんと「實」の字は一文字をもって、数千年も前から同じ意味のことを表現していたということです。

この一事を掘り下げただけで、文字とか言葉というものが、人間智で創り出されたものでないことが理解できるのではないでしょうか？　やはりそこには宇宙の大いなる叡智が働いているると筆者には思えてなりません。

続いて「裏」の字の字割をしてみることにしましょう。

「裏」の字には見えない世界、陰の世界、霊の世界などの意味があります。この裏の字を読み解くと次頁の図のように不思議な世界が読めてきます。

裏の字を図解の様に３つのパーツに分解してみますと、「表」が出てきました。「裏」の中に「表」の文字が秘められていたのです。

「表」の字には見える世界、陽の世界、物質の世界の意味があります。その「表」を「円」

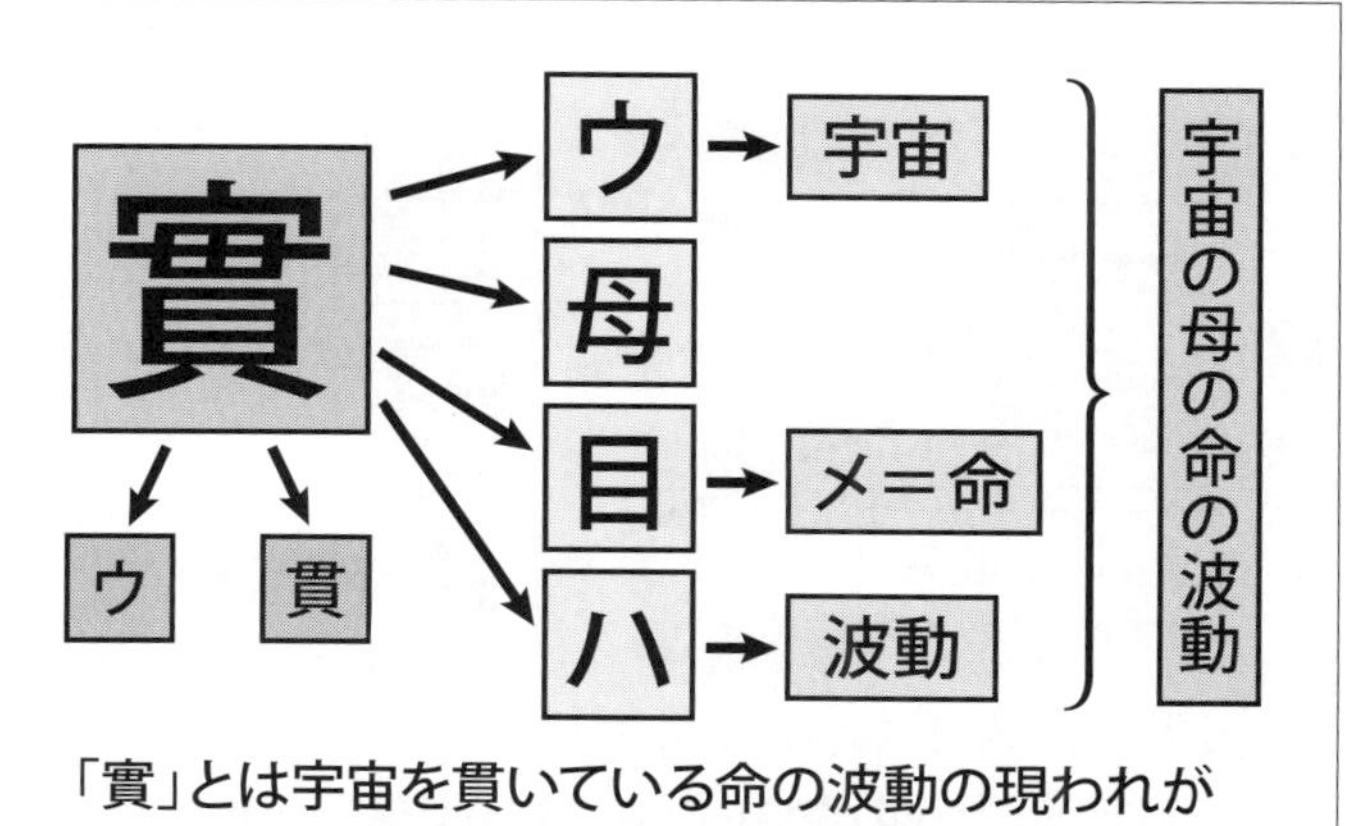

「實」とは宇宙を貫いている命の波動の現われが「實」であると理解できます。　實（み）・見・味

（縁）によって封じ込めている文字が「裏」の字ということです。

この文字は大宇宙の姿を現わしていたのです。涯しない真空透明の漆黒の大空間の中に太陽・地球・月、無数の星々や星雲などの天体（物質）が浮いています。このことは真空透明の大空間の中に無数の天体を浮かしている大いなる未知なる力が満ち溢れていることを意味しております。

その未知なるエネルギーを最新の宇宙物理学ではダークマター、ダークエネルギーと表現し、命波学では光透波エネルギーと説いていることは第七章で既述しました。このあたりの解説は大変難しいので、興味ある方は光

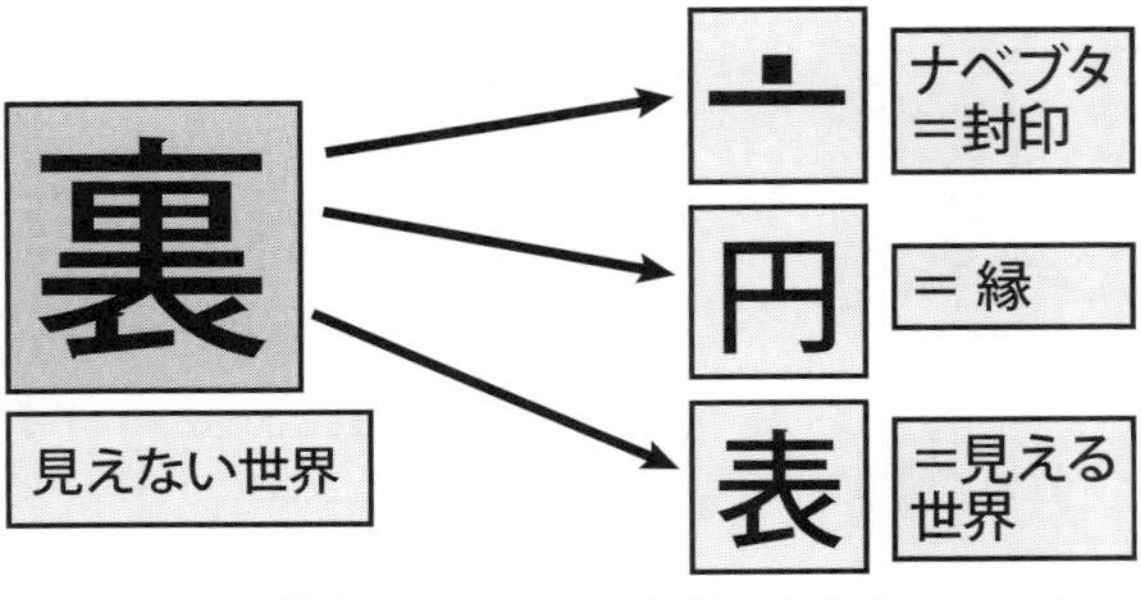

裏の中に表が縁によって封じ込められている。

見えない４次元の世界の中に３次元の見える世界が封じ込められているのです。

透波セミナーに参加され学びを深めていただきたいと思います。

以上のように命波学の字割で一文字一文字の奥に秘められた真意を読み解いてゆくと、真理に通じる素晴らしい教訓や情報が次々と浮かびあがることがご理解頂けたと思います。

言葉の力はピュアな心に強く反応する

さて、本書は言葉のエネルギーの活用法に焦点を置いていますので、本論に戻って話を進行してゆきたいと思います。

言葉のエネルギーは純粋でピュアな心を持てば持つほど大きく発揮されてゆくようです。潜在意識がさほど曇っていなかったと考えられる遠い遠い昔の私達の祖先の時代は、第四章の「言葉は人類だけに与えられた」で紹介しましたように言霊を神のように崇めていたとのことです。

日本最古の歴史書と言われる古事記や日本書紀が世に出る前、古史古伝の一つに神代文字によって書かれたホツマツタヱという文献がありました。神と人が共に仲良く歩んできた神代の時代の記録とも言えます。そのホツマの中に天之数え歌を唱えると死者も甦ることが記されています。

ピュアな縄文人の使う原初のコトバには、それほど大いなる力があったと理解できるのです。そして純朴であったからこそ言葉のエネルギーが強く感応していったと推理されるのです。言葉のエネルギー活用の重要ポイントの一つとして純真で素直な心が求められるということです。

避けなければならない言葉

さて、すでに記していますが言葉は両刃の剣の働きがあります。今まで良い言葉、ハッピーになる光の言葉を繰り返し推奨してきましたが、今度は避けなければならない言葉にはどのようなものがあるか箇条書きに掲げてみましょう。

●破壊的な言葉
・自己を否定する言葉
・自己を卑下する言葉
・人を攻撃したり、萎縮させる言葉
・波動の荒い言葉

●「ネバ」「ベキ」の言葉を使わないようにする。
・「○○であら**ネバ**ならない」
・「○○す**ベキ**である」

これらのネバ、ベキの言葉はジャッジする言葉であり、自己を否定し、過去を否定し、分離意識を強め宇宙の調和の波動から外れる言葉であり、その発想に繋がるからです。

日月神示などのスピリチャルの世界では「魂磨き」が大切であり、それには「悪を抱き参らせる」ことが大切であると説かれています。対抗して悪を叩き潰そうとすると、自身の波動をその悪のレベルまで下げてしまうからです。ですから「悪を抱き参らせる」には、一切をソウカソウカ無理もない……と受け入れ、愛のエネルギーを滾《たぎ》らせて、共栄共存の調和の心で対応することが求められているということです。つまり「ネバ・ベキ」の言葉を使ってジャッジしないように努める。ソウカソウカ……、無理もない……と聞き流すことが肝要であるというのです。常に肯定的で建設的なハッピーな波動の言葉を使うように努めることが求められているということです。

言葉エネルギーをチャート化して整理

●音霊＋数霊＝言霊（詞）↓言葉（語）

←思考＝心＝意識

←欲望・想像↓創造（現実化）する。

思考が鮮明で具体的でリアルになればなるほど、言葉のエネルギーが高まり現実化する力が強くなります。

●霊的エネルギー（神・霊・魔・人の思念や自然の波動）
　←
思考に干渉する波動＋心の中で回転する言葉（言葉は増幅機能）
　←
良いエネルギーもあるが、多くは強力な恐怖・欲望・エゴの思考へと加速
　←
現実化する

言葉のエネルギーを使って幸福と発展を得るには、前記のマイナスの言葉を極力使わないようにする。

反対に明るい健康的な言葉を積極的に使うように心掛けなければならないということで

す。その奨励すべき言葉の要諦は以下の言葉に集約されていると思われますが、如何でしょうか？

許しの言葉

労りの言葉

感謝の言葉

愛の言葉

波動を高める言葉

第十章　言葉のエネルギーによる治病の原理

「心の持ち方」「身体の使い方」「環境」に左右される

人の幸不幸で最大のものは健康の問題です。それで光の言葉を使うと何故に健康上に効果が出て来るのかについて、光透波理論に立った私見を紹介いたしましょう。

人間の健康は「心の持ち方」、「身体の使い方」、「環境の適不適切」の三つの条件によって大きく左右されます。

「心の持ち方」とは今迄に詳述してきた思考が宇宙の法則に順じているか否かの問題です。「身体の使い方」とは食物の摂取や仕事や睡眠・休養・運動等の日常生活等の在り方の問題です。その人の身体能力以上の過重な負担が懸かれば健康を損なうことになります。「環境の適不適切」とは人は身体機能を超えた過酷な環境下では健康を維持できなくなります。

このように人の健康状態は常にこの三つの条件の適不適の総合的な結果が現われているものと思考できます。

本書ではこの三つのうち「心の在り方」にポイントを絞り、その心（思考）を左右する「言葉の使い方」に焦点を合わせて話を展開していますので、より的確に健康の維持回復の効果を挙げることを願うならば「身体の使い方」、「環境の適不適切」の条件も、当然のこととして考慮しなければならないことは明らかでありましょう。しかし、そこまで踏み込むと論旨が拡大し過ぎて纏まらなくなりますので割愛させていただきます。

光透波→エネルギー→波動→森羅万象

話を転じますが私達人類はもとより宇宙の森羅万象一切のものは、目にも見えない手にも取ることが出来ない様々な力によって生成流転させられています。それら諸々の現象を起こす力を総称して現代流にエネルギーと表現することも可能のようです。

科学雑誌「Ｎｅｗｔｏｎ」の２００９年１月号

「海岸にうち寄せる波のほかにも、自然界には『波動』が満ちあふれている。音波、光、携帯電話やテレビの電波、地上をゆらす地震波など、すべて波動だ。（…）

ミクロな世界の物理学である『量子論』によると、電子や原子などにも、波動としての性質がある。電子や原子は、身のまわりのすべての物質を構成する源なので、『自然界は波動に支配されている』といっても決して過言ではない」と解説文が掲載されています。

海岸に打ち寄せる波のリズムは平均すると1分間に9回だと言われています。このリズムのベースと人間の身体が不思議な関係にあることをご存知ですか？

9×2＝18　人の1分間の呼吸数
18×2＝36　人の健康な体温
36×2＝72　人の健康な脈拍数
72×2＝144　人の健康な血圧数
144×2＝288　胎児が母胎内にいる日数

この不思議なリズム＝波動の数値が物語るように、私達の肉体もそして森羅万象も宇宙の大いなる仕組みによって生成流転していると考えられませんか？　現代科学でも「一切のものは波動によって成り立っている」との見地をとっています。この波動の奥には動きを起こす基のエネルギーがあることは容易に想像できることであります。

エネルギー　↓　波動が生じる

波　動　↓　森羅万象を生成流転

音も電波も光も、見えない世界も、見える世界の物質も、全ては波動↓エネルギーによって生み出されているのです。

では一切のものを生み出す基の基、すなわちエネルギーとはいったい如何なるものなのでしょうか？　少々難しくなりますがエネルギーには位置エネルギー、力学的なエネルギー、運動エネルギー、波動エネルギー、熱エネルギー、化学エネルギー、石油エネルギー、核エネルギー、電磁場エネルギー、質量エネルギー、栄養学的なエネルギー等々といろいろな名称があり、分類されています。起きている対象の違いや、現象や資質の違い、捉える視点の違いなどによって様々なエネルギー名が付けられているようです。

それではこれらの諸現象を生じさせる力の源泉たるエネルギーの本質はどのようなものか？　と問うと現代の物理科学でも曖昧模糊として掴むことが出来ていないのが実情です。

それで「ＥＮＥＲＧＹ」（エネルギー）の奥に秘められた深意を光透波理論の字割で読み解いたものが下の図解です。

なんと「回転している50音が流れ留まっている基」ということです。「50音が流れ留まる」とはコトバのエネルギーと解することが出来ます。光透波の字割理論で「エネルギー」を読み解くと、その究極の意味合いが浮かび上がってくるのです。

この文章を読まれて、光透波にご縁の無い方はおそらく戸惑われるに違いありません。しかし面白いことに人類史上最大のベストセラーと言われている聖書のヨハネ福音書に

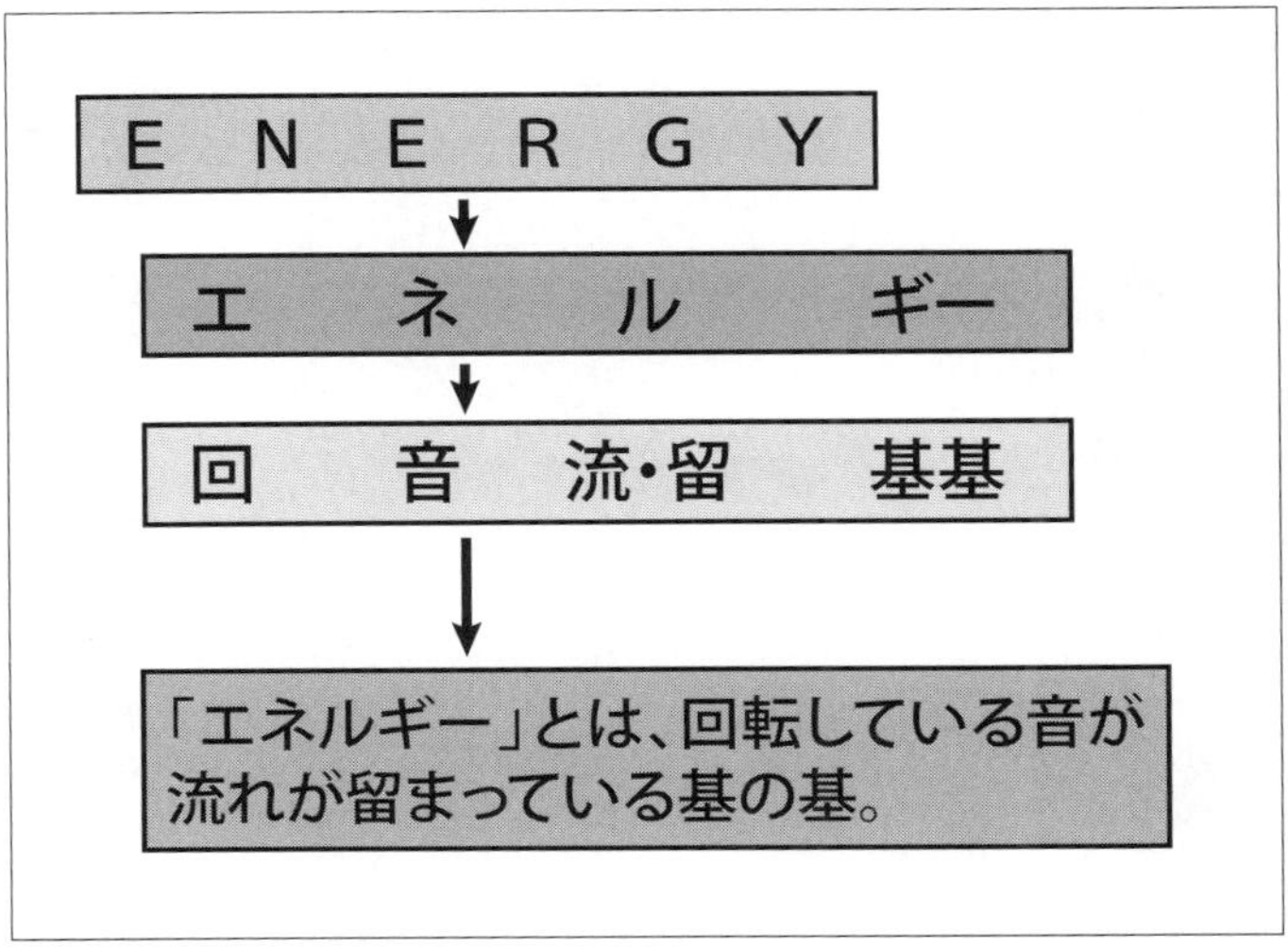
E N E R G Y
エ　ネ　ル　ギー
回　音　流・留　基基
「エネルギー」とは、回転している音が流れが留まっている基の基。

「初めに言《ことば》があった。言は神と共にあった。言は神であった……。万物は言によって成った……」と書かれています。「え、言葉によって万物が創造された……??」多くの人々はこの文言に「そんな馬鹿な」と戸惑われることと思います。

しかし、言葉の奥に秘められた真理を読み解くことが出来る新時代の言霊学＝光透波（コトハ）ワールドでは至極当然のこととして理解されているのです。

私達人類はもとより宇宙の森羅万象一切のものは、目にも見えない手にも取ることが出来ない様々な力によって生成流転させられています。それら諸々の現象を起こす根源的な力こそ言霊・50音のエネルギーであるということです。

電気的法則で支配されている宇宙

さて、パワー溢れるエネルギーの象徴として誰もが頭に浮かぶのが「雷」ではないでしょうか？「雷」↓「カミナリ」↓「神なり」。この「雷」の字を字割すると次頁上のようになります。

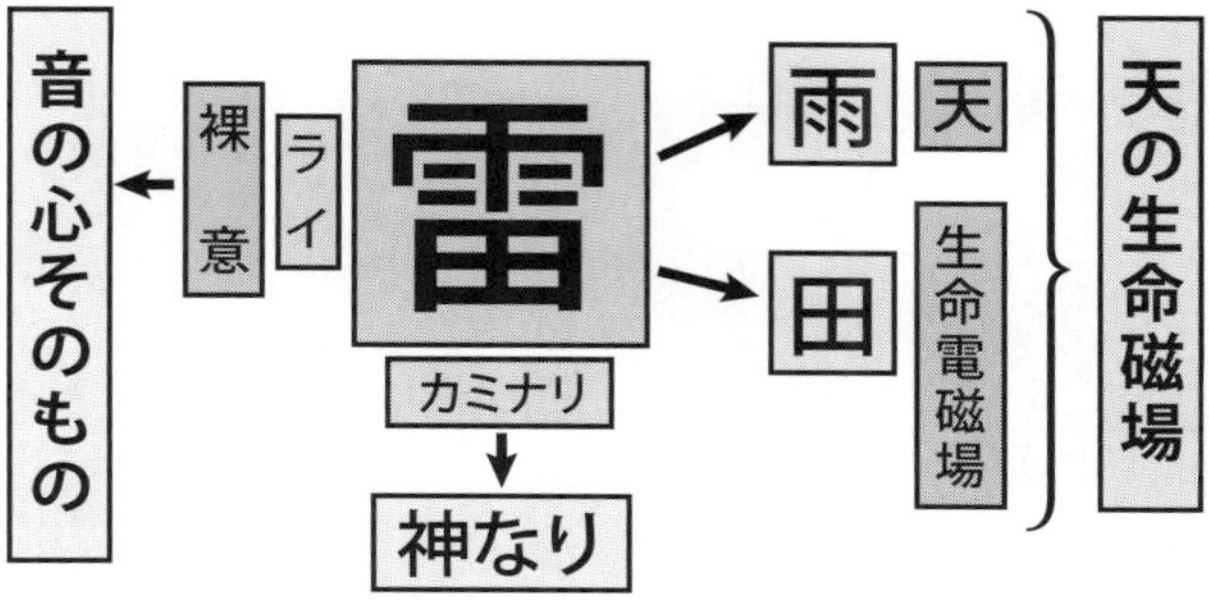

「雷」とは、「神なり」。天の生命磁場と解せます。
「50音の心、そのもの」・・・・言葉が神ですから
当然の解釈が出てくるようですね。

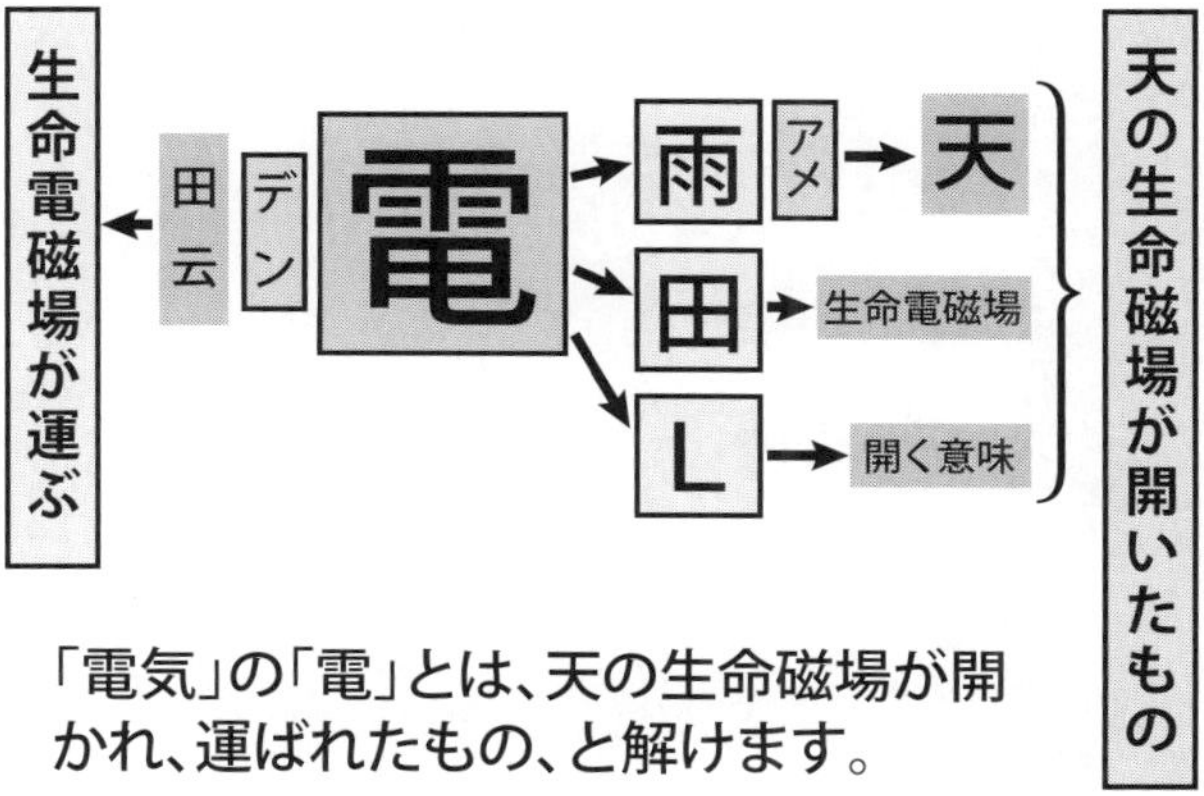

「電気」の「電」とは、天の生命磁場が開
かれ、運ばれたもの、と解けます。

「雷」は「天の生命電磁場」であり、「神」に通じているものと解せます。この「雷」＝「神なり」を開いたものが「電」、すなわち「電気」であることを解説したものが、前頁の下の図解です。

「電」＝「雷」＋「L」。「L」には開く意味があります。また「L」はローマ数字では50。したがって「L」は50音で開くと解せます。

「電」を字割すると「天の生命電磁場が開かれたもの」が電気である、と読み解けてきます。したがって「神」のエネルギーと「電」気のエネルギーは切っても切れない深い繋がりがあることが前頁の図の字割で理解できてきます。

そして、この電気的な機能が宇宙創造の基礎となっていることを明かしているのが次頁上の「基」の字です。

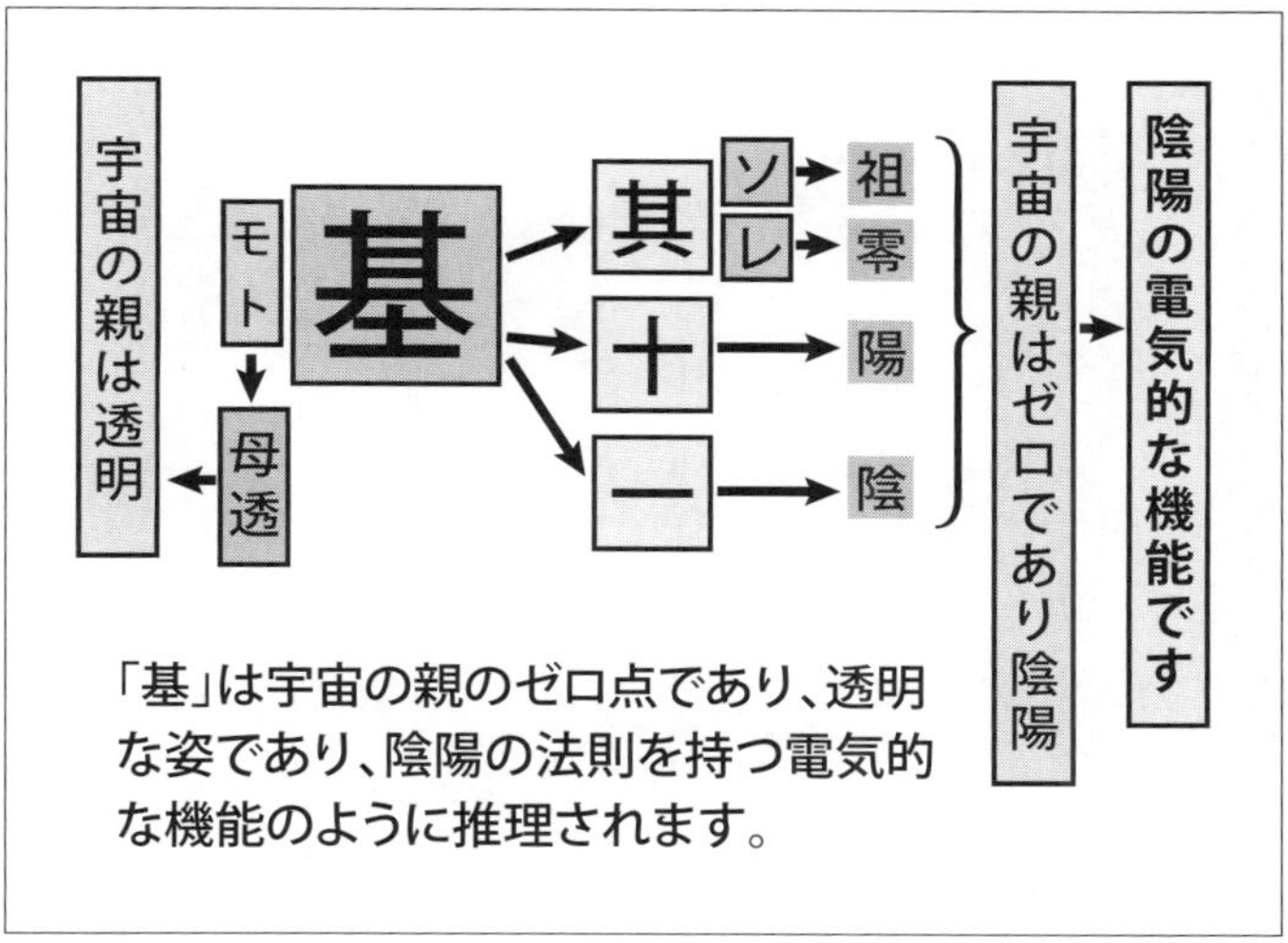
宇宙の親は透明
モト
母透
基
其
ソ
レ
祖
零
十
陽
一
陰
宇宙の親はゼロであり陰陽
陰陽の電気的な機能です
「基」は宇宙の親のゼロ点であり、透明な姿であり、陰陽の法則を持つ電気的な機能のように推理されます。

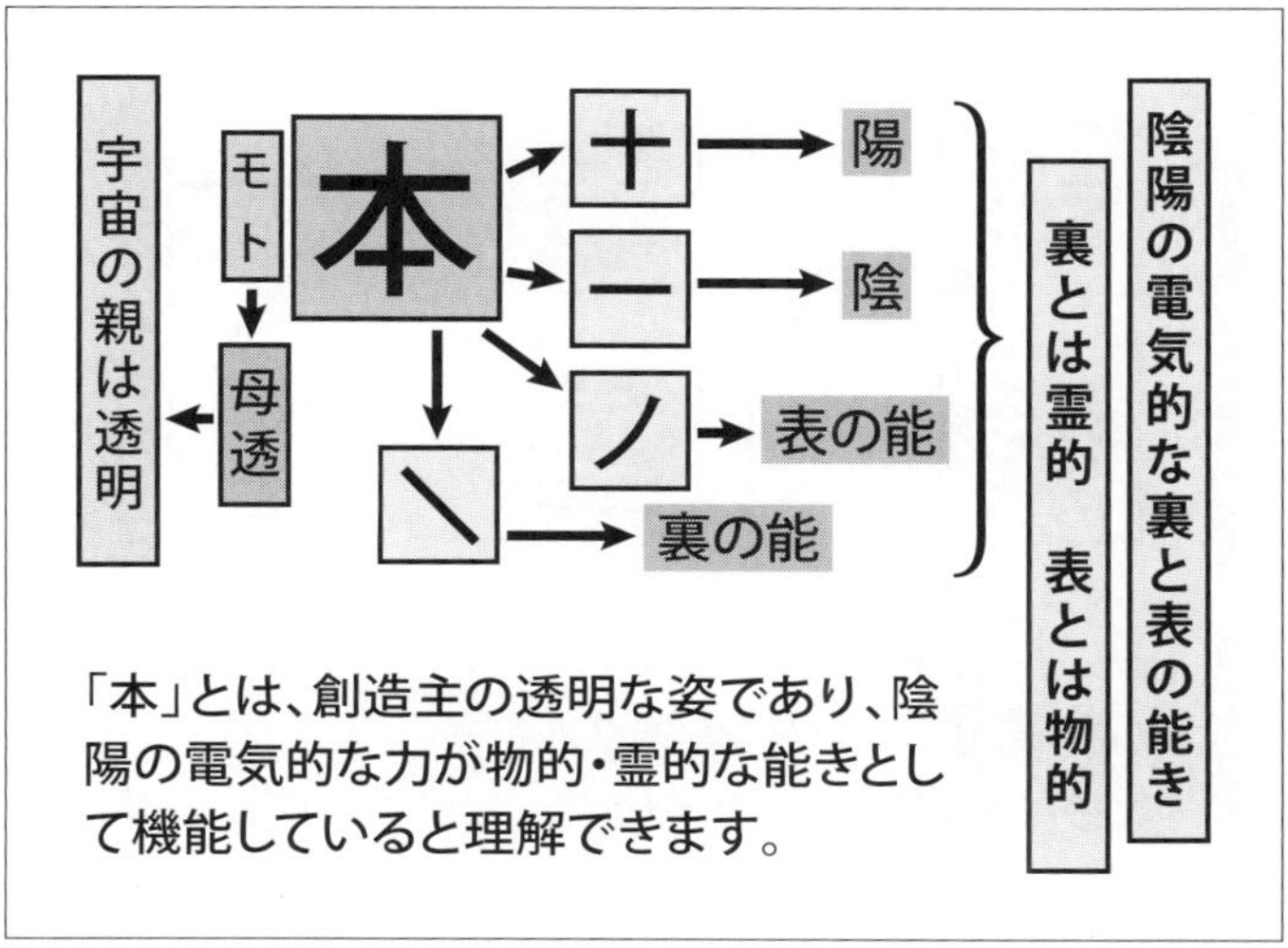
宇宙の親は透明
モト
母透
本
十
陽
一
陰
ノ
表の能
＼
裏の能
裏とは霊的　表とは物的
陰陽の電気的な裏と表の能き
「本」とは、創造主の透明な姿であり、陰陽の電気的な力が物的・霊的な能きとして機能していると理解できます。

「基」は「其」「十」「一」に分解できますので、それぞれの意味を天鏡図に当て嵌めてみますと、前頁上図のように「基は宇宙の親のゼロであり、陰陽の性質を持つ電気的な機能」であることが推理されてくるのです。

さらに、この陰陽の電気的な力が、裏（霊的＝エネルギー、抽象の分野）、表（物＝具象の分野）の能きとなっていることを表現した文字が「本」という字です。（前頁下の図）

すなわち、この字割から電気的な力は物質の世界にも、霊的なエネルギーの世界にも機能していると推論できてくるのです。

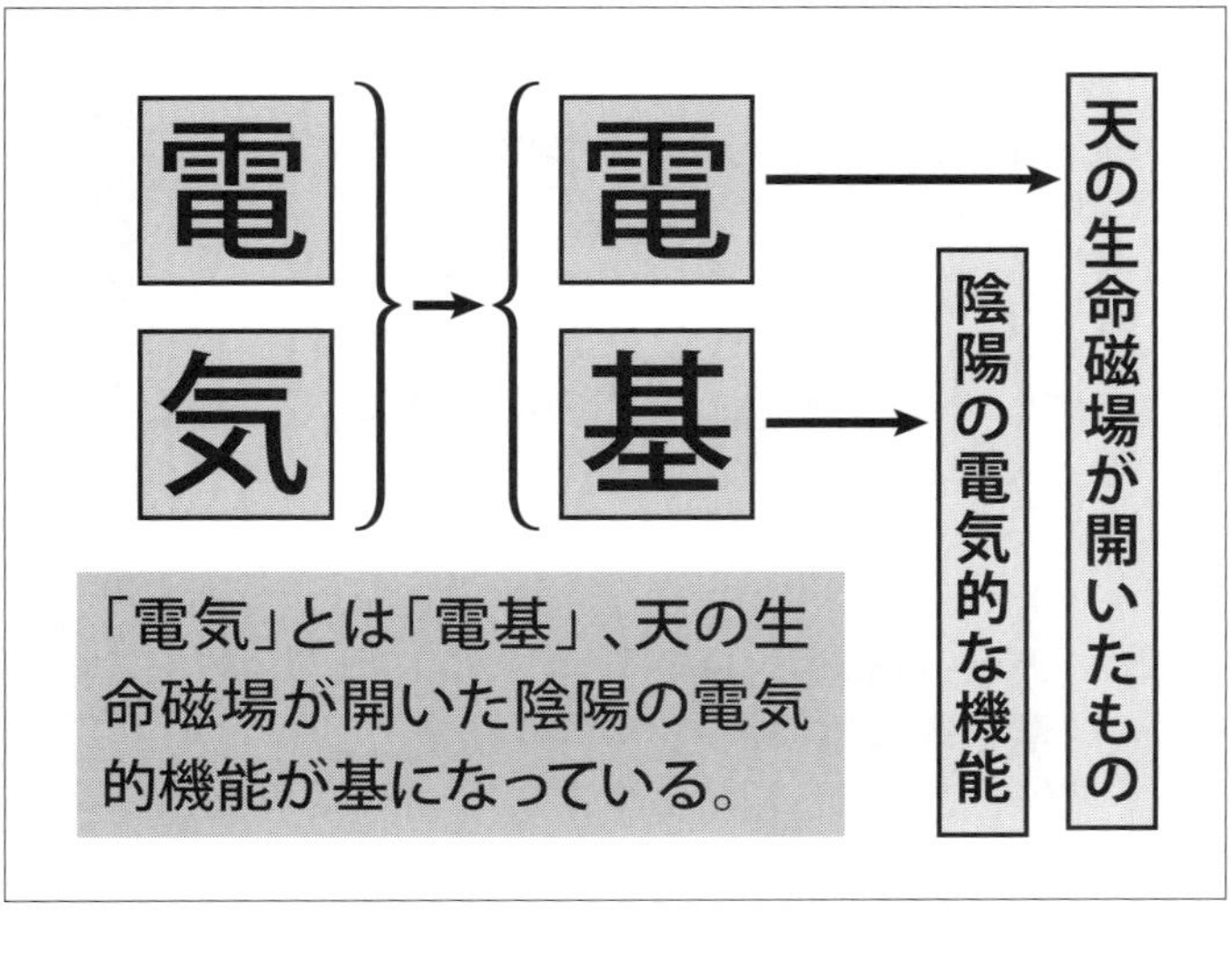

このように文字の奥の真理を読み解いてゆきますと光透波（コトハ）のエネルギーは電気的性格を持っており、万物は「電気→電基」即ち電気的機能がベースとなって成り立っていると推理できてくるのです。

　そして、世の全てのものは創造主のご意図によって生み出されていることは「素」の字が明確に明かしています。

　万物は神のご意図によって神のエネルギーによって創造されているならば、当然のこととして万物は電気的性格を内包していること

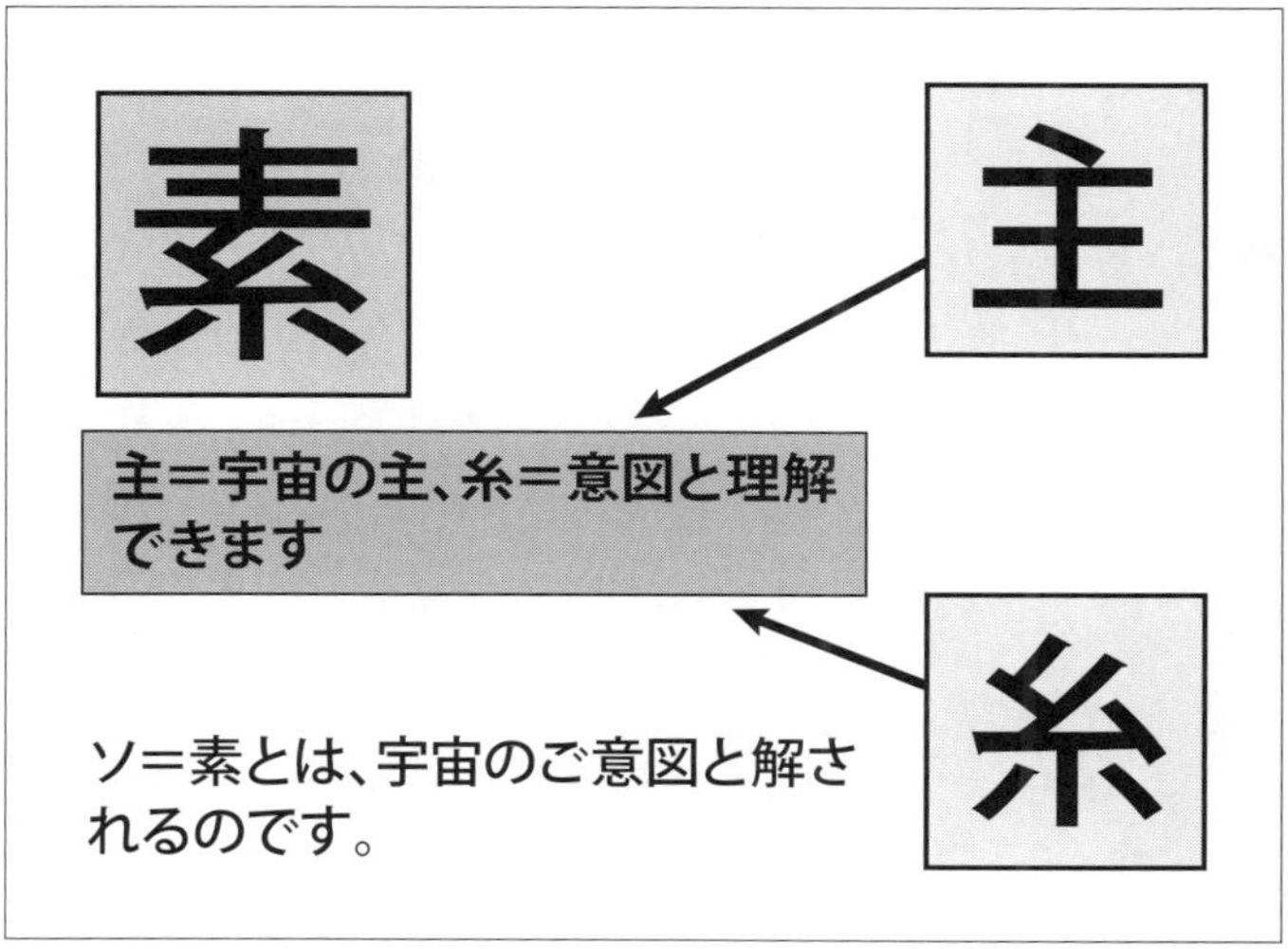
素
主
主＝宇宙の主、糸＝意図と理解できます
糸
ソ＝素とは、宇宙のご意図と解されるのです。

になります。電気の一大特徴は「＋」から「－」へ電流が流れること。電流が流れる処に磁場が生じること。その磁場にはS極とN極があるということ。そして電気と磁力は切っても切れない関係にあるので、纏めて「電磁気力」と呼ばれています。

研究者によれば私達人間の身体も微弱な電気的なエネルギーによって機能し動いているとのことです。

自然界は電磁気力により動いている

また物理科学の世界ではこの自然界の力学的関係の殆どは電磁気力現象として捉えられています。

※ 素粒子物理学では自然界の根源的な力には電磁気力、重力、強い力、弱い力の４つがあり「強い力」といえども素粒子レベルの力であるので、現象界は電磁気力以外の力の影響力は極めて少ないとされています。分かり易く言えば電磁気力によって、私達の殆どの世界は動いているということになります。

このことを分かりやすく解説した記事がグラフィック サイエンス マガジンの「Ｎｅｗｔｏｎ」２０１２年７月号に掲載されているので要約することにします。

電気と磁力は切っても切れない密接な関係がある。まとめて「電磁気力」と言われています……。

自然界は根源的に４ツの力（電磁気力、重力、強い力、弱い力）しかない。身近な力のうち重力以外はすべて電磁気力が根本原因として働いている。

バットでボール打ち返す時に生じる力はバットと

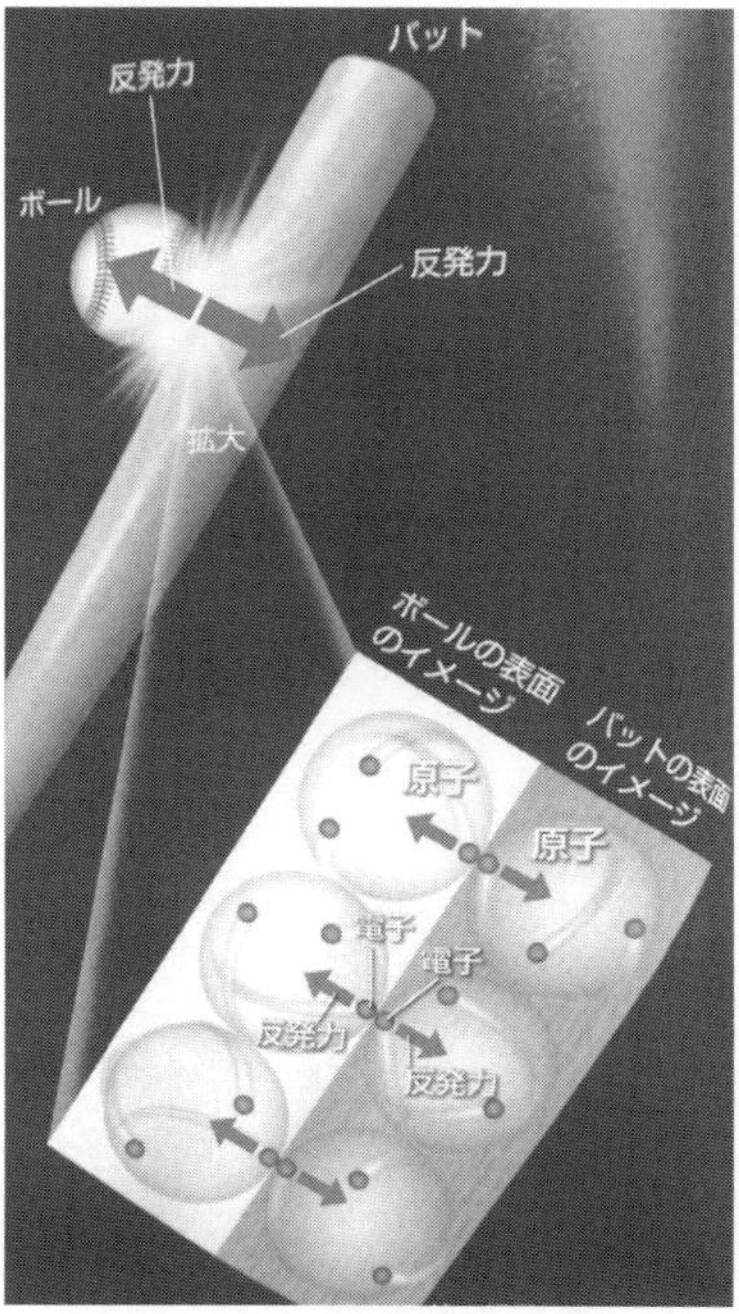

「Newton」2012年7月号より

ボールの表面の電子同士の電気的な反発力が根本原因です。

原子は必ず負の電気を帯びた電子があり、正の電気を帯びた原子核は原子の中に隠れています。そのためバットとボールの表面の原子同士が急接近すると、負の電気を帯びた電子同士が、大きく反発し合うことになる。

電磁気力、重力以外の二つは「強い力」「弱い力」素粒子レベルのミクロの世界にしか顔を出さないのです。

現在の素粒子物理学では身近にあるさまざまな力は、重力以外すべて電磁気力が根本原因といっても過言ではありません。（要約終り）

このように私達は電磁気力の世界で生きているということです。

電磁波性を有する磁石はS極とN極があり、同じ極同士は反発し合い、異なる極同士は引き合う陰陽の法則があります。万物も磁石同様に陰陽の法則が働いています。が、その殆どの物は陰陽のバランスがとれて電気的に＋（プラス）－（マイナス）ゼロの状態にあるようです。

「雷」↓「神ナリ」↓「雷」が開いたものが「電気」。したがって「神」は電気的なエネルギー、その究極のエネルギーが本書で詳述してきた光透波（コトハ）ということになるわけです。

言葉の電気的性質を推理する

このように論理してくると、現代の物理科学では解明できていませんが、形の無い言葉（＝エネルギー）にも電気的な性質があるのではないかと考えられてきます。すなわち電気的見地から言葉にも陰なるものと陽なるものがあると推理できてくるのです。

では、どんな言葉が陰であり？　陽であるか？　それを仮説として掲げたものが下の表です。

当然のこととして、電気的に陽なる言葉は活発な陽の気を出すものと考えられますので、心を明るく活発にする言葉。反対に電気的に陰なる言葉は心を暗く鎮静化させる言葉と考えられます。すると下の表のようにそれぞれの代表的な言葉が挙げられます。

電気的に陽なる言葉	電気的に陰なる言葉
愛する	嫌う
嬉しい	悲しい
感謝	憎む
許す	怨む
良くなる	悪くなる

健康状態の電気的性質を推理する

続いて、人の健康状態を電気的視点に立って捉え仮説を立て推理してみたいと思います。健康な身体は生理機能が順調に機能しているので脈も呼吸も体温も平常、すなわち静穏な状態、したがって電気的にマイナスと思考できます。

病的な身体は生理機能が異常な状態、脈や呼吸や体温が乱高下し、激しい活発な生理反応を起こしています。すなわち異常な状態、したがって電気的にプラスな現象と思考できてきます。

常識的に考えると私達は「陽」は良く「陰」は悪い印象を抱きますので、病気症状は「陰」と連想しがちですが、肉体的な「陰」「陽」は、精神的・霊的な「陰」「陽」と逆転しているということです。

このことは結核菌の感染を調べるツベルクリン反応の陽性と陰性の判定でも明らかになっています。感染者は真っ赤な炎症（病的症状）が出ますが、非感染者には炎症は起きません。

また物理治療の世界では患部は陽電気が帯電していると言われているようです。その治療法の一つに患部の陽電気に金属等の器具を当ててアースし除去して治療する方法もあるようです。以上整理しますと以下のようになります。

言葉と身体の電気的性格

抽象の世界
- 良い言葉……電気的にプラス（明るい調和の気を出す）
  波動が精緻
- 悪い言葉……電気的にマイナス（暗い乱れた気を出す）
  波動が粗い

具象の世界
- 健康状態……電気的にマイナス（波動的に穏やか）
  脈や呼吸や体温等が正常な状態
- 病的状態……電気的にプラス（波動的に荒い）
  脈や呼吸や体温等が乱高下した状態

※ 物的世界と霊的世界では陰（マイナスイメージ）陽（プラスイメージ）が逆転しているものと想定できてきます。

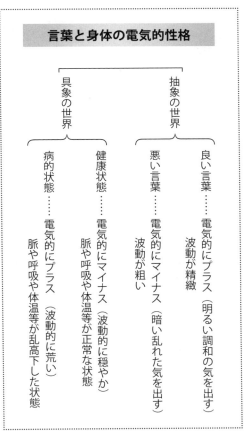

電気的視点で捉えた「言葉」と「健康状態」

電磁気的に同じ極同士は反発し合い、違う極は引き合う。その視点で言葉と健康状態の関係を想定したものが、次頁の図解です。

言葉の善し悪しが健康状態を左右するパターンを想定すると、以上の①～④のベクトル（力）が生じてくることが明らかになってくるのです。このように電磁気力的な見地からみても、明るい陽の光の言葉を唱えることにより健康増進、病気快癒への道が開かれてゆくことが納得いただけたと思います。逆に暗い陰なる言葉が健康に悪い影響を与えることが明らかになったと思います。

言葉のエネルギーには本質的に電気的なエネルギーの一面があると推理すると、上記の仮説が生まれてくるのです。

言葉と健康状態の関連

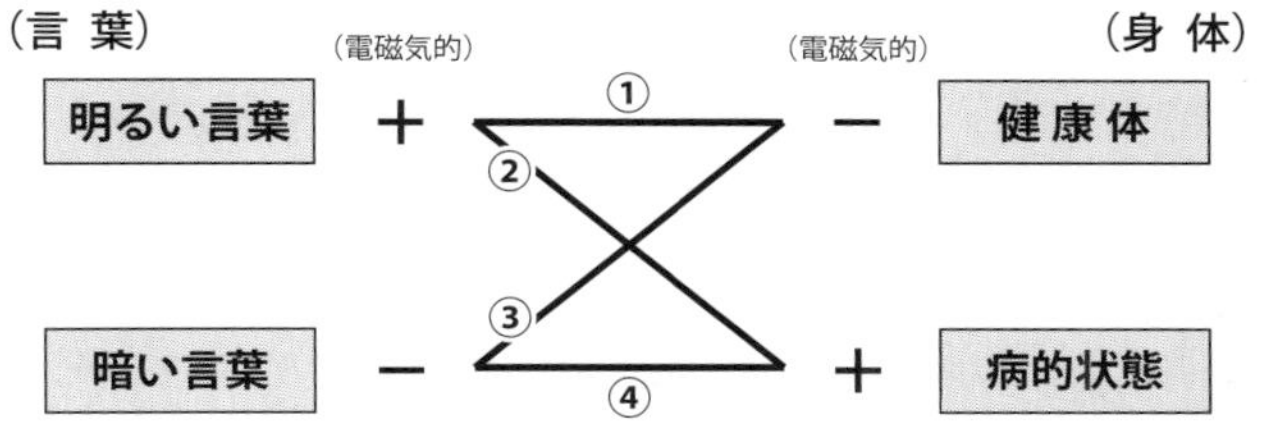

① 明るい言葉（＋）× 健康体（－）　→ 引合う 成立 ＝ 健康増進

・（＋）×（－）、電磁気力的に引き合う。

・明るい言葉の波動を受けてますます健康状態は良くなる。

② 明るい言葉（＋）× 病的状態（＋）→ 反発 不成立 ＝ 健康への力

・（＋）×（＋）、電磁気力的には反発し合う。

・病的状態が反発するとは健康回復への力が働くこと。

③ 暗い言葉（－）　× 健康体（－）　→ 反発 不成立 ＝ 健康に悪影響

・（－）×（－）、電磁気力的には反発し合う。

・健康状態が反発するとは病的方向への力が働くこと。

④ 暗い言葉（－）　× 病的状態（＋）→ 引合う 成立 ＝ 病状が亢進

・（－）×（＋）、電磁気力的に引き合う。

・病的状態は暗い言葉の波動受けてますます病気は悪化する。

※ この章「言葉のエネルギーによる治病の原理」の内容に関しては、科学的な裏付けを確認するため、本書の推薦文を寄稿してくださされた理学博士の森裕平氏の監修を頂いております。

第十一章　文字が教えてくれる幸福への道

嘘の言葉は波動を落し
魔の好餌に

さて、大分脇道に入りすぎたので本論に戻って、光の言葉の活用法に話を戻すことにいたしましょう。

本書では光の言葉を使って健康と幸福の道を掴むように努めてゆくことを提唱させていただいているのですから、これに逆行する悪しきブレーキを掛ける言葉は使わないようにしたいものです。その悪しき言葉の代表格に「嘘」を挙げることができます。「嘘」と「真」の言葉の影響力を対比したものが下の表です。この図解で明らかなように、私達は「嘘」

嘘と真

嘘	真
・心が暗くなる	・心が明るくなる
・オドオドした心	・正々堂々の心
・罪の意識	・慶びの意識
・不信を抱かせる	・信頼される
・破壊への道	・建設の道
・不幸への道	・幸福への道
・闇の世界へ	・光の世界へ

は言わずに「誠」に生きるべしということです。

「嘘」と「真」。「嘘」は前頁の図表のように波動を落とします。当然のこととして暗いエネルギーを発します。すると己の心奥に魔物を吸い寄せる陰が生じます。周波数の低い心を抱いていると低い波動の魔に入り込まれてしまうのです。

エゴの心、嘘・偽り・悪い言葉を発すると波動が落ちて来るのです。そうすると先に紹介した『大日月地神示』で詳述してあるように、心の奥に陰りが生じ悪魔が自由に入り込んで、己を支配しようとしてくるのです。

魔は入り込むと弱点を次々と攻め込んで、負の想念を拡大させてコントロールしてエネルギーを奪い続け、私達を支配しようとするのです。それ故に私達は、心を明るくする「真」の心を持って生きてゆく必要があるのです。

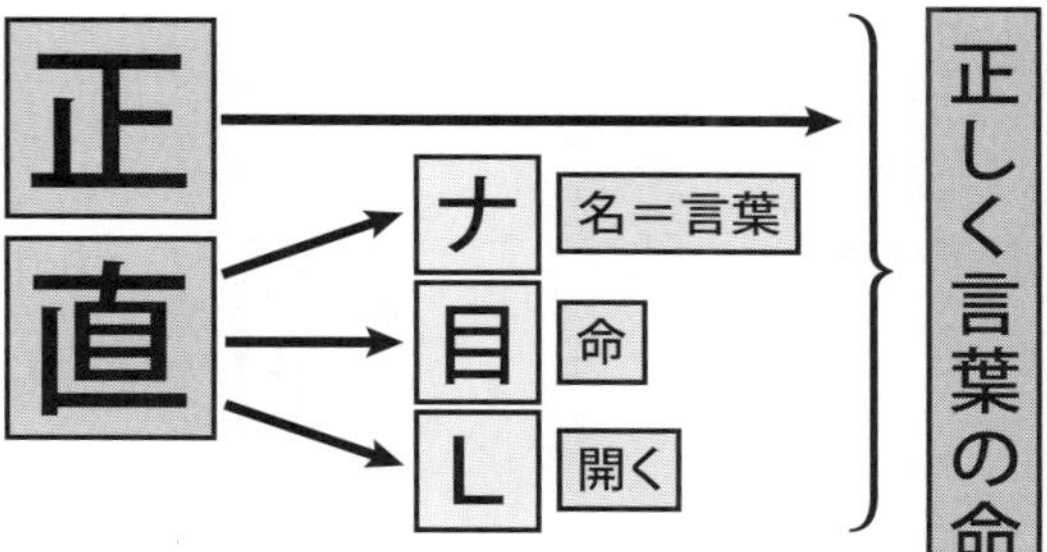

「正直」とは、「正しく言葉の命を開く」意味だったのです。当然、その言葉には実行がともなう、ことになります。

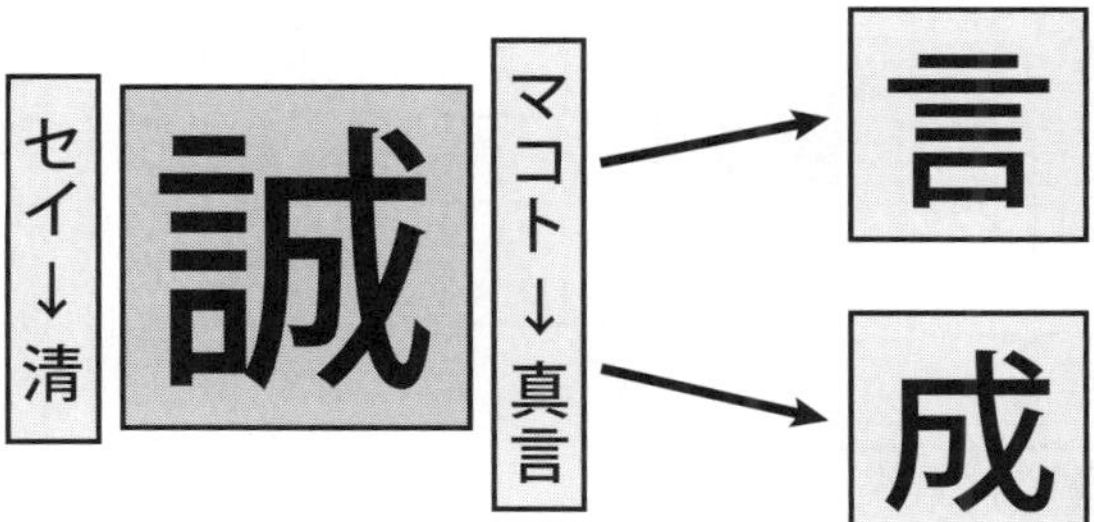

誠とは言葉で成り立つ世界であり、清らかな真言の意味であります。

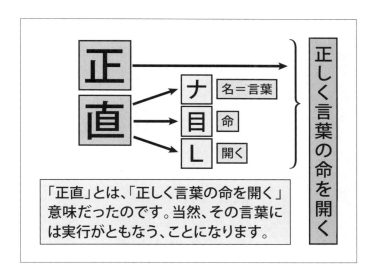

心の持ち方を諭《さと》す文字の数々

前頁及び下に掲げた字割のように「正直」「誠」「真」の文字が教えている生き方とは、言うまでもなく言葉と行いが一致する道であったということです。そうして言葉を正しく捉える上で命波学の字割は大きな導きの手立てになるのです。私達は言葉の奥に潜む光のエネルギーを活用することにより幸福と健康と繁栄、さらには世界平和の道を掴むことが出来るということです。

光の言葉を活用する上で留意しなければならないことを教えている文字がありますので

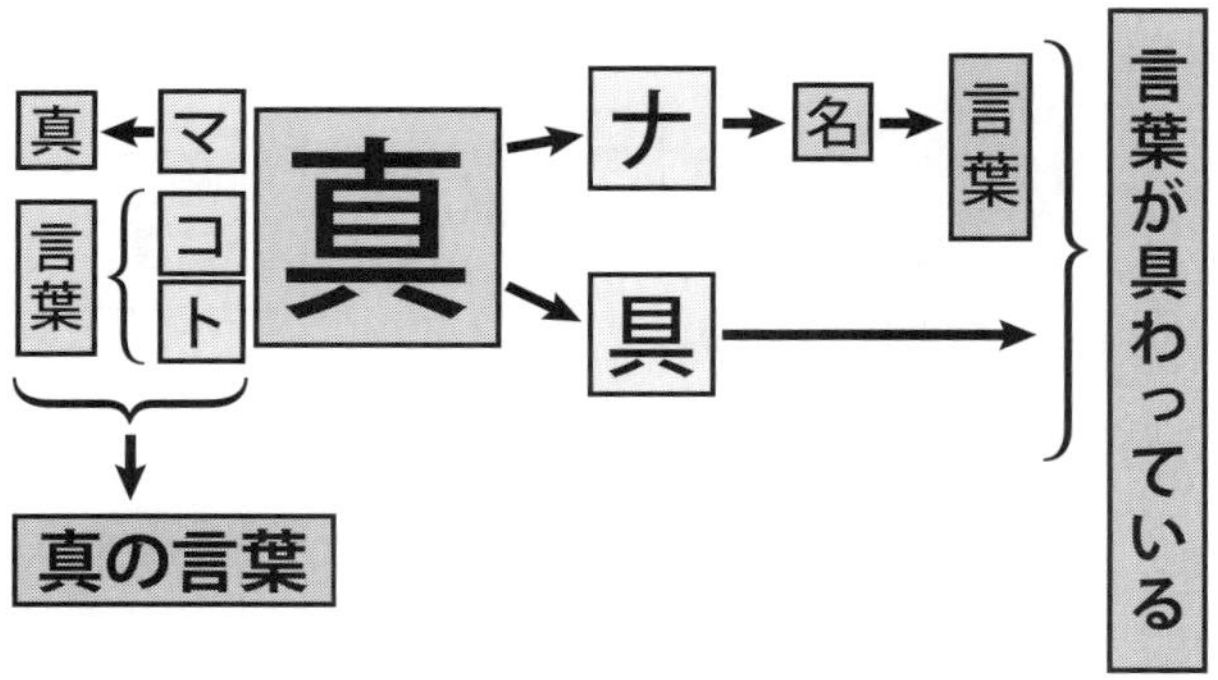

真（まこと）には、真の言葉が具わっている

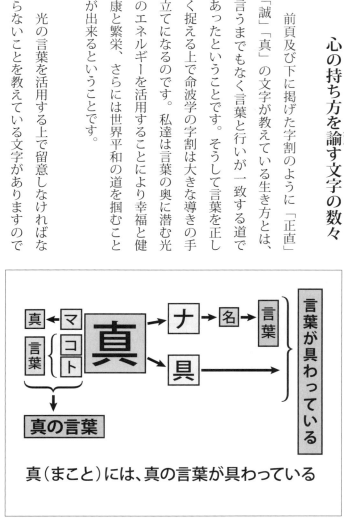

紹介いたしましょう。それは次の図解の「患」の字です。

人は誰でも病気や心を患うことを厭《いと》うものです。この患う文字はどのようなことを教えているのでしょうか？


「患」の字は、心が串刺しになっていることを表わしています。本来、心は軽やかで自由で明るいものであるべきですが……。心が串刺しになるとは囚われ、拘《こだわ》り、執着した心のことであり、何かに取りつかれて固定した心は患っていると教えているのです。

水は流れるから清いのです。溜まり水は腐るのと同様に、本来の心は融通無碍で中庸で

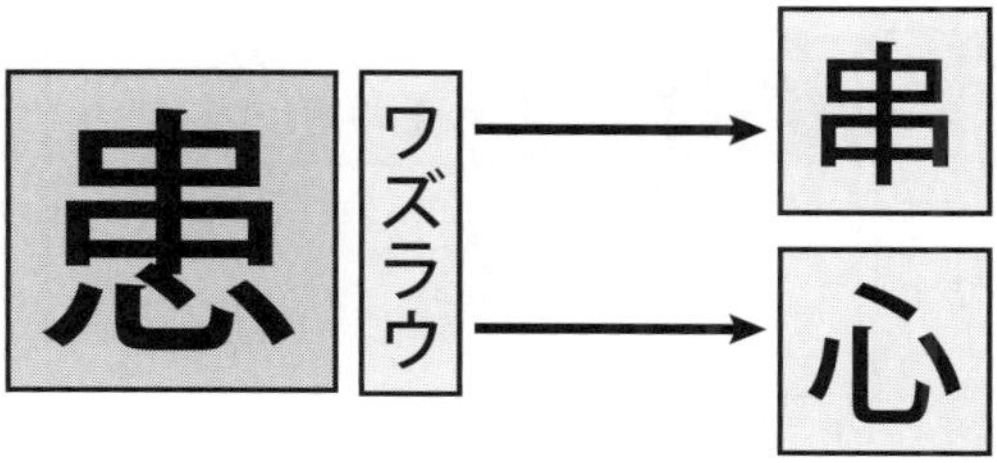

心そのものは遠心主動で、外に広がっていくもの。その心を串に刺して固定してしまうことで、様々な苦悩や病が発生することを表しています。

あるべきですが、囚われたり、拘ったり、執着したりすると患うことになるということです。

　心＝思考と置き換えると、多くの現代人の思考は物や金や地位や名声に囚われており、我＝エゴに執着して我善の患った生き方をしていると思いませんか？

　とりわけ人の心を強く縛り付けるものは何か？　と言いますと「恐怖」です。お釈迦さんが「生老病死」の苦を目の当たりにして出家の道を歩んだように、殆どの人はこの四苦を恐れて生きています。この地上世界はあまりにも過酷でありいろいろな厳しい「恐怖」が渦巻いている一面を有しています。

　それ故に人々は様々な恐怖観念に囚われて

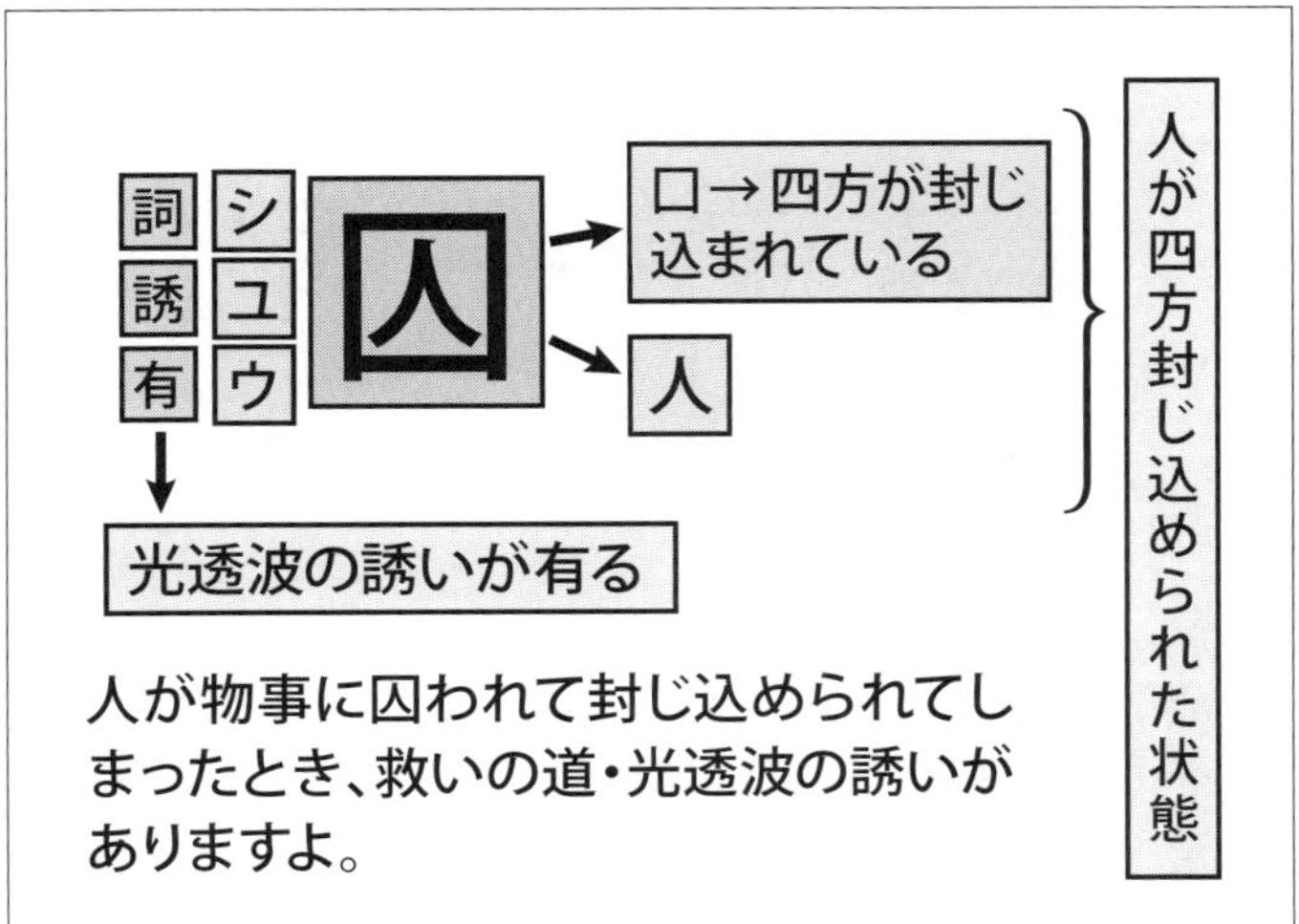

人が四方封じ込められた状態
囚
口→四方が封じ込まれている
人
シュウ
詞誘有
光透波の誘いが有る
人が物事に囚われて封じ込められてしまったとき、救いの道・光透波の誘いがありますよ。

心を患って生きています。その低い波動の思考が人間の運命や境涯を決めるチャンネル機能ですから、その負の波動が現実化する……。それが今までの時代の人類の歩みだったのです。

私達は心を「患う」ことなく、融通無碍に生きて行くことが望まれているのです。それでこの最大の心の「患い」を払拭する必要があるのですが、第三章で詳述しましたように過去の潜在意識情報により、囚われた心を自力で解放することが難しかったのです。その救いの道として「光の言葉のエネルギーの活用法」があるということです。

囚われて病んだ思考により閉じ込められた命を解放することを教える素晴らしい文字がありますので、次に紹介いたしましょう。

「倣《なら》う」という文字です。字割すると次頁の図のように解せます。

そのものズバリ「イ」＝「人」は「放」ちなさい……。「(病んだ) 思考＝意《こころ》を放出することを習得しなさい」と「倣う」の文字は諭されているのです。

このように文字の奥に秘められた謎を解き明かしてゆきますと、いずれの文字からも珠玉のような素晴らしい教えが導き出されることが理解できると思います。

ところが現代人はこの言葉の奥に秘められた真理に気付くことなく、有形の物質科学に根拠を置いた生き方、価値観に捉われて迷走しています。それで次章では現代人が心の拠り所としている「宗教」「哲学」「科学」というものが、どのようなものであるか？ それぞれを字割してその本質を探ってみたいと思います。

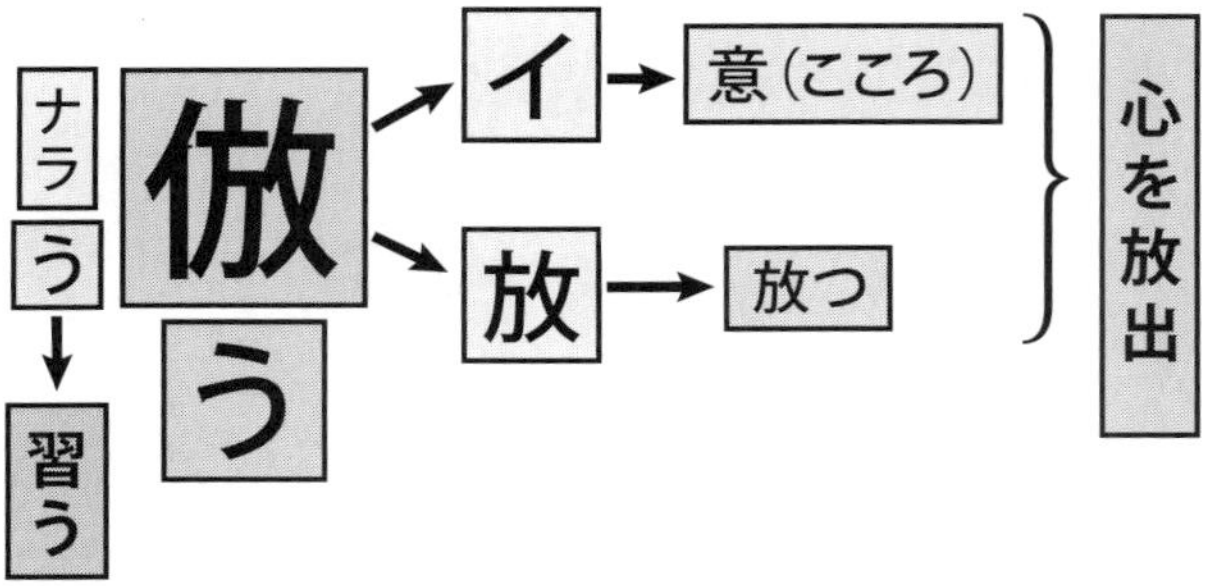

「倣う」の字は、人が心を放出することを習いなさい。・・・と教えています。正に「心＝思考」を放出するように諭されているのです。

第十二章　宗教・哲学・科学を字割で読み解く

人間は言葉を駆使して生きている

それでは話を転じて、光透波の重要性も理解していただくために、古代から現代に至る人類の歩みの中で、その時代時代の人々の心の拠り所となり、指針となり、また価値基準ともなってきた「宗教」・「哲学」・「科学」について話を展開してみたいと思います。

人間は言葉のお陰であらゆることを認識することができています。それは森羅万象すべてのものに名が付けられているから可能になっているのです。言葉は意味を持ち概念を形成してゆきます。そして言葉を駆使することにより人間は意識や思考力を持つことが出来てくるのです。

●宗教は感性を主に、コトバの力で祈ります。
●哲学は理性を主に、コトバの力で考えます。
●科学は知性を主に、コトバの力で技術を産み出しています。

これら「宗教」「哲学」「科学」というものと、「光透波」の位置づけについて話を進めてみたいと思いますが、その前に「偽」という文字を字割してみることにいたしましょう。

　下図のように「偽」の字は「人」が「為す」と書かれています。そして「偽」の字は「イツワリ」と読み、「イツワリ＝五割」。（笑い）
　そうです、「人が為すことは偽りであり、それは五割」であると字は教えてくれているのです。では、十割になるための残りの五割は何処に潜んでいるのでしょうか？　それは「人間」と対蹠関係にある「目に見えない」偉大な存在と思いませんでしょうか？　その見えないサムシング グレートの世界は完全であり、大調和の世界であると理解すれば納得できるようです。
　では、私たちの心の拠り所となり、時代時

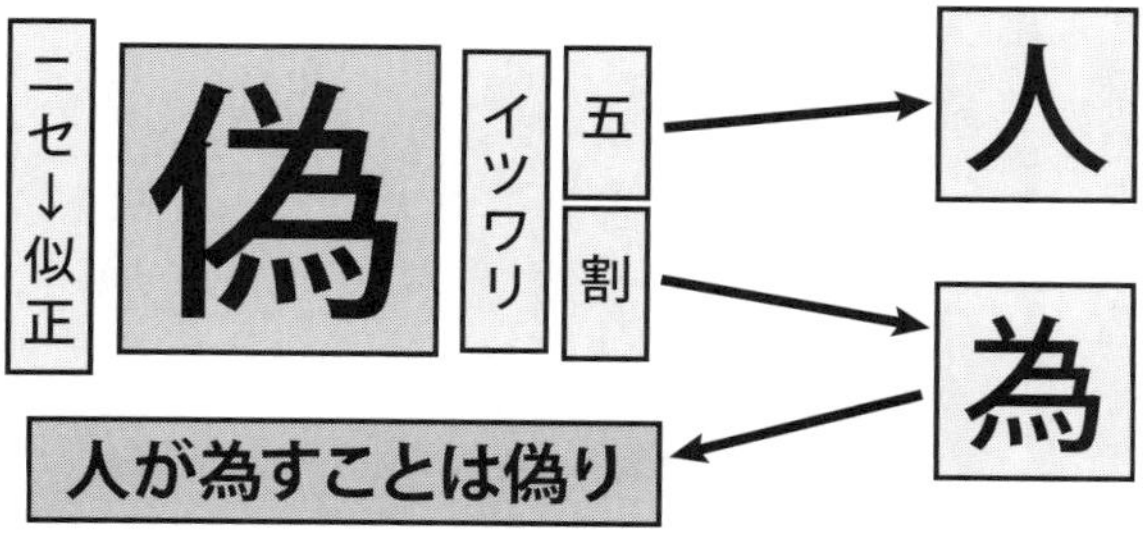

どんなに正しく似せてあっても、自我に囚われた人が為すことは、五割しか全う出来ない。モノ・金中心で霊性を失っているので、神のご意図と繋がっていないからです。

代の指針となってきた「宗教」や「哲学」や「科学」というものに焦点を当て順次話を進めてゆきましょう。

「宗教」の実態を問う

まず宗教ですが、一般的にどのように認識されているのでしょうか？　インターネットの情報によれば、「宗教とは神などの超常的存在を崇拝することを中心とし、集団で精神や体、環境などを向上しようとする活動のこと」。また「人間の力や自然の力を超えた存在を中心とする観念であり、その観念体系にもとづく教義、儀礼、施設、組織などをそなえた社会集団のこと」と定義付けられています。

一般に人種や民族、文化圏の枠を超えて広まっているキリスト教、イスラム教、仏教を世界宗教と称し、特定の地域や民族にのみに信仰されているユダヤ教や神道、ヒンドゥー教などを民族宗教と呼んでいるようです。では光透波の字割で「宗教」はどのように解されるか以下に掲げてみましょう。

「宗教」とは、下図のように「宇宙＝神を教えるものであり、先祖を祭り先祖の志に沿うように厳しく努めてゆく教え」であると解せるようです。また「宗教」は英語の「Religion」→「レリジョン」、これを天鏡図に当て嵌めますと次頁の図のような意味合いがでてきます。

「Religion」→「レリジョン」とは、「見えない霊の世界の理をコトバ（字）で誘導するもので、そこには利が運ばれている」と読み解くことができます。

さらに、天鏡図の制約を離れて「宗教」の

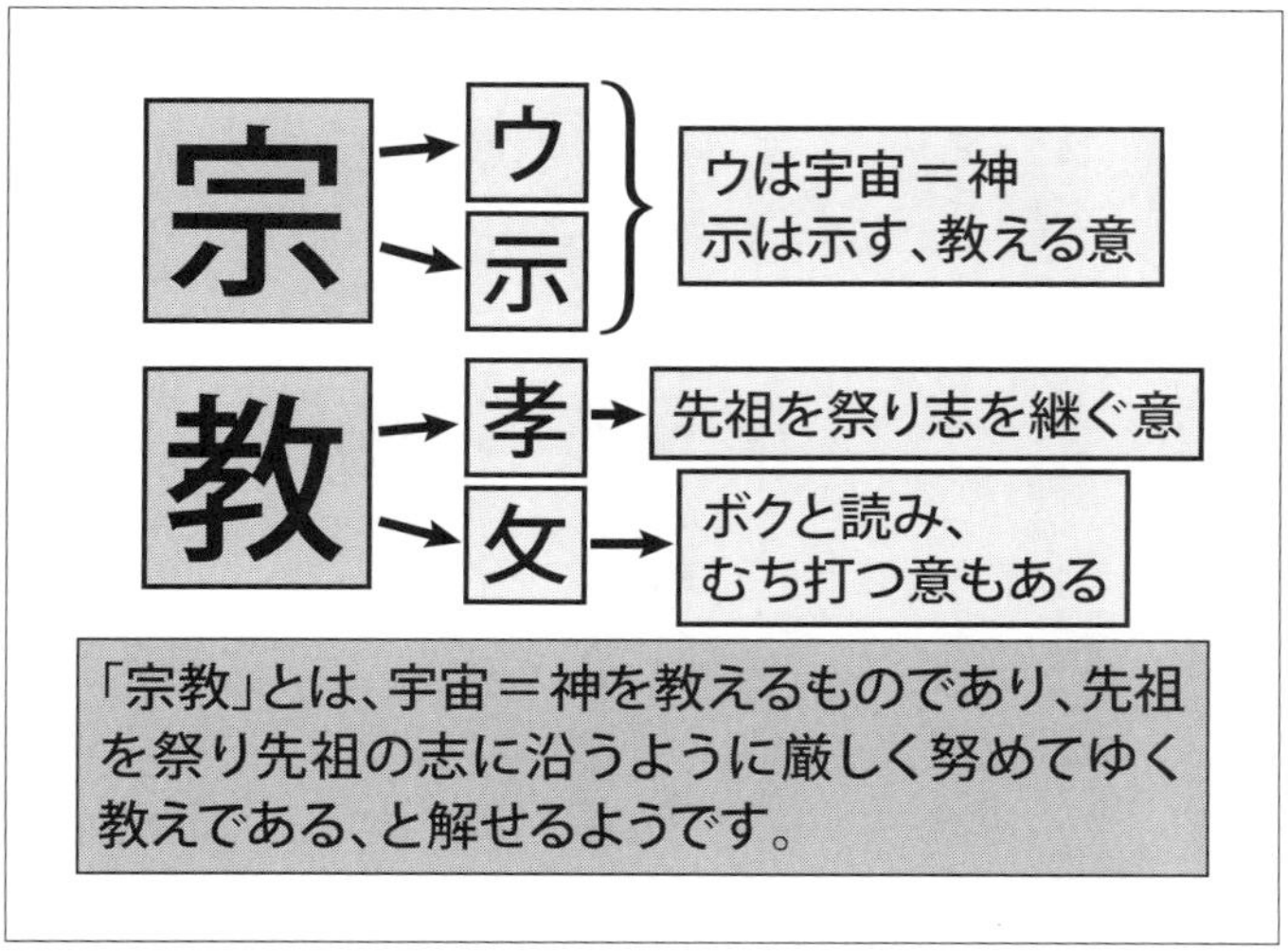
宗
ウ
示
ウは宇宙＝神
示は示す、教える意
教
孝
先祖を祭り志を継ぐ意
攵
ボクと読み、
むち打つ意もある
「宗教」とは、宇宙＝神を教えるものであり、先祖を祭り先祖の志に沿うように厳しく努めてゆく教えである、と解せるようです。

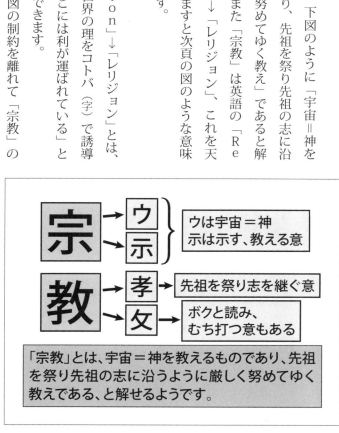

持つ一面を捉えると以下のように解することも可能になってきます。

人々は宗教により暗夜に光明を見い出して救われてきたことは確かであります。しかし、「醜教」の一面も併せ持っていたことも事実でありましょう。

振り返りますと、人類史は時代や民族や国境を超えて様々の宗教に帰依し、命を懸けて必死に信仰してきた歴史と言えましょう。人々は信仰対象・教理・経文・教典の枠にはまり縛り続けられてきました。そして信じれば信じるほど自身の宗教は正しく、他の宗教・宗派は間違っている、邪教であると信じ込み、

RELIGION ＝ レリジョン ＝ 宗教
レ　リ　ジ　ョ　ン
零・霊
理・利
字
誘
云
「RELIGION＝レリジョン」とは見えない霊の世界の理をコトバ（字）で誘導するもので、そこには利が運ばれています、と解せます。

その高まりによって夥しい宗教戦争を繰り広げてきたのです。

　有名なのが中世ヨーロッパで幾たびとなく行われた十字軍の遠征です。キリスト教とイスラム教の間で繰り広げられたエルサレムの奪還を巡る壮絶な戦いでした。また近世のヨーロッパで繰り広げられたキリスト教の旧教と新教の間の宗教戦争です。その悲惨な戦争で当時のヨーロッパでは片輪の青年がゴロゴロしていたということです。

　しかも21世紀を迎えた現代においても、中近東の複雑な戦争や紛争の根源的な原因には宗教が関わっているのです。「宗教」が「秀教」の一面とともに「醜教」の一面があることは

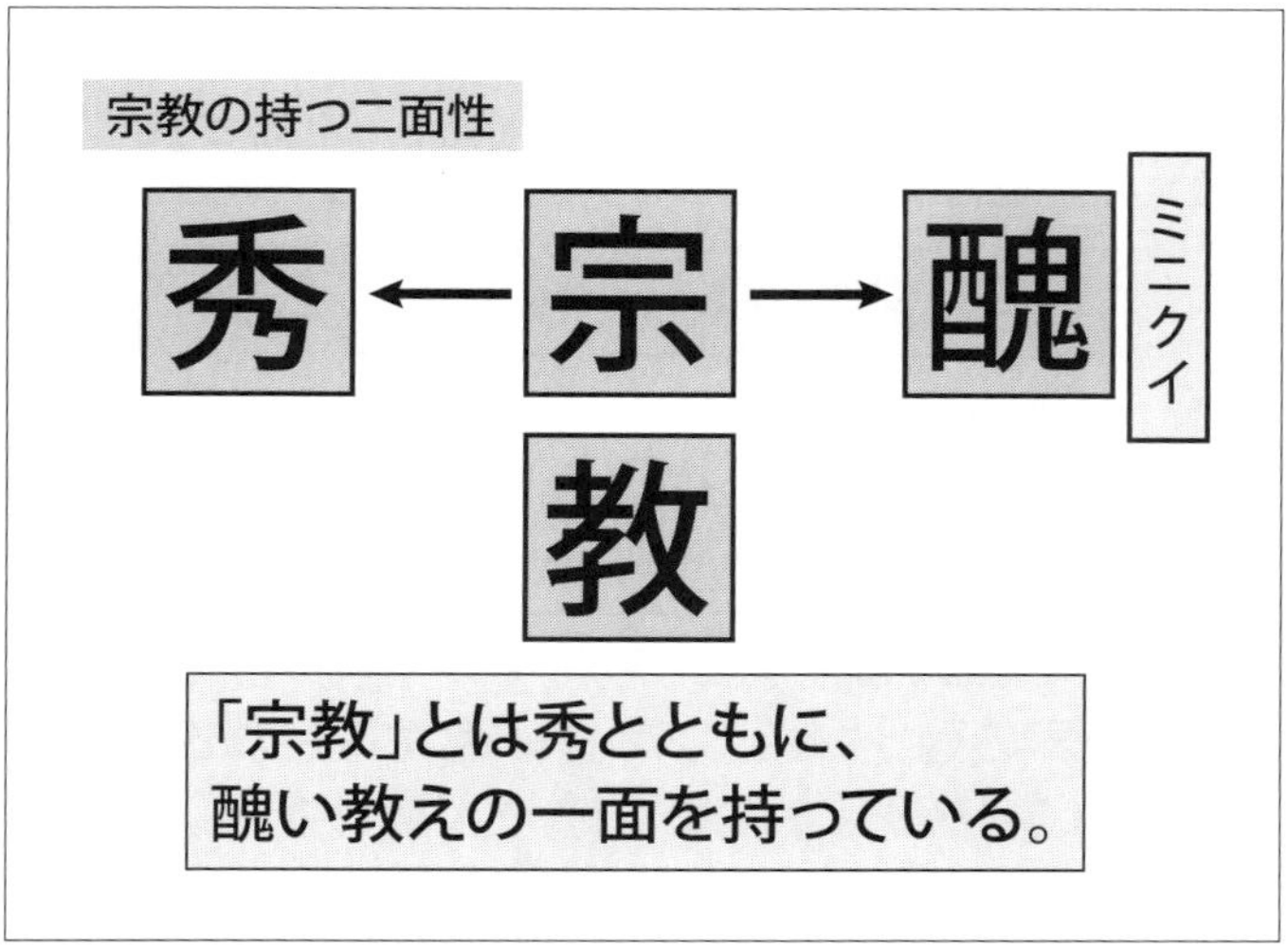

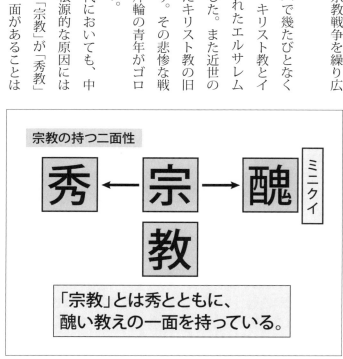

確かなことと言えましょう。

「哲学」で救いの道は開かれるか？

次に哲学について話を進めましょう。まず「哲学」とは何？　の疑問に答えて、「哲学とは人生や世界や事物の根源的あり方や原理を理性によって求めようとする学問」と解釈できるようです。また哲学は経験からつくりあげられた人生観としての一面も持っているようです。哲学というと難しそうに聞こえますが、人生観と言い換えると分かりやすくなるようです。人は誰でも自身の考えをもって生きています。意識する意識しないかは別にして人は自分の人生観に従って生きているのです。その人生観を生み出している考え方、そこに哲学的な思考が働いているのです。

では、「哲学」を字割して、その深意を探ってみましょう。すると次頁の図のように解されてきます。

「哲」は「テ」「ツ」と読みますので、天鏡図に当て嵌めると「丁」「通」の文字が出てきます。「十」→「10」→「ｔｅｎ」→「天」。『丁』の字形『十』の上部が無い形ですから命波学では『無上の天』という意味で捉えています。したがって上図のように「『哲学』とは無上の天に通じる喜びを求める学問」と解釈することが出来ます。

また、「哲学」は英語で「Ｐｈｉｌｏｓｏｐｈｙ」→「ヒロソヒィ」。これを天鏡図に当て嵌めると次頁の図のように解釈することが出来てきます。

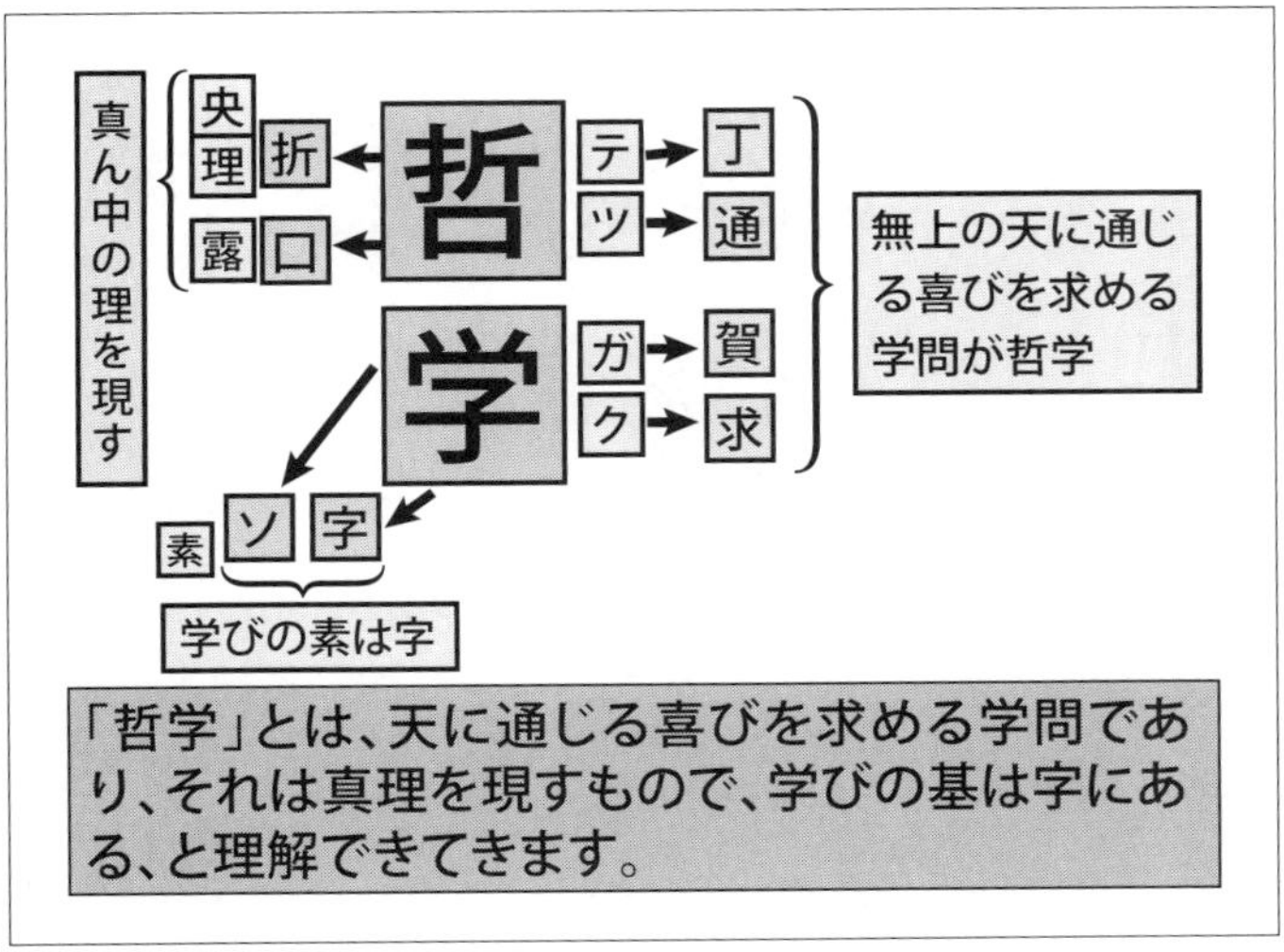
真ん中の理を現す
央
理
露
折
口
哲
学
テ
ツ
ガ
ク
丁
通
賀
求
無上の天に通じる喜びを求める学問が哲学
素
ソ
字
学びの素は字
「哲学」とは、天に通じる喜びを求める学問であり、それは真理を現すもので、学びの基は字にある、と理解できてきます。

「Ｐｈｉｌｏｓｏｐｈｙ」＝「ヒロソヒィ」とは、「宇宙の素の秘められた意味を明るみに表わす学問」と読めるのです。

また、天鏡図の枠を超えて「哲学」を解すると次頁の図のように『哲学』とは信念が『鉄』のように固い学問であり、その哲学観は武器にもなる」と解せてきます。

それでは振り返って「哲学」の流れを概観してみましょう。古代ギリシャのソクラテス、プラトン、アリストテレスに代表される英哲を初めに、ヨーロッパを中心に著名な哲学者が紀元前の昔から現代に至るまで数多く輩出し、人類の科学や文明の発展の上で大きな功

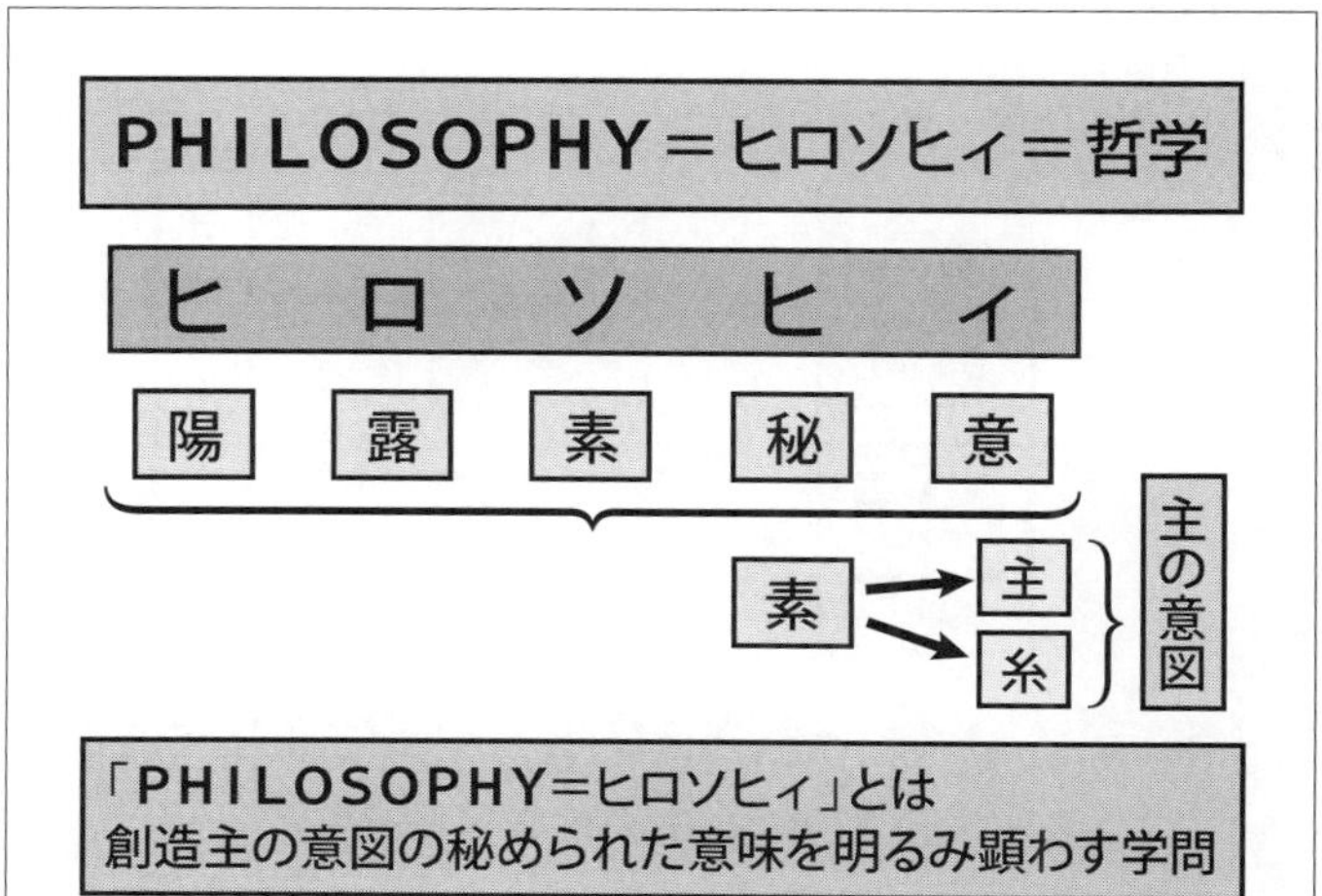

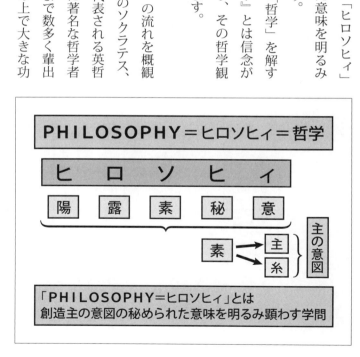

績を残したことは事実のようです。

近世哲学の父と謳われた17世紀初めのデカルト。18世紀のカント、ヘーゲル、ショーペンハウエル、19世紀のキェルケゴール、ニーチェ、20世紀のハイデッカー、ヴィトゲンシュタイン、サルトル等々、綺羅星のごとく著名な哲学者が現れ、彼らの哲学思想が西洋物質科学文明の花を咲かせる原動力になっていったと考えられているようです。しかし、その一方で、不完全な人智による思考で数多くの過ちを犯し、人類に多くの不幸や混乱を起こしてきた一面もあるようです。

その代表的な事例が唯物論に囚われたマルクスやエンゲルスの思想が生み出した共産主

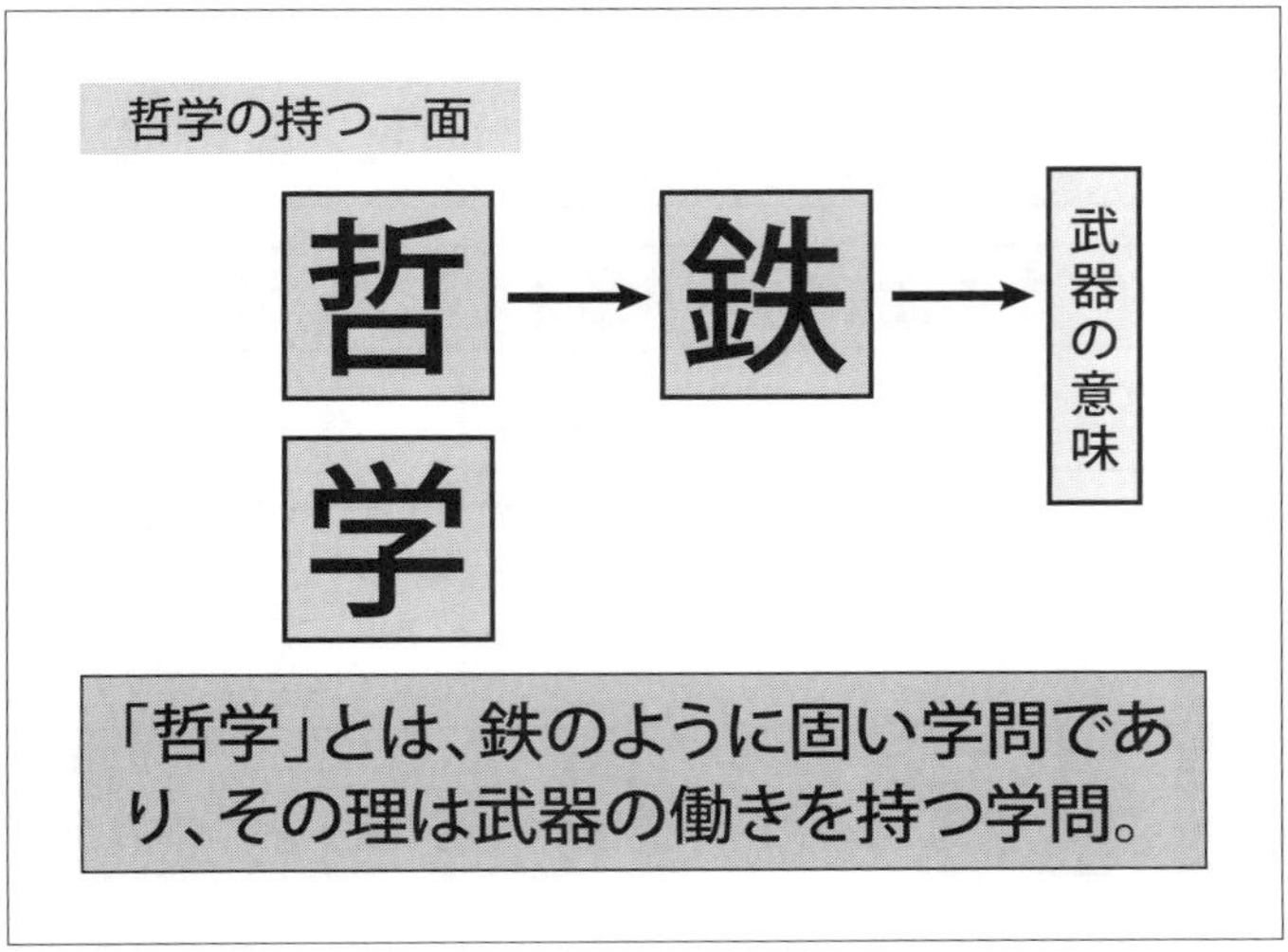
哲学の持つ一面
哲
学
鉄
武器の意味
「哲学」とは、鉄のように固い学問であり、その理は武器の働きを持つ学問。

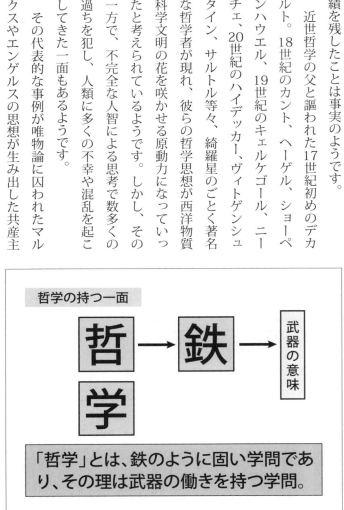

義思想と言えましょう。哲学といえども、所詮、「人」が「為す」「偽り→イツワリ→五割」の世界の枠にあるもので、宇宙の理から外れて数々の過ちを犯していることも否定できないようです。そこに「哲学は言葉の遊戯である」と言われる所以があるようです。

「科学」の実態を考察する

「科学」とは何か？　辞書によれば「科学」は次のように書かれています。
「科学」一定の方法のもとに、対象を組織的・系統的に研究し、実験し、調査する学問。サイエンス。狭義では自然科学とあります。

要するに「科学」とは、宇宙、地球、地球上に生息するヒトや動物や植物などの生物、その他の鉱物等の存在や事象が、どんな仕組みで成り立っているのかを探求する学問と言えるようです。それでは「科学」を字割すると、どのように解することができるのでしょうか？

「科学」の読みは「カガク」、これを天鏡図に当て嵌めると次頁の図のように「可・賀・求」

の文字が出てきます。したがって「『科学』とは可能性が加わる喜びを求める学問」と理解することが出来てきます。
さらに「科学」の「科」の字の読みに焦点を合わせて解すると次頁上の図のようにも読むことが出来ます。

『科学』とは、表面の物質の学問であり、そこには罪と欠陥がある」ことが分かってきます。さらに英語の「Ｓｃｉｅｎｃｅ」を「サイエンス」と置き換えて天鏡図を当て嵌めますと、次頁下図のような意味が出てきます。

「『科学』＝『Ｓｃｉｅｎｃｅ』＝サイエン

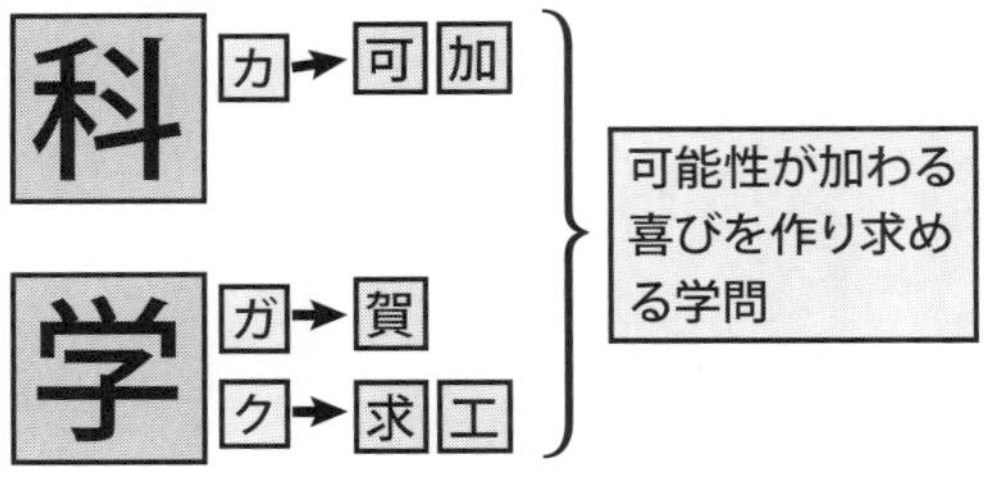

「科学」とは、可能性が加わる喜びを作り求める学問。

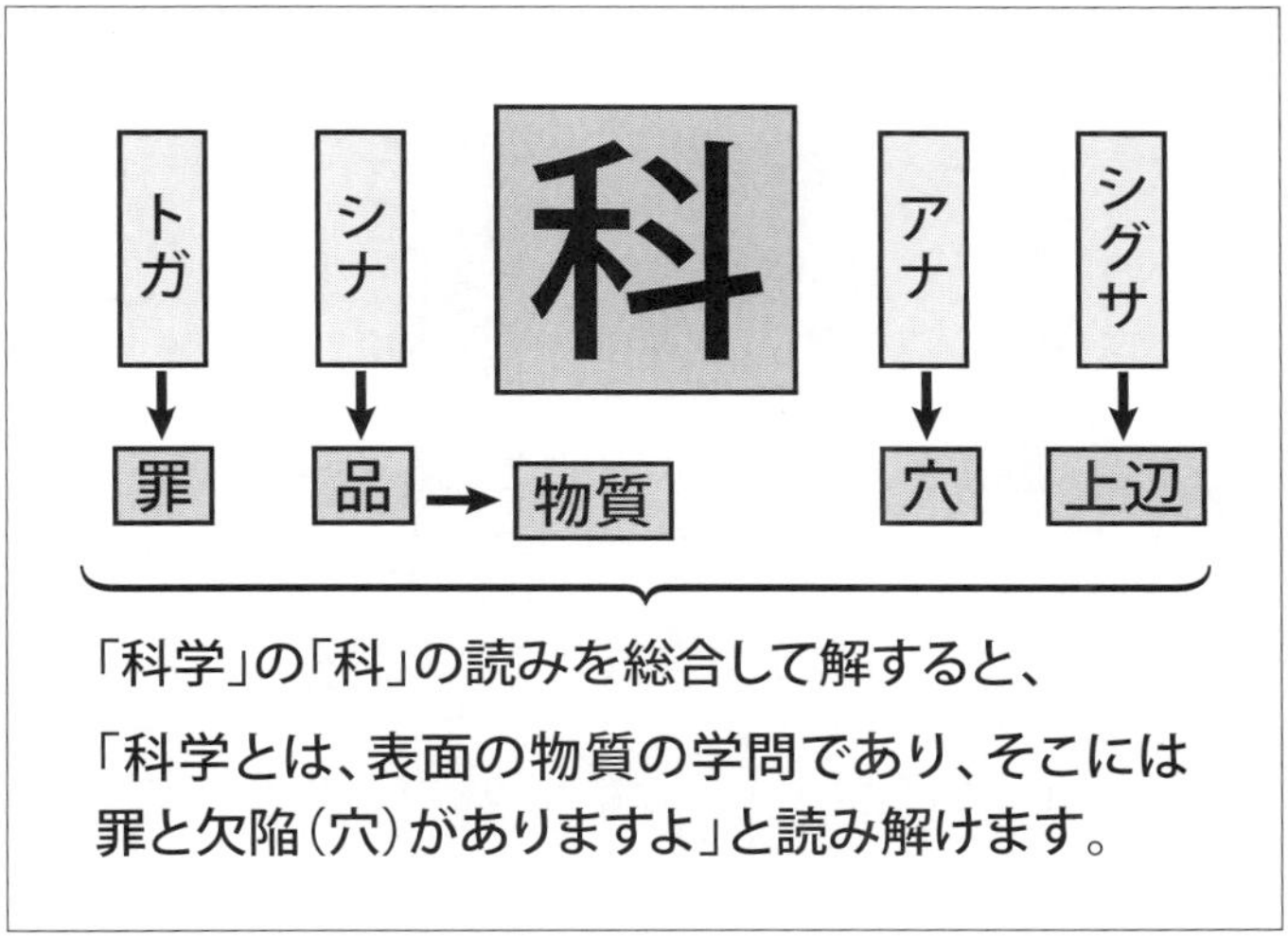
科
トガ
罪
シナ
品
物質
アナ
穴
シグサ
上辺
「科学」の「科」の読みを総合して解すると、
「科学とは、表面の物質の学問であり、そこには
罪と欠陥（穴）がありますよ」と読み解けます。

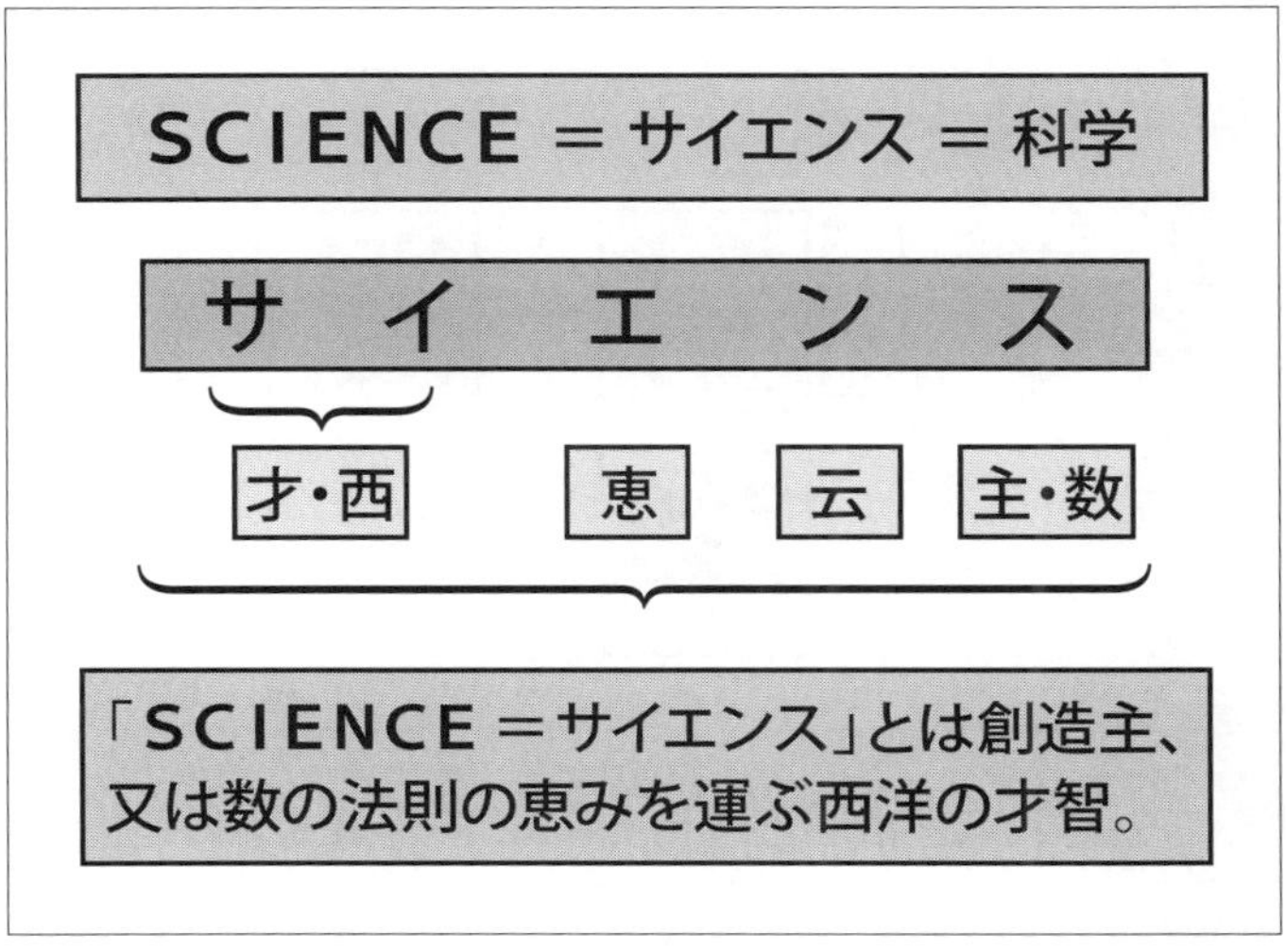
SCIENCE ＝ サイエンス ＝ 科学
サ　イ　エ　ン　ス
才・西
恵
云
主・数
「SCIENCE＝サイエンス」とは創造主、
又は数の法則の恵みを運ぶ西洋の才智。

スとは、創造主、又は数の法則の恵みを運ぶ西洋の才智」であると解読できます。

そして「科」の音を天鏡図にはありませんが「過」と置き換えますと、「科学」が「過学」に一転するから面白いですね。

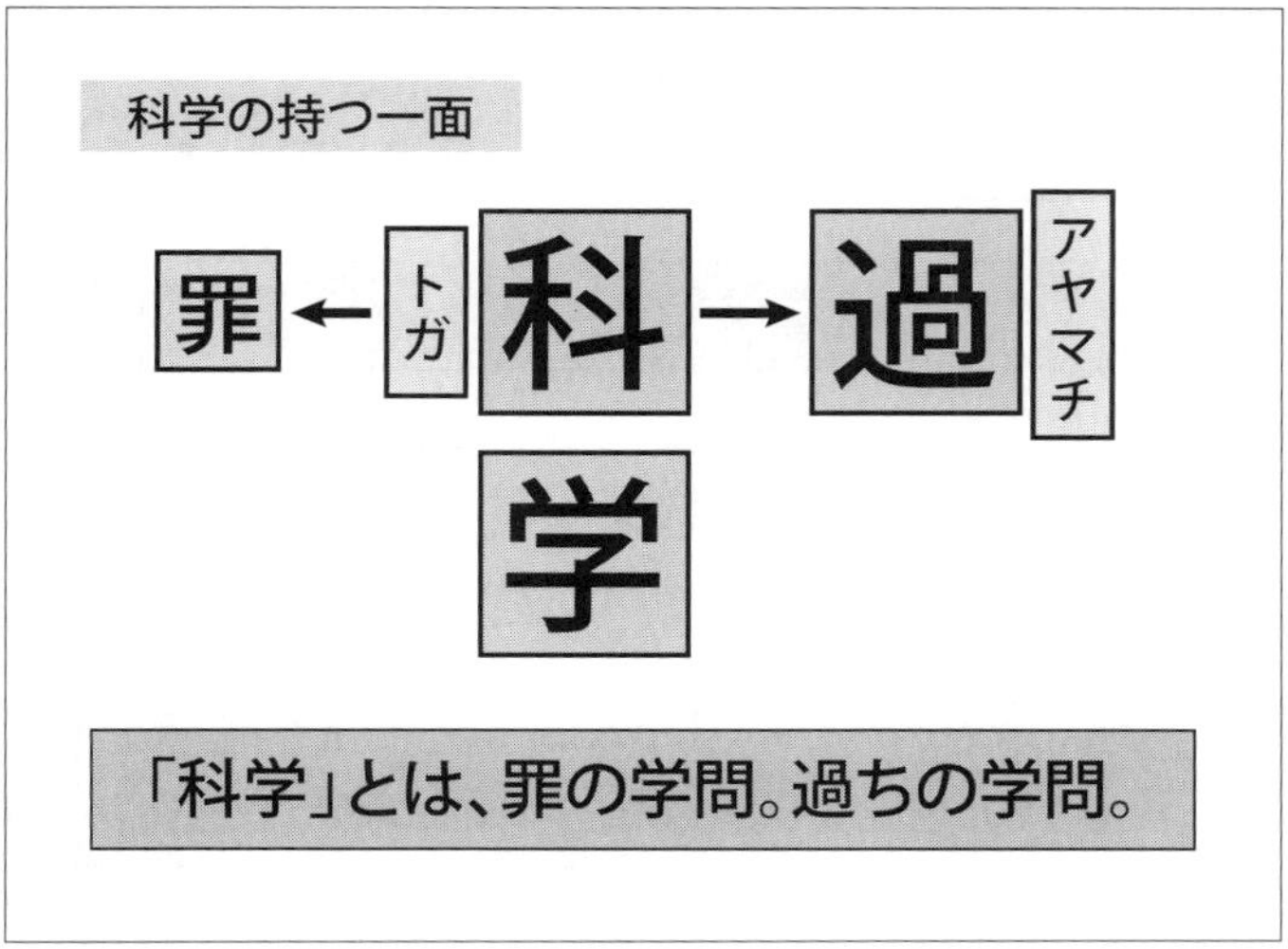

第十三章　行詰った人類は原点に回帰すれば救わる

世界人類を救う究極の指導理法＝光透波理論

今迄の長い人類の足跡の中で人々が心の拠り所としてきた「宗教」「哲学」「科学」について字割してその本質を穿《うが》ってみましたが、いずれも「人」が「為」すと書く「偽」の文字が語ってくれているように「イツワリ＝五割」の段階に留まっていることを感じられたと思います。そしてこれらのドグマを根拠に派生している様々の主義・思想、主張や学説も、当然のこととして偽（五割）の域から脱却出来ずにいることは明らかでありましょう。それは戦争と混乱に明け暮れた過去の人類の歴史が雄弁に物語っているのではないでしょうか。

そして、豪華絢爛に科学文化が花咲いた現代においても人類の危機と混乱は一向に治まることなく深まっていることによっても「宗教」「哲学」「科学」では人類の救いの未来は見いだせないと言っても過言ではないでしょう。

時代は物金中心の体主霊従の時代から物と心が調和する霊主体従の時代へと大転換しつつあります。人が為す五割の世界から人智を超えた神智に通じる十割の道を見出さなければ今日の世界的混迷は解消することはできません。その十割の道を開くものこそ光透波（コトハ）と本書では主張しているのです。

それでは「宗教」・「哲学」・「科学」と、「光透波」との位置関係はどのように考えられるのでしょうか？　そのことを示したものが下の図であります。

地上3次元の物質世界＝現象界の特徴は有限・相対・差別を必然的に生み出すことです。この有限な世界では人間は相対・対立関係にならざるを得ない宿命を荷っているのです。それ故に宗教も哲学も科学も相対・差別の物質世界の枠を超えることが出来なかった。そ

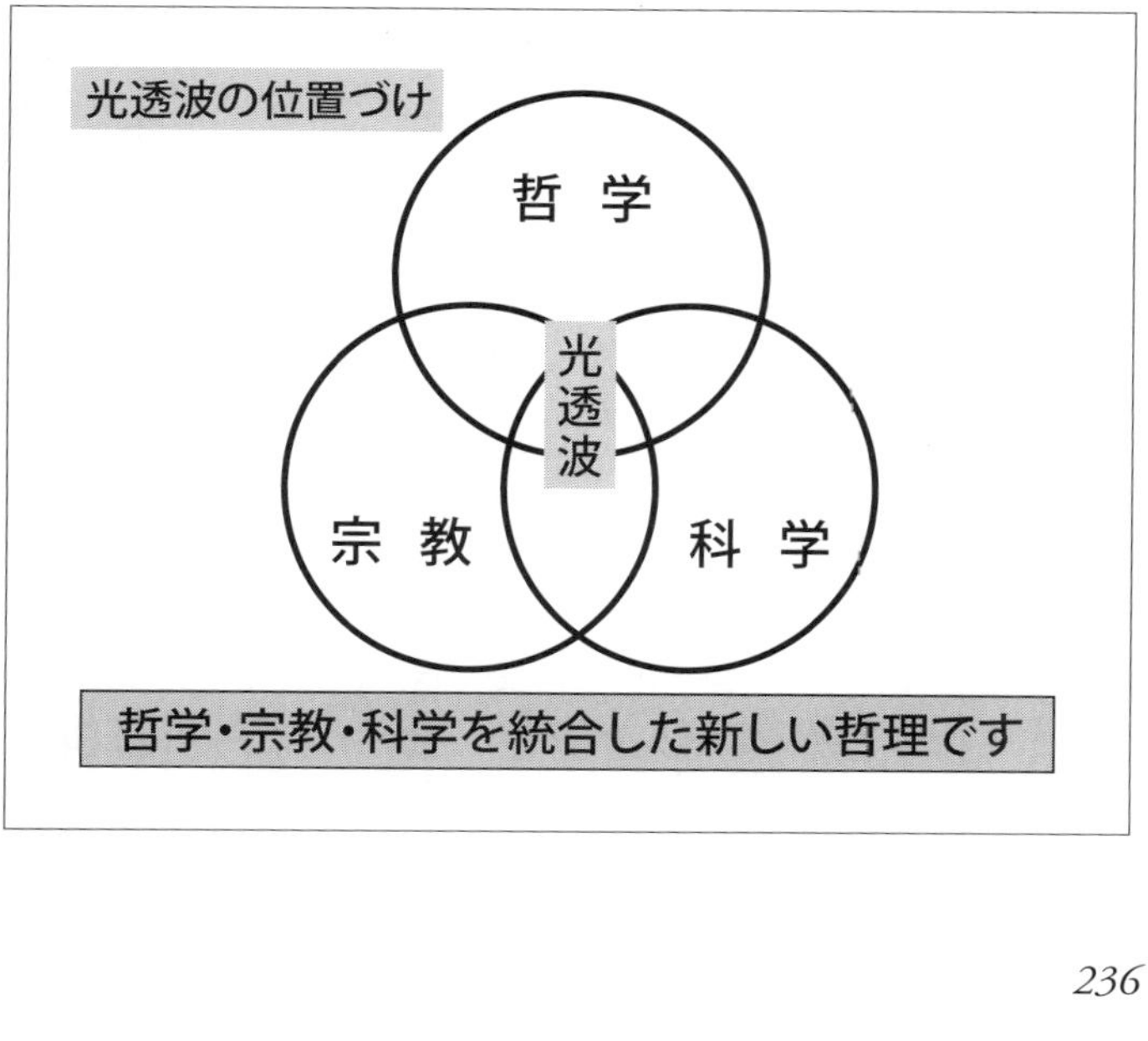
光透波の位置づけ
哲　学
光透波
宗　教
科　学
哲学・宗教・科学を統合した新しい哲理です

こに人類が戦争の歴史を積み重ねてきた最大の原因があったということです。

ところが光透波理論は言葉や文字というものが元々は宇宙から降ろされたものであり、文字を字割すると地上物質世界の枠を超えた世界、すなわち真理が現われてくることを実証している言霊学です。それ故に宗教・哲学・科学等の人為＝偽（イツワリ＝5割）の段階ではなく、それらを統合する宇宙に通じる十割の哲理とも言えるのです。

光透波を啓《ひら》かれた小田野早秧先生は、アインシュタインの相対性原理に触発されて「相対性原理があるなら絶対性原理がある筈だ」の信念をもって、35年間にわたる壮絶な探究生活の末に絶対性原理＝光透波理論を打ち立てられたのです。したがって表現を換えれば、光透波理論とは人種・国境や主義主張・宗教を超えて、全ての人々を宇宙の真理、ワンネスの意識へと目覚めさせる思考様式であり、哲理とも言えるのです。

言葉の乱れで世界人類は破綻の危機に

さて今日の時代は大転換に伴う激しい変化や浄化の現象が世界中で沸き起こっています。

それに伴って新聞・テレビを始めとするマスメディアは、連日のように悲惨でおどろおどろしい事件や事故・災難のニュースや不祥事を、ステレオタイプで必要以上に繰返し繰返し報道し、人々の思考に不安の念を刻み続けています。

波動の低いそれらの情報によって心ある人々も次第に刷り込まれ、暗澹たる気持ちに追いやられているのではないでしょうか。加えて多くのマスメディアの報道姿勢は思想的に偏向しており、操作された謀略的で独善的な批難中傷の言葉で覆われているようです。中庸で健全な報道姿勢が殆ど見られない有様です。このような人々の思考を歪める報道姿勢では、決して今日の混迷を解決する道は開かれる筈はありません。

視点を国外に転じれば、我が国周辺では中国の南支那海や尖閣奪取の動き、北朝鮮のミサイルや核兵器の開発に伴う朝鮮情勢の緊迫。中近東では猛威を振るっていたＩＳの消滅後も米露の大国を巻き込んでアラブ各国間の角逐が先鋭化しています。難民問題で揺れ動くＥＵ諸国、政情不安定なアジア、アフリカ諸国……、経済的混乱、地球環境の悪化、全世界的規模で多発している異常気象、資源の枯渇、人口の増大……。世界人類の混迷は極に達しており、大動乱・大戦争への危機に直面していると言っても過言ではありません。ところが人類は一向に収拾の道を見つけ出すことができずに大激動のうねりの中で苦悩しているのです。

これら負の現象を波動的観点で捉えると、宇宙のご意図から外れた破壊的な醜い言葉のエネルギーが根源に働いていることに注視する必要があるのです。各国各民族のエゴと利害打算、モノ・金・我善の思考が地上を覆って起こしている現象と捉えることが出来るのです。総ての事象は言葉を根源として生み出されているからです。言葉が生む思考や意識の波動が現実を生み出しているのです。しかし人類は未だにこの根源的な原因に気付くことなく、迷走に迷走を積み重ねて爆走しているのです。

人が為す「偽《いつわり》」＝五割では救われず

では、この危機を回避する解決策は何処にあるのでしょうか。宗教？　政治学？　経済学？　哲学？　あるいはＡＩを含めた科学テクノロジー……？　で救いの道は開かれるでしょうか？

結論はすでに記しましたように否です。なぜなら混迷に陥っている世界人類の根底にある真(芯)の原因である「言葉の乱れ、意識の乱れ、波動の乱れ」に気付かず無視していては何一つとして解決の道は開かれないからです。

絶対調和の平和世界の実現を望むなら、それには有限な三次元を超えた思考様式が求められているのです。そこで注目されるのが宇宙の根源的な波動に直結する光透波（コトハ）理論ということになるのです。

言葉・文字は宇宙の意識体によって降ろされたものであり、その奥には真理が脈打っていることを本書では繰り返し字割例を通して紹介してきました。五割＝イツワリ＝偽＝人が為すのではなく、十割、すなわち宇宙のご意図が働かなければ、世界人類が直面している危機と混乱を解決する道は開かれないのです。文字の奥には五割でなく十割の世界があることが示唆されています。そうです、命波学＝光透波理論は対立摩擦の無いワンネス（＝すべてのものが一つにまとまる）の世界へと誘う指導理法であると言えるのです。

抜本的な解決策は言葉の浄化

今迄本書ではこの光の言葉＝言霊＝光透波のエネルギーを有効に活用する手立てを長ながと詳述してきましたが、この初めのコトハは決して第三〜四章で記しましたように一人一人の個人の救済だけに留まるものではありません。

言葉が神なのですから、この言葉のエネルギーは同時に世界人類を救済する道へと開かれてゆくものです。大転換の時代を迎えて人々が目覚めなければならないのですが、それには意識や思考を生みだす言葉に焦点を合わせなければならないのです。言葉の浄化に帰一してくるのです。

悪い破壊的な言葉や、嘘・偽り、謀略に溢れた不誠実な言葉文化にどっぷり漬かったままでは、いつまで経っても救いの道は開かれません。意識は現象化する力を有しています。分かり易く言えば狂った人類意識の総合した波動が、今日の世界情勢を生み出しているのですから、その意識を生み出す言葉を浄化するところに救いの道があると結論づけられるということです。

英語で「言葉」を「Ｌａｎｇｕａｇｅ（ラングエイジ）」と言いますが、これを光透波の天鏡図に当て嵌めて字割して読み解くと、下の図のように読み解くことができるのです。

英語の「Ｌａｎｇｕａｇｅ＝言葉とは時代を乱す道具」であると、ものの見事に言葉が今日の混乱の根本的な原因になっていることが浮かび上がってきます。不思議ですね。このような読み解き方は英語を話す人々には到底思いもつかない筈です。唯一、言霊の国の日本語をベースにした光透波の字割手法によって可能になってくるのです。

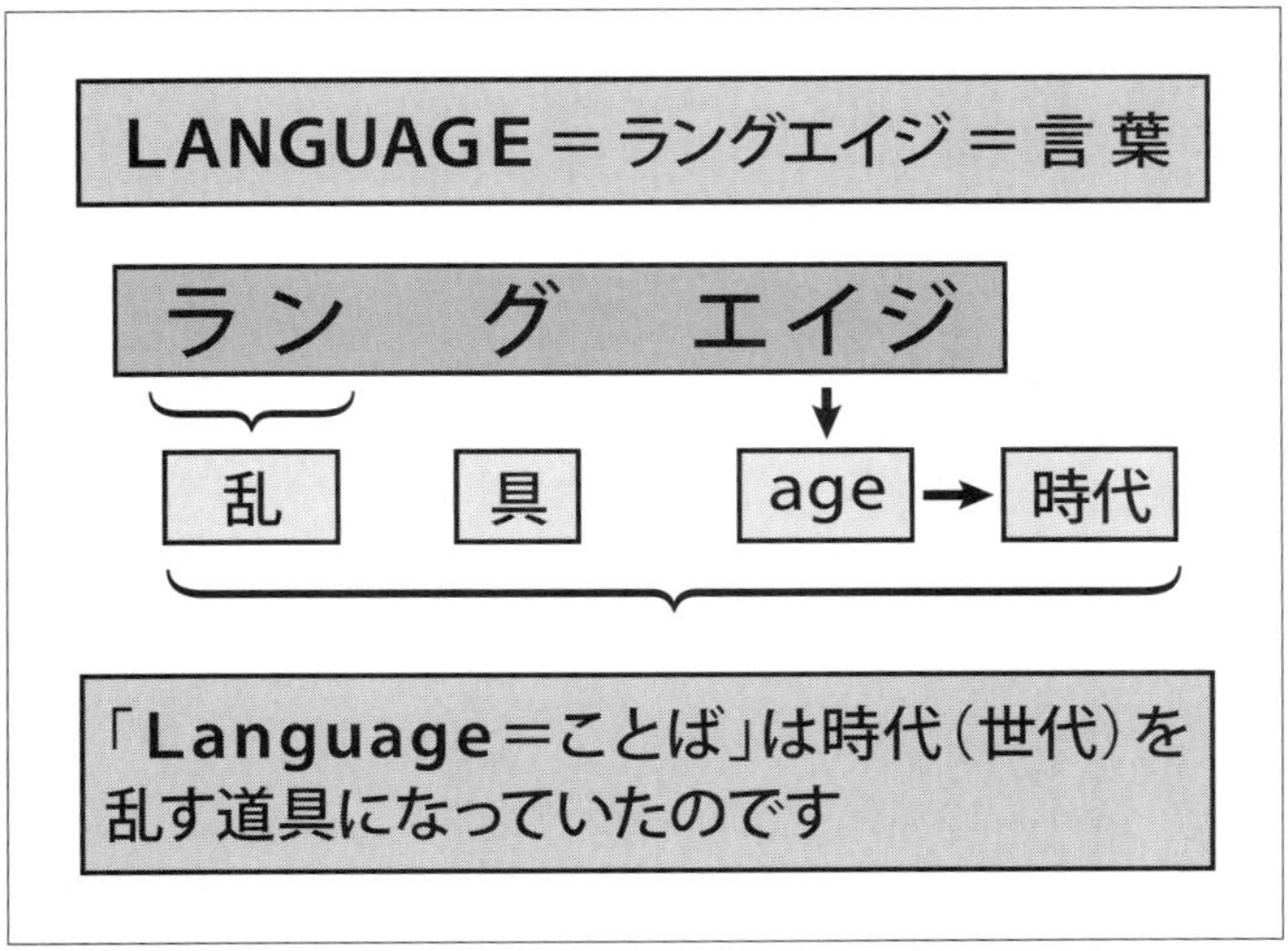

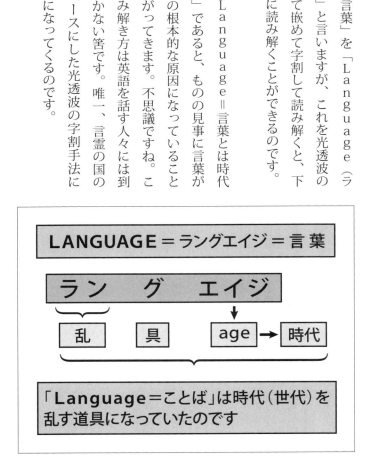

全て物事には二面性があります。当然、言葉にも二面性があることは「剣」の字割で解説しました。英語の言葉＝「Ｌａｎｇｕａｇｅ」を数字で読み解くと下図のように、「Ｌａｎｇｕａｇｅ」が光透波50音に繋がってくるから不思議ですね。やはり言葉が人智を超えた大きな叡智によって与えられているものであることを裏付けているのではないでしょうか。

※光透波の字割理論では、数を読み解くアルファベットの順番数には表数と裏数があり、次頁のアルファベット表にしたがってそれぞれの文字の数を出しております。詳しくは光透波セミナーで教えています。

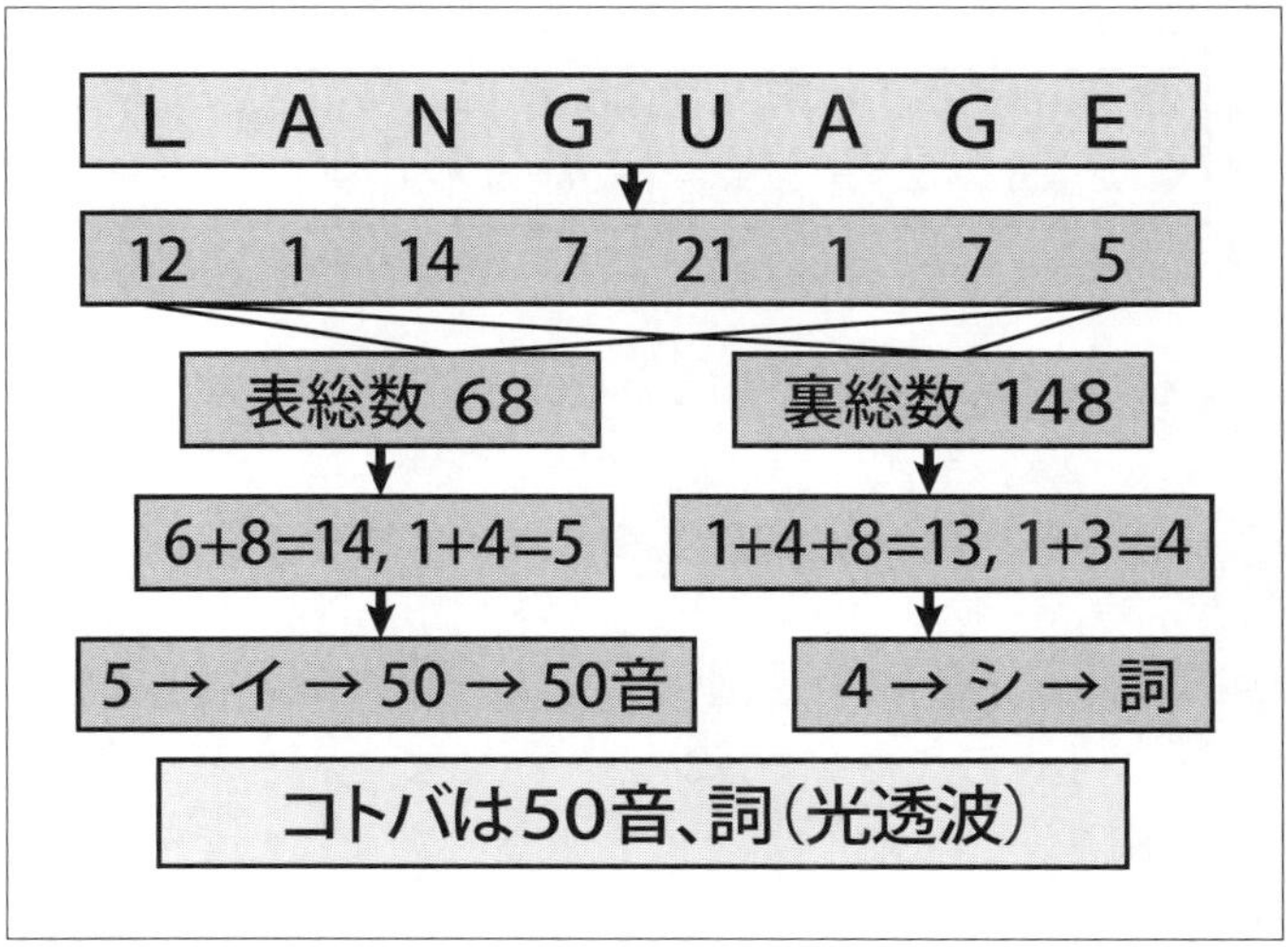

表数

1	2	3	4	5	6	7	8	9	10	11	12	13	14	15	16	17	18	19	20	21	22	23	24	25	26
A	B	C	D	E	F	G	H	I	J	K	L	M	N	O	P	Q	R	S	T	U	V	W	X	Y	Z
26	25	24	23	22	21	20	19	18	17	16	15	14	13	12	11	10	9	8	7	6	5	4	3	2	1

裏数

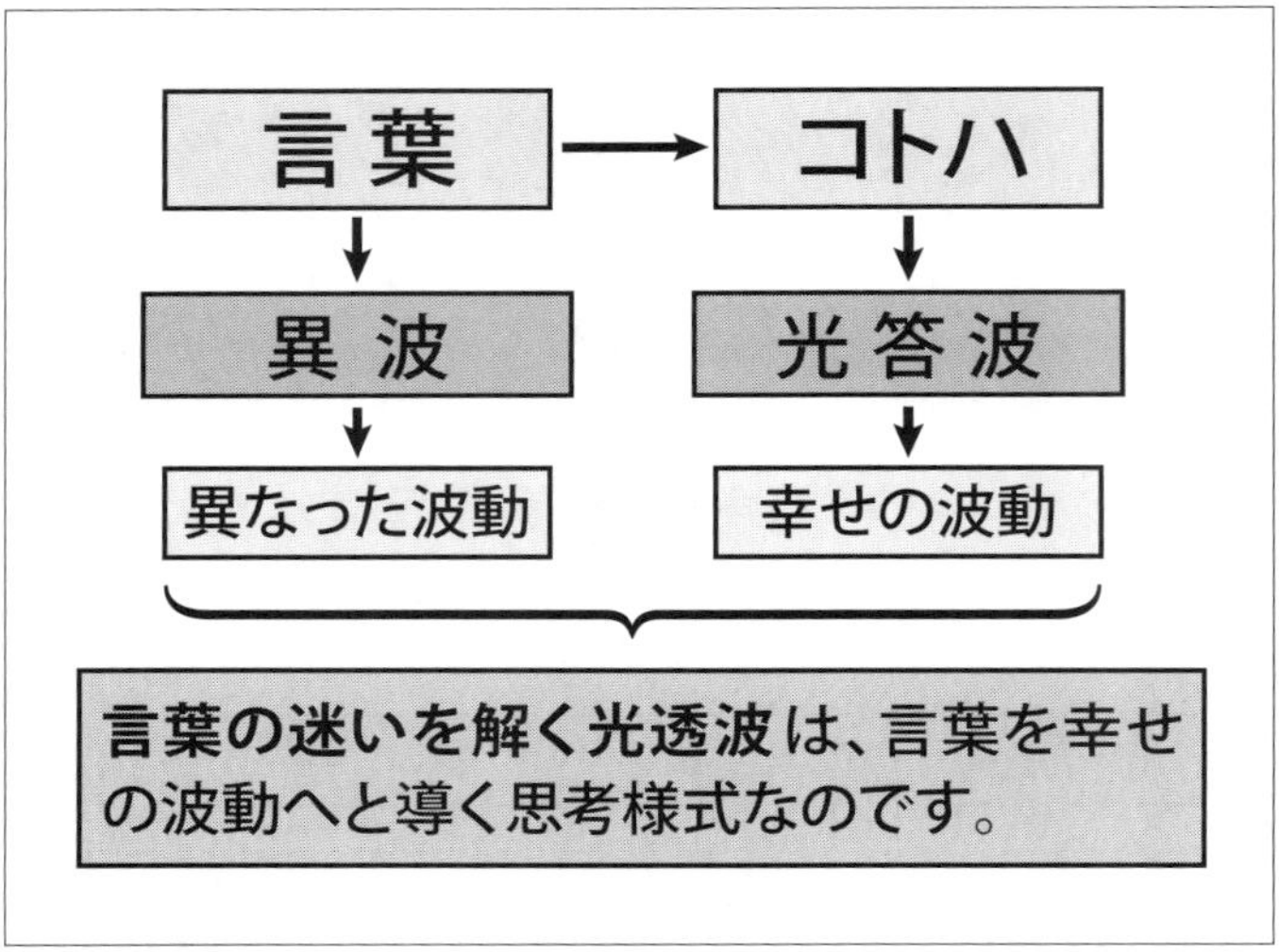

今迄、人類が使っていた言葉は上の図の左側に当たります。言葉→ことは→異波→異なった波動。これからの時代で人々が心掛けねばならない言葉は右側に当たります。

コトハ→詞→光透波→初めのコトハ→光答波→幸せの波動。このように言葉を「異なった波動」から「幸せの波動」へと切り替えてゆく必要性に迫られているのが今の時代です。

原点に帰らねば救いの道は無し

さて救い難い苦悩、難題、危機に直面している人類ですが、視点を変えればこの苦難は三千年来の物金中心のエゴの心に支配され弱肉強食の道を歩んできた結果であり、今迄の生き方を修正するための産みの苦しみの浄化現象ということができます。即ち体主霊従・物主人従のモノ金中心のエゴの生き方から、霊主体従・人主物従の時代へと移り変わるためのデトックスの現象が、今日の世界的な規模で噴出している矛盾と混乱と危機であると言えるのです。

人はニッチもサッチも行かず行き詰った時、どのような解決手段を取るでしょうか？　すでに記しましたように、その時は個人でも会社でも国家でも、原点に戻って軌道修正するしか道はありません。それでは、その原点は何処にあるのでしょうか？　人類の原点とは何でしょうか？　それは太古の昔、神と人が仲睦ましく暮らしていた原初の霊主体従の人の生き方ではないでしょうか？

もっと言えば、第四章で紹介した一二三朋子女史の啓示を振り返っていただきたいと思います。「始めのことばは言霊なり。一音一音、働きを持つ神の仕組みを表わすもの。宇宙の創世、進化の法則、星の運行、自然の循環、全てを秘める厳《おごそ》かなるもの。なれば始めの人類は言霊の持つ霊力を恐れ畏《かしこ》み崇《あが》めぬる」とありますように、神代の昔、私達の遠い祖先達は言葉を神のように敬っていたと記されています。この言葉の重要性、大切さ、神聖さに目覚め、言葉の波動を軌道修正するしか道はないのです。

第十四章　21世紀に入って開かれる弥勒《みろく》の世界

理想世界の実現は数々預言されていた

体主霊従から霊主体従を経て理想世界が実現することは既成の宗教でも古くから預言されていました。仏教的に言えば法滅盡経で説かれている「弥勒の時代」、キリスト教的には「キリストの再臨の時代」と言えましょう。

これらの末法思想や終末思想は時代と場所と宗教の違いによって表現は異なっていますが、鳥瞰的に見れば物心調和・共存共栄の理想世界の到来を預言していることには違いはありません。

そして第六章に記しましたように21世紀を目前にして、昔から言霊の幸はふ国と言われ、神国と称してきた日本の国に、その指導理法として光透波理論が誕生したということです。これも偶然のことではなく宇宙の摂理・神仕組みと言えましょう。

この時代の大転換に伴う歪みを解消しなければ、人類は破滅の道しかないことを、我が国でも江戸時代末期以後に生まれた黒住・天理・金光等の教派神道の世界では提唱されていました。その代表的なものに「建替え建直し」を説く大本や日月神示等の教えがあります。即ち「体主霊従から霊主体従」への切り替えの教えです。

現代流に分かり易く表現すれば、物・金・エゴ中心の生き方にどっぷり漬かっている人々に、繰り返し神界からの警鐘が降ろされていたということです。

ところが物質科学万能の思考にマインドコントロールされた現代人は、見えない世界、精神・生命を軽視し神を否定する傾向が強く「体主霊従から霊主体従」への認識は、大勢として未だ受け入れられていません。しかし、時代は確実に霊主体従の時代へと進んでいるのです。

その表れの一つが小田野先生によって啓かれた光透波（＝こうとうは）の出現ということです。命波学（光透波理論）は物質至上主義に陥って迷走する現代人を覚醒させる精神科学の哲理として、Ｕターンの時代を迎える前の20世紀後半に世に出されています。今までの様々な観念的・空論の教えでなく、宇宙の理に適った合理性と整合性をもった言霊学なのです。

21世紀は「Ｕターン」の時代

命波学では「文字には宇宙の真理が秘められている」と認識し、漢字・ひらがな・カタカナ・アルファベット・数字を総合的に考究して文字の奥に秘められた「謎＝宇宙の真理」を読み解くようにしています。このことを端的に表現している字が「謎」という文字です。

人類の最大の謎は宇宙の真理です。その謎を解けば迷いが解消するということです。本書ではその裏付けとして繰り返し様々な字割例を挙げているのです。

光透波の字割理論ではアルファベットは分析力があり、また数を読み解く文字として捉

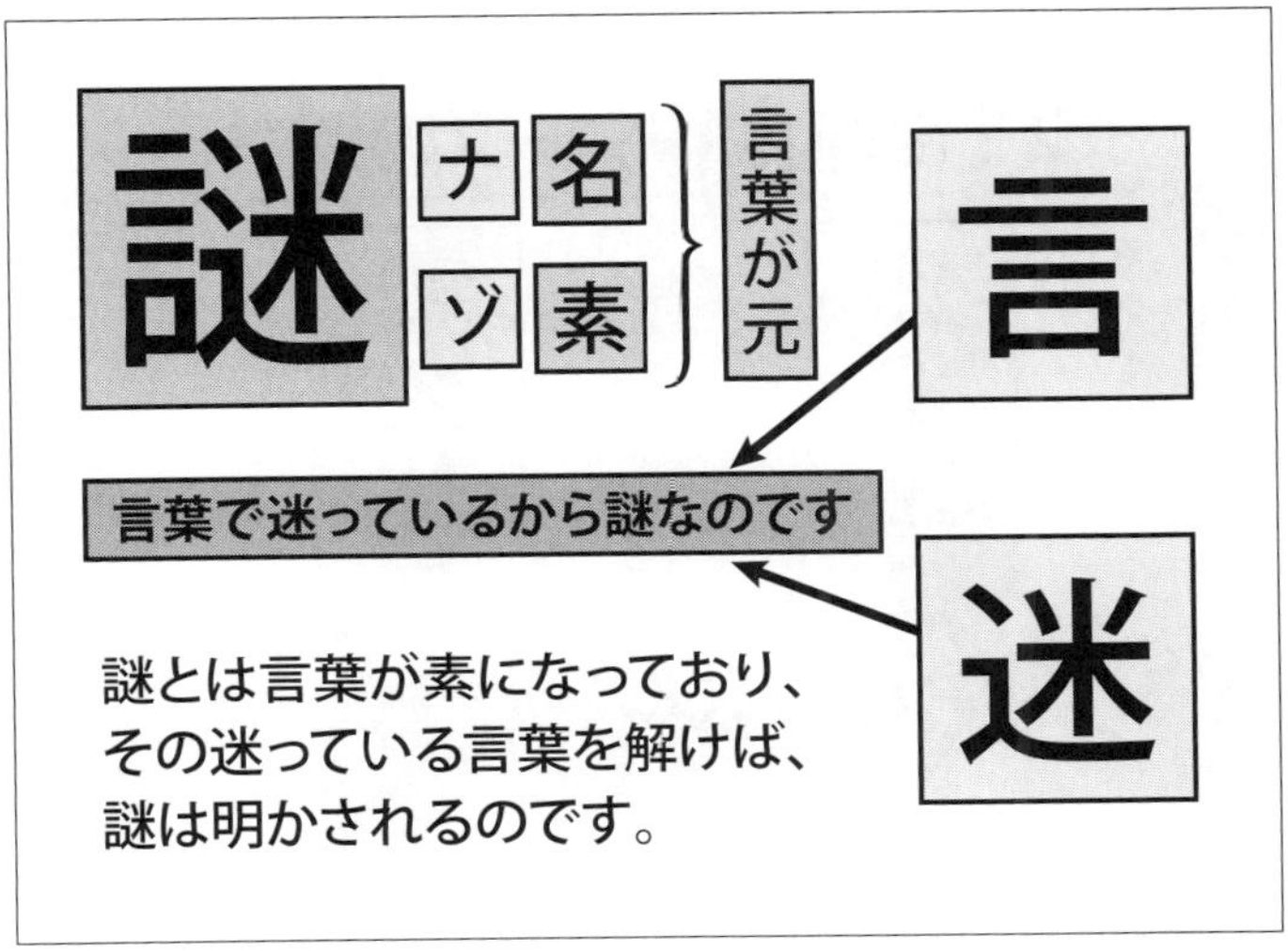
謎
ナ
ゾ
名
素
言葉が元
言
言葉で迷っているから謎なのです
迷
謎とは言葉が素になっており、
その迷っている言葉を解けば、
謎は明かされるのです。

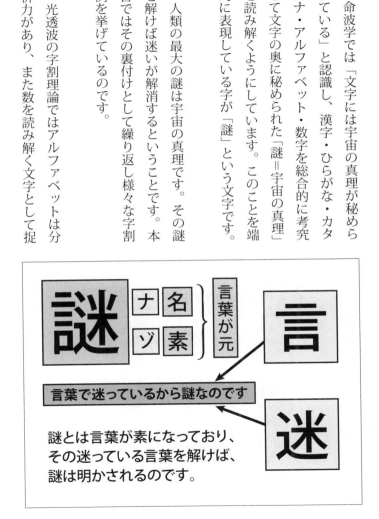

えています。では、転換の時代の到来を「文字」はどのように明かしているのでしょうか？

この大転換を明確にあらわしている文字があります。それはアルファベットの「U」の字です。「U」はアルファベットの21番目の文字で、21世紀を暗示しています。「U」の字は「Uターン」の意味でよく使われています。そうです、21世紀の時代を迎えて体主霊従から霊主体従の時代へとUターンする必要性を「Uの字」は語っていたのです。

時代は21世紀、精神と物質科学文化が融合補完する時代であることを縷々記してきましたが、言葉や文字を人類に降ろされたサムシ

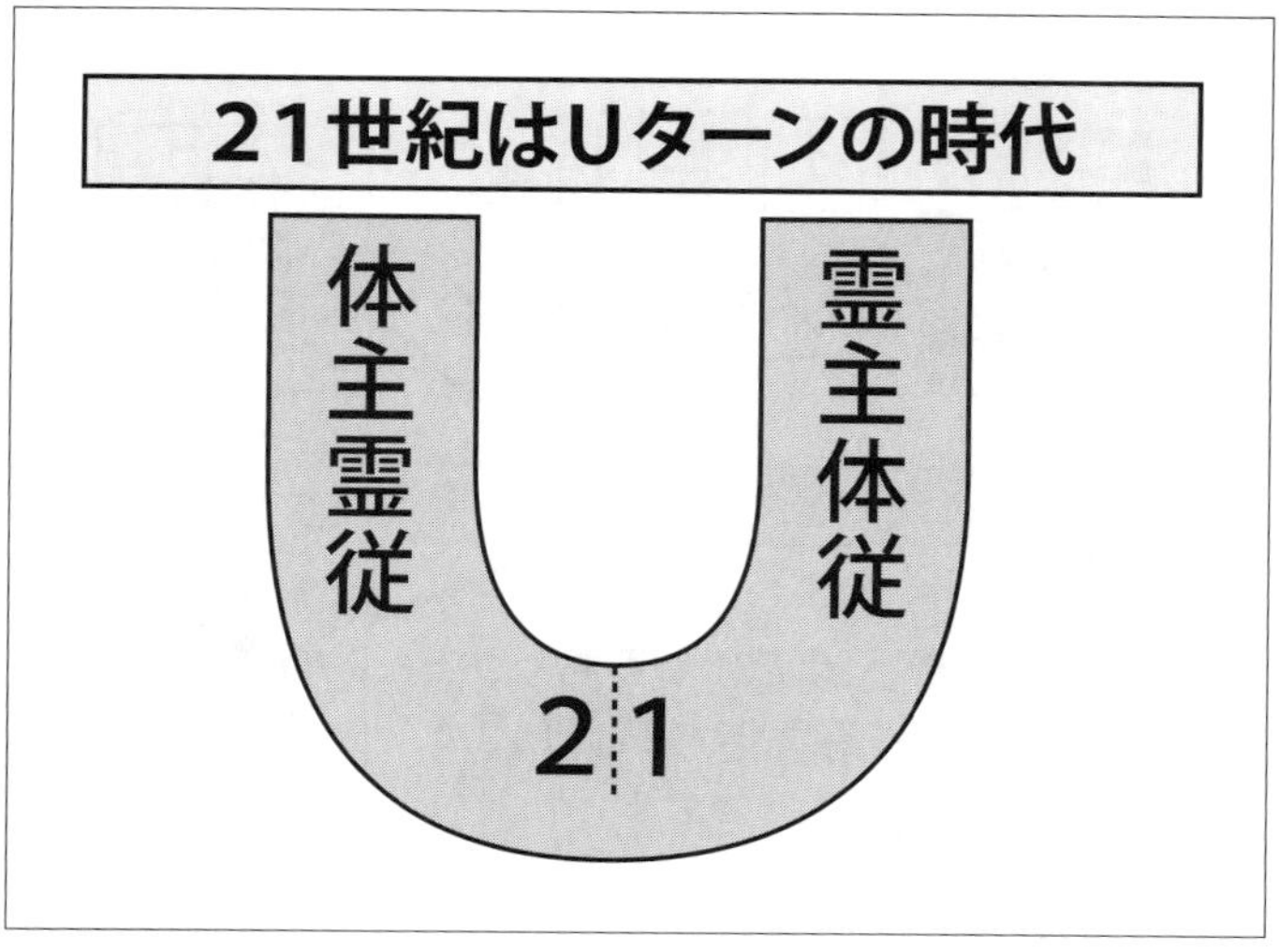

ング グレートはアルファベットの21番目の文字に、その謎を秘められていたということです。

聖書によれば「エデンの園」は神と人がお互いに助け合って歩んでいた理想の時代でありました。その後ヘビに唆《そそのか》されて禁断の果実・リンゴを食べたイブの罪によって、人類は苦難の道を歩むようになったことが記されています。このような人類が発祥した直後の神代の昔・太古の昔に神と人が睦み合った理想的な「霊主体従」の時代であったことは、いろいろな神示や啓示にも書かれています。そして、この霊主体従の時代を経て人類は成長するに伴って自立心が高まり神から離れてゆくようになり「体主霊従」の時代へと転換していったと考えられるのです。

宇宙の庇護から離れて自立の道を歩み始めた人類は、次第に利己心を強く抱くようになってゆきました。そして20世紀末までの長い長い歳月を有限・相対・差別の地球三次元物質世界の厳しい環境の中で、苦難・苦痛の歴史を積み重ねながら今日の矛盾混乱の世界をもがきながら現出してきたと言えるようです。その「体主霊従の時代」から「霊主体従の時代」、すなわち物心調和の時代へと大きく転換する時代が21世紀であることを「U」の字は教えてくれていたのです。

人類の命が革《あらた》まるのは21世紀中

では、この理想世界に向けての転換の時代は何時頃まで続くのでしょうか？　このことを示唆する文字も、実は天はすでに与えられていました。それは次の「革命」という文字です。

産業革命・フランス革命・ロシア革命……大きく世の中が変遷することを「革命」と

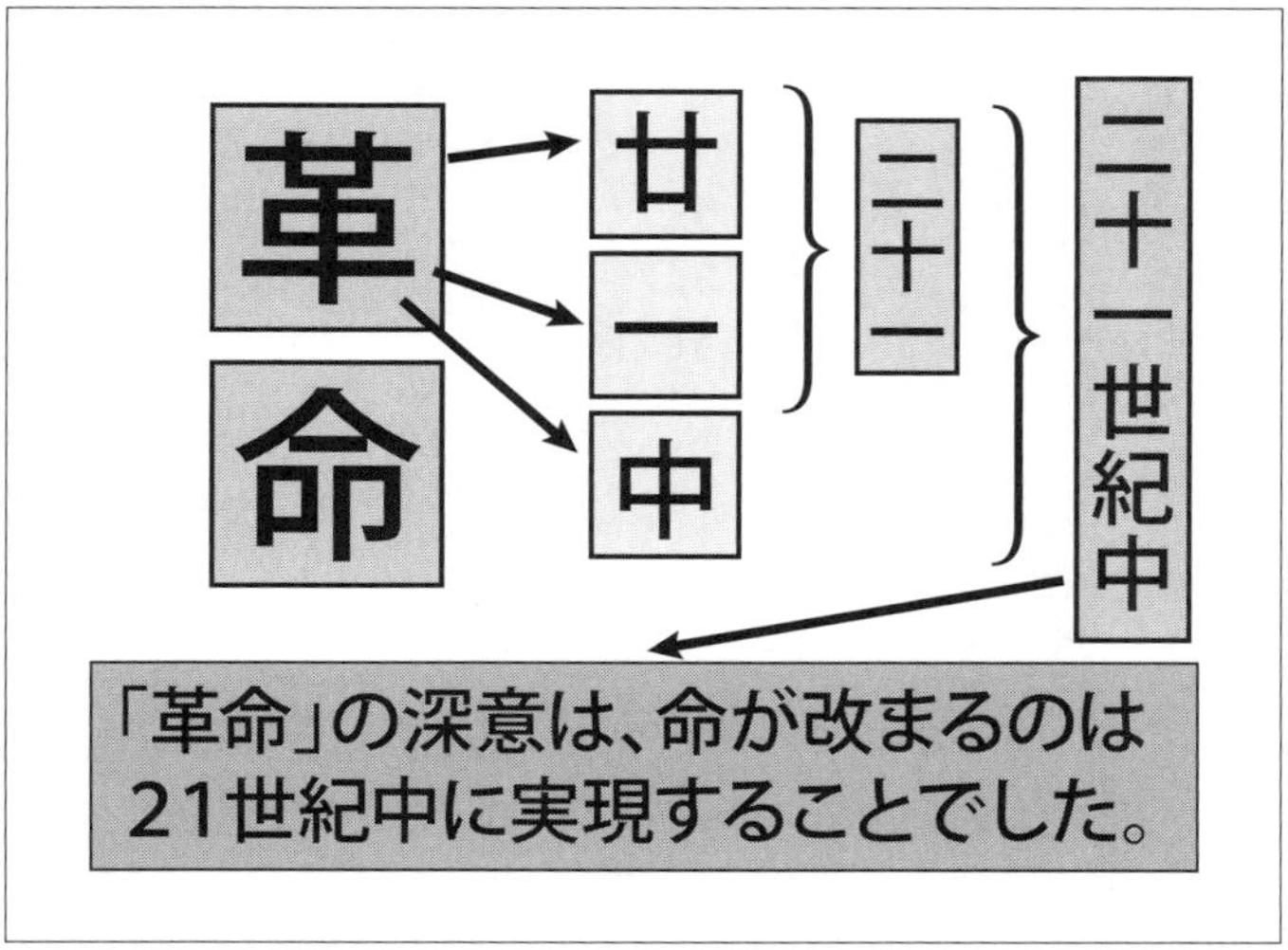

革
命
廿
一
中
二十一
二十一世紀中
「革命」の深意は、命が改まるのは
21世紀中に実現することでした。

表現していますが、その深意は「革命」の文字をよく見ますと明らかになります。『命』が『革《あらた》』まる」と書かれているのです。

人間の命が革まる「革命」の文字を字割したものが前頁の図解です。

人類の命が革まるのは21世紀中と書かれてあるのです。このように文字を読み解いてゆくと霊主体従の時代も末法の時代も終末の時代も弥勒の時代も、すでに天のご計画として決められていたと推理出来てくるのです。

まさに西遊記の中で暴れん坊の孫悟空が「一時《いっとき》三千里を走る觔斗雲《きんとうん》に乗って飛び続けても、悟空はお釈迦様の手の掌《ひら》を超えることが出来なかった……」という話のように、人は神（宇宙）の手の平の上で踊らされている存在に過ぎないと思えませんか。

創造主のご意図に戻るところに救いの道が

危機と混迷打開の道は原点に帰らなければならないと既述しましたが、その原点＝「元」

の文字を分析力あるアルファベットに置き換えて読み解いてみましょう。

「元」↓「MOTO」↓「M」＋「OTO」。
「OTO」↓音↓50音。

「M」はアルファベットの13番目にある文字ですから、数に変換すると13。

「13」を原数戻しすると「1」＋「3」＝「4」。
「4」↓「シ」↓「詞」↓「光透波（コトハ）」。

このように「元」は「音」と「詞＝初めのコトハ」であることが明らかになってきます。総ての元（本）は音と詞《ことば》によって生み出されている事が理解出来てくるのです。

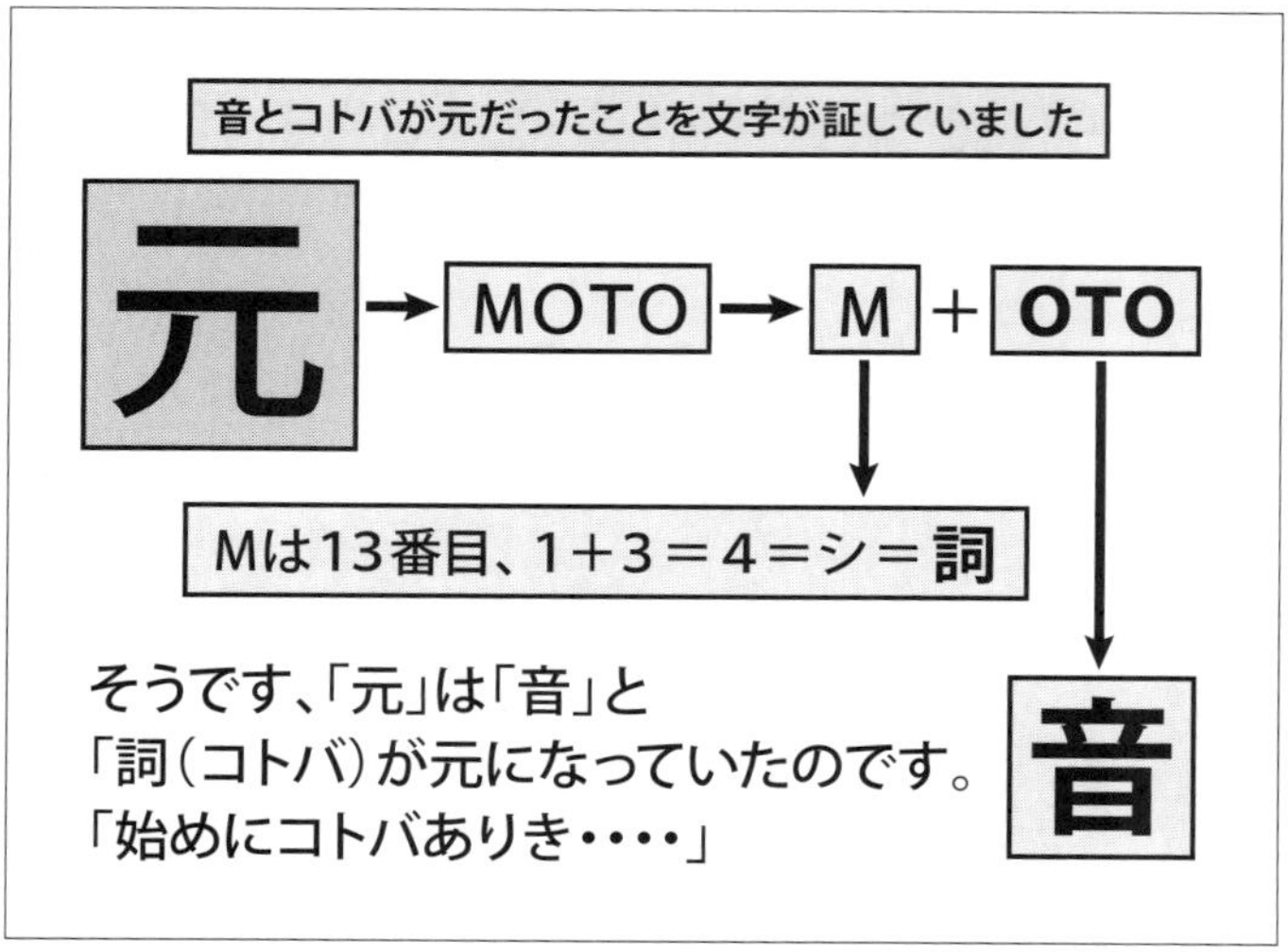

また前に掲げた「素《もと》」の字を解釈すると、「素」の字は主の糸と書いてあります。「素」は「主」「糸」。「主」↓「創造主」。「糸」↓「イト」↓「意図」。「素」とは「創造主のご意図」であることが浮かびあがってきます。

素は一切を生み出した創造主・神である。また糸は↓イト。天鏡図を当て嵌めるとイ↓五十。ト↓答。したがって「イトとは50音の答」。

ついでに「本＝もと」の字はどのように解せるでしょうか？

「本」は「木」「一」。「木」↓「基」↓「氣」。

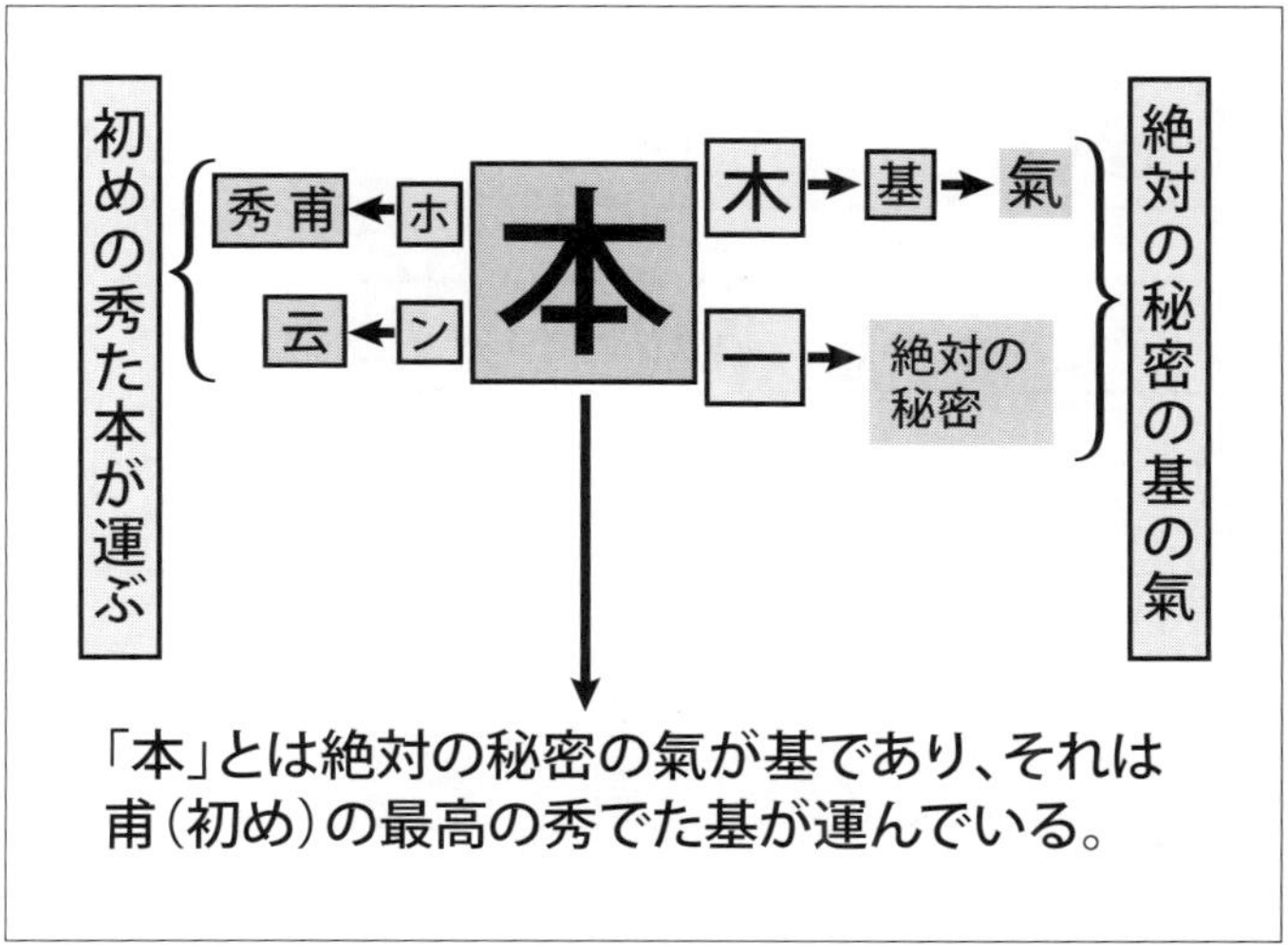
絶対の秘密の基の氣
木
基
氣
一
絶対の秘密
本
ホ
ン
秀 甫
云
初めの秀た本が運ぶ
「本」とは絶対の秘密の氣が基であり、それは甫（初め）の最高の秀でた基が運んでいる。

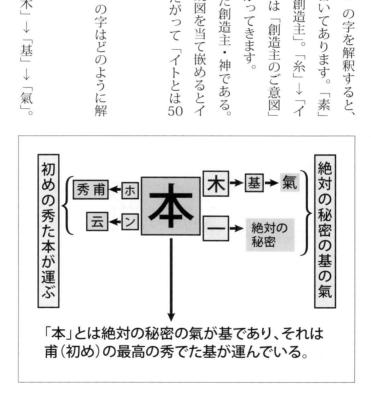

「二」→「絶対の秘密」。したがって「本とは絶対の秘密の基の氣」と読み解けてきます。

世界が言葉によって開かれたことは聖書の中に書かれています。そのことを英語の「WORLD」の単語は表わしています。それを読み解いているのが下図です。

アナグラムの手法で読み解くと「WORLD」=「WORD」+「L」。世界は言葉によって開かれたと明確に浮かび上がってくるのです。

※アナグラムとは単語の綴りを置き替えて単語の深意を読み取る手法。

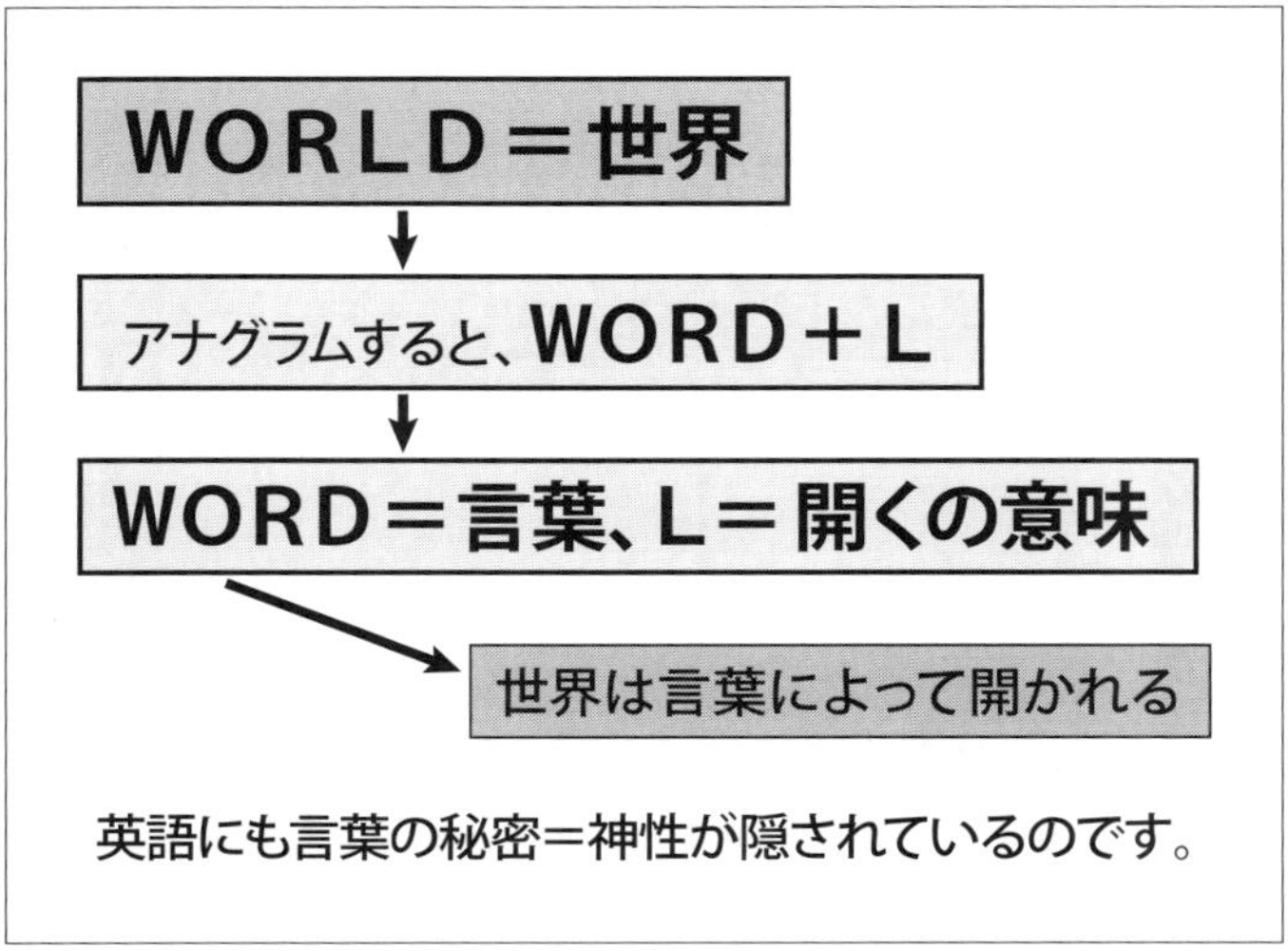
WORLD＝世界
アナグラムすると、WORD＋L
WORD＝言葉、L＝開くの意味
世界は言葉によって開かれる
英語にも言葉の秘密＝神性が隠されているのです。

これらの字割例で明らかなように、文字は人が作ったと殆どの人は思っているのですが、事実は言葉や文字は大いなる宇宙のご意図による感応作用により、遠い私達の先祖が導かれるままに習得させられたのではないか、と窺《うかが》い知ることが出来るのです。ですから漢字とかアルファベットを光透波理論で字割すると、深い宇宙に繋がる意味＝真理が現われてくるのです。

宇宙の主たる創造主の意図によって総てのものは生み出されています。ですから原点に帰るにはその創造主のご意図に私達人類は戻らなければならないのではないでしょうか。何ごとも行き詰まったとき原点に帰らなければ解決策は見つけ出せないものです。その原点は何かというと、「元」の字も「素」の字も明確に教えてくれているのは、音・詞《ことば》に戻らなければならない……。言葉の奥に秘められた神性に目覚めることが求められているということです。

――閑暇休題――

「光のコトバの発揚により救いの道」を説く本書作成の過程において、拙稿と軌を一にする『日本の言霊が地球を救う』という山波言太郎氏が著わされた素晴らしいご本に縁を得ることができました。

実は浅学菲才なる筆者は、山波先生が我が国のスピリチャル世界、神霊学のパイオニアであり、同時に宮澤賢治の精神を継承なされた著名な詩人であることを知りませんでした。ところが本書の出版を請け負ってくださいましたでくのぼう出版の熊谷えり子氏より、山波氏がでくのぼう出版の創始者であることを知らされ御著書を頂戴したのです。

そのご本には日本が辿った近現代史の流れが的確に俯瞰されており、日本弱体化のアメリカの占領政策により大和の心・武士道精神を失わさせられ、精神的夢遊病者に陥って迷走する日本の危機が詳述されています。そしてこの日本の危機を救い併せて人類を覚醒させるには、言霊の波動を響きわたらせることが提唱されております。その山波言太郎氏のご高説に筆者は大いに共感共鳴するとともに、本書の目指す方向と一致していることに驚いた次第です。同時に山波先生の愛国の至誠、世界人類を救おうとの高潔な御精神に只々頭が下がる想いがいたしました。

筆者の持論と100パーセント一致している訳ではないので疑問を挿む箇所も幾点かありますが、言霊の発信・発声によって人類の救いの道が開かれてゆくという本筋では表裏一体をなしているのです。それ故に当然のこととして本書の内容を補完してくれる内容であり、また山波氏のご炯眼と救世の卓論を世に伝える必要性を感じましたので、その要旨を筆者なりに纏めて読者諸兄の参考に供したいと思います。

山波言太郎 著『日本の言霊が、地球を救う』の要旨

人類の文明史は戦争の繰り返しでした。生きるために弱者を襲い喰うのが動物ですから、まさに人類史は動物史でありました。人間本来の心は神性を秘めているので愛の心を持ち、また誇りの心を持って「武士は食わねど高楊枝」の高潔な精神である筈ですが、過去はもとより現代に至る殆どの人々は、その神聖性を失い動物的な精神で生きてきたということです。

山波氏は著書の中で、人間を動物的な人間から神の子の人間（青人草）の10段階に区

分けされています。

　この表に照らすと今も昔も殆どの人は動物的段階に踏みとどまっているということです。ただ人間は知恵があるから各段階とも上等そうに「文化」とやらで飾っているということです。

　これでは人々が願い求める愛と平和と調和の理想世界は何時まで経っても実現することは出来ません。しかし人々の魂がこの表の青人草段階に進化すれば科学は黄金の光を放ち、物心調和の素晴らしい世界が忽ちに実現することは間違いないことです。

それ故に動物的段階から青人草段階に人の精神が成長してゆくことが必要不可欠に

品格の段階				仏教10界	
神の子（青人草）段階	10	神さながらの人	与えるのみ	仏界	四界（悟り）
	9	決死の愛の人	生涯かけて奉仕に明け暮れ	菩薩界	
	8	愛の心ある人	自己は食わねど与える努力	縁覚界	
	7	清潔な心の人	**「武士は食わねど高楊子」**常に礼節を志す	声聞界	
動物的段階	6	立派そうな人	**「衣食足りて礼節を知る」**足りねば礼節を怠る	天上界	六道（輪廻）
	5	いい人	衣食足りて、争わず（足りねば我慢する）	人間界	
	4	ただの人	衣食足りて、争わず（足りねば争う）	修羅界（動物）	
	3	欲張り	衣食足りて、なお欲しがる	畜生界	
	2	悪人	衣食足りて、餓狼の如し	餓鬼界	
	1	悪魔（サタン）	衣食一人占めにするまで、他を殺す	地獄界	

人間進化10段階表

山波言太郎『日本の言霊が、地球を救う』（でくのぼう出版刊）p.311より

なっているのです。

山波先生は神聖性を有した人間を日本の古神道にのっとり「青人草」と表現していますが、その根拠を次のように記しています。

自然界は愛の宝庫、何千万種の生態系上に植物が茂り、植物は昼夜酸素（肉体の糧）と愛の歌（心の糧）を放ちつづけている。そして無償で全生物を生かし進化も支えている。謝礼をとらず、己が傷つくも無視して己の肉体を食糧として動物に捧げ続けている。だから植物は地上に置かれた神の代理者、無私無償の愛のエキス。それ故に神の子段階の人を「青人草」と言うのです。

実はこの高潔な精神をかつての日本人は有していたのです。それは人の為に大義の為に自己犠牲になることも厭わない武士道の心であったのです。

そのポイントは「武士は食わねど高楊枝」常に礼節を守る精神。「魂の誇り高ければよろしい」の価値観です。それをサムライの切腹が恐ろしい形で表現しています。何故に腹切りが武士の名誉なのでしょうか？　命より大切なもの、俺の肚の中は汚くない。心清浄なりを人目に分かるように示そうとしたからです。すなわちエサ（物質）より清明心を価値とする生き方であったのです。

その反面、西欧人をはじめ世界中の殆どの人々は、「人は動物」と思っている。動物は争うから勝者・敗者が出て、一握りの勝者が多数の敗者を従わせる格差社会が生まれる。人は単なる肉体（動物性）だけのものではない。神聖性（神の分け魂）を持つもの、これが日本的霊性の特質です。この誇りが日本人の特徴です。日本人の価値観は魂の神聖性（高貴さ）です。ここから清明心が生まれてくるのです。

その精神性が東日本大震災の時に現われました。東北の各被災地で家も財も家族も失った人々の群れが、列をつくり配給の食糧を受け取っていました。飢えているのに、争わず、人の礼を守って。飢えていても譲り合う心「礼」。飢えていても相手を思いやる心。そして被災現場の崩壊した家などから持ち主不明の遺失物として金庫など23億円のお金が届けられたということです。これは日本人が動物ではないと思っているからです。

これこそ日本伝統のサムライの道「武士は食わねど高楊枝」。日本人の全てに染みついている心です。

その高い倫理性に対し世界の各国から称賛の声が起こりました。アメリカの新聞には「日本人には異質の民族性がある」と驚嘆して報じられていました。日本には何かがある。それは日本古来からの価値観「清明心」という。あの惜しみなく清く、惜しみなく与える心、愛です。この愛の人に世に先駆けてなる使命感が、日本にありそうなのです。

この日本人の資質が醸成されてきた一つの理由には「言霊の幸ふ国」と古くから称されてきたように、我が国に脈打つ「言霊」が根源にあることを山波先生は喝破されているのです。

だから日本の国は、人の心が尊ばれる国、清貧の中で守られ決死で生き貫く国柄である。武士道の国である。清明心の価値観を守る国、それがアジアの東端に置かれた「日出づる国」であったと説かれています。

そして山波先生は神と人が言霊で共鳴し合って現下の世界的な危機と混迷を救う方法「神軍兵法」を提唱されているのです。

コトダマ神軍兵法

それは愛になった人が、愛の心を声に乗せてそのコトダマを地球に放てばよいのです。単純に「アー」だけでもよいのです。無償の愛の人が意志をもって集まればこの世に成らざることなしです。これが神軍兵法です。

決死の愛の人が結集すると、聖徳太子の十七条憲法の「和」が成ると……集団の美しい「アー」が鳴り響くと、共鳴の法則により、いわば高天原の神々の「アー」が地上に響きます。強烈な愛のエネルギーが地上に降下することになります。ですからこれによって魔が死にます。これが神軍兵法の極意です。

降魔を比喩をもって言いますと、一枚の紙の如し、裏と表が紙です。裏は心、表は目に見える現象世界。人もそう、見えない心と肉体。これ表裏です。魔とは見えない世界に巣食います。そして人の心を曇らせます。魔を消せば神が働いています。

これが成るか成らぬかは、決死の愛の人の一群がいるかいないかです。決死の青人草の群れです。

降魔ができれば、紙の裏が透き通った光になりますから、自ずから表の現象世界が透き通って至楽・平和の世界へと変容を開始します。後は生身の私達がどのようにして世界を、その政治・経済・外交・文化を光に変革させてゆくか努力すればよいのです。

善き言霊は愛の響きを持つ。その響きは四方にとどろかせる。自然界に響けば、自然界が呼応してその言霊に見合う、もう一段階上の愛の心を届けてくれるようになるのです。

降魔によって何が起こるか？　世界が変わるのです。「動物段階」から上の段の「神の子（青人草）段階」に登れるようになるのです。降魔で人の足枷手枷が取れるから、魔が居なくなるので、自力で努力すれば格段とスムースに進化の階段を登れるようになるのです。個人・集団・民族・人類とカルマの解消が始まるのです。

さて魔群がいなくなるから、人の努力で皆善性になります。源の神の子の本性に立ち返りやすくなるのです。ですから政治・経済・社会・文化の一切が変化します。ただこればかりは人間が努力しなければ出来ない分野です。

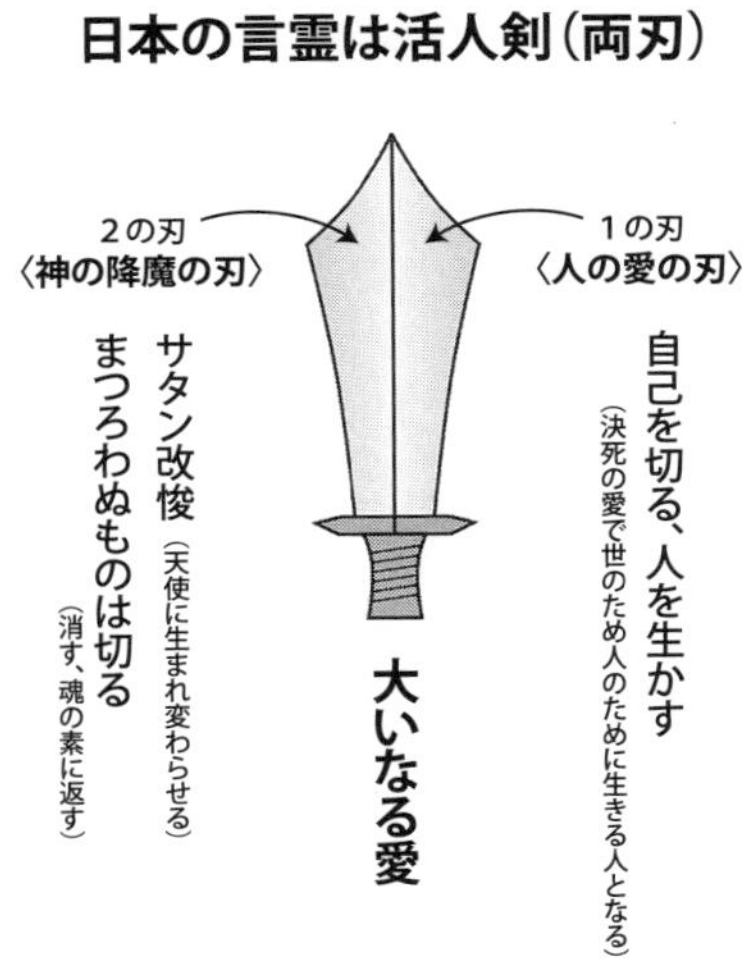

山波言太郎『日本の言霊が、地球を救う』
（でくのぼう出版刊）p.386より

神軍兵法

1、一群の人々が、先ず愛の人（青人草）になること。（決死の愛）
2、次に、共同してその愛の心を声に乗せて発声すること。（人の和）
3、右で、神人協同が起こり、声に乗って神々のエネルギーが地上に広がる。（神と人の大和）
4、この神々の強力なエネルギーの働きで、魔群が消える。（活人剣の発動）

このようにして魔群は消えてゆくのですが残った小悪魔が暴れますから世界騒然、波乱、しばらくは発酵まで日がかかることが予想されます。が、大勢としてこの神軍兵法による降魔によって世界人類は暗黒闘争の時代から光明の平和共存の時代へと大きく切り替わってゆくようになるということです。

神国日本の民の使命

さらに山波先生は「言霊の幸ふ国から降魔が起きます。〝見えないけれどもあるんだよ〟、あの見えない魔群が改悛します、（…）。魔性が死に改悛して元の天使になります」

そして神国日本の民は、四海に囲まれた孤絶した島国に西洋物質文化と対称的な日本の和の文化を醸成させるように植え付けられ、時来たれば取り出して西洋科学文化の土壌に、核となる魂を入れるように、神の配慮により仕組まれた民族なのです。……今日、平和憲法の元の日本に生まれるということは、日本人としての聖なる務めを果たすためです。日本国に生まれ合わせた私達は、世界の歴史を転換させる役目を請け負わされているのです。……戦争をした文明史から戦争をしない文明史へと……。それは言霊の発揚によって世界人類を救うことができると強調されているのです。

このように山波先生は透徹した心境に立って、愛の心に目覚めた青人草の人々が「アー」という言霊のエネルギーを発することによって、日本はもとより世界人類が救われてゆく究極の道があることを喝破され提唱されているのです。

本書でも、破綻滅亡の危機に直面している人類は「光のコトバのエネルギー＝言霊」を発信することにより、同調波長の法則により人と宇宙が共振共鳴して、救いの道が開かれることを解説してきましたので、山波言太郎先生のご高説を紹介させていただいた次第です。
それで「アー」の音の意味を光透波理論の字割で読み解いてみたのが以下の図解です。

アーを光透波の字割で解釈

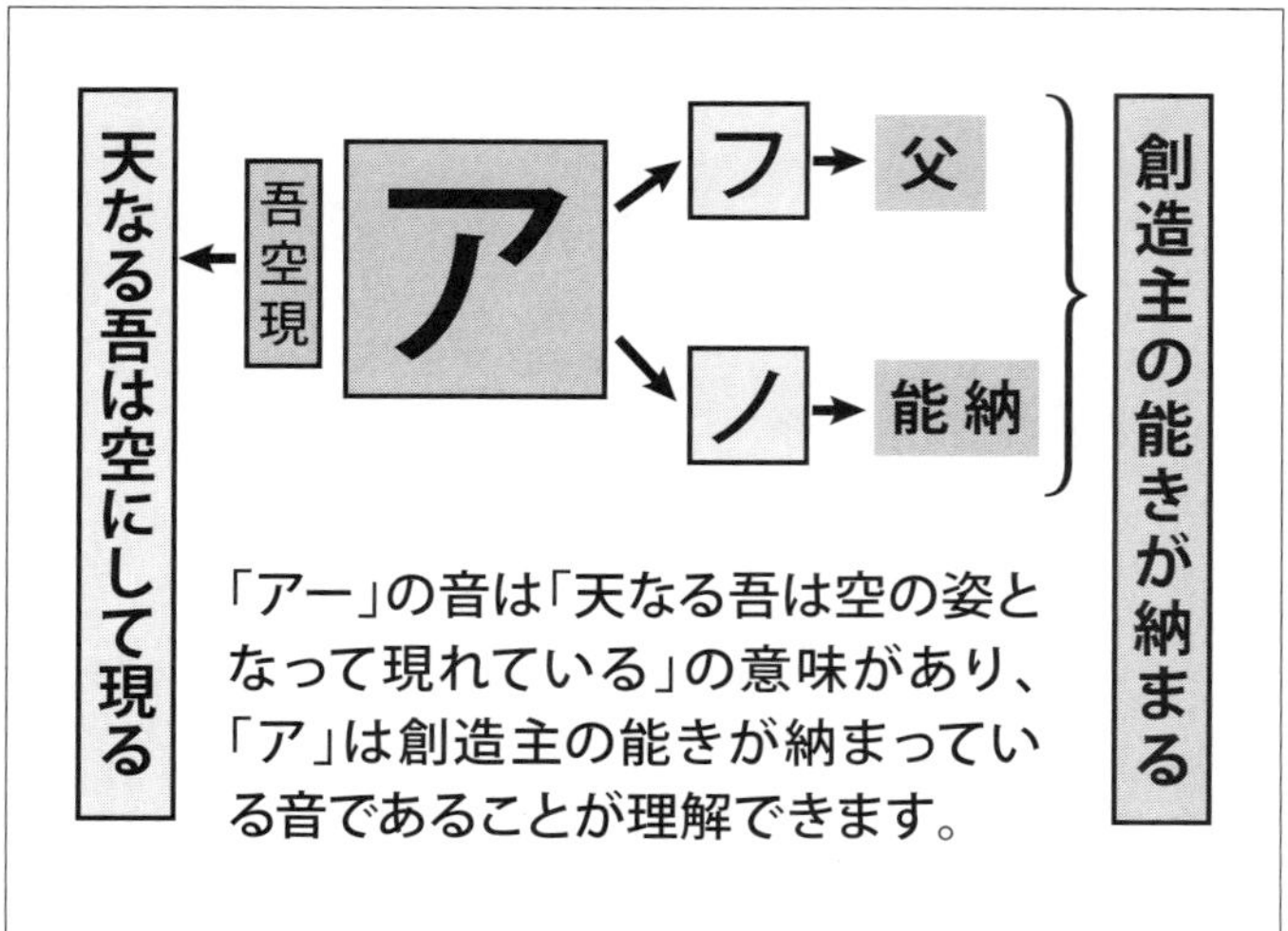

第十五章　神界からのメッセージ

本書では繰り返し言葉の神性によって、また言葉のエネルギーによって救いの道が開かれることを、光透波理論に立って数々の字割解説を紹介しながら記してきました。このことを補完してくれ、また裏付けてくれている素晴らしい啓示が宇宙の意識体からも降ろされています。纏めの意味を含めて少々長いですが、お許しを頂き一二三女史の著書より転載させていただきます。

「神から人へ（上巻）」より　1999年9月28日　ひふみともこ 著

神が人に、この世に生まれしときに与えしもののうち、人にとりて最も重要なるものは、即ちことばなり。

ことばなければ、人は動物と変わらず。草木と変わらず。ただ己れの生を生くるためにのみ、日々の生を送り、生を終えるのみなり。

なれば、人はことばをもちて、人たることを得《え》、人たる行いを行える。

ことばによりて、人は互いの協力を可とし、ことばによりて、人は、互いの理解を深め、かつ隣人との絆《きずな》を強めもし、固き友情、愛情に結ばれて、この世を平和で豊かな神の国とすることも可なりし。

なれば、人は、神からの大切な、み恵みであることばを、よきことに用い、互いの繁栄、互いの共存を図るべきなるを、己れの欲得の拡大、己れの自己中心的願望の満足、己れの自己愛の充足のためにのみ、ことばを使い始むるをもちて、神は人から、ことばを取り上げ、おのおの別のことばを与え、国なるものを作らせし。

それぞれの国を作らせしその意味は、人が、己れの属する国、民族、人種を越えて、より高き信念を持ちて、互いが協力を強める努力をさせんがためなり。一つの行なり。

行というは、個人に与えらるるものあり。また、個人の属する人種、民族、国家に課せらるるものあり。

なれば、人は、個としての行と、一つの国に生まれしその国の国民、人種、民族として課せられし行と、二つの種類の行を　本来行じる要あり。

日本国国民ならば、日本人としての行あり。イギリス国国民ならば、イギリス人としての行あり。

いずれの国に生まれ、育ちても、行は平等に課せられ、世界の平和、世界の繁栄、さらには宇宙の平和と、宇宙の規模での繁栄に貢献するが、望ましき行なり。


神は、宇宙全体を統一されし、偉大な力を持たれしも、自らの力を用いて、宇宙を統合するのご意図は、持たれぬなり。なぜというに、神にとりて易きことなればなり。人が、困難を乗り越え、人の全てが協力してこそ、価値あることなればなり。

今、世界を狂わせ、秩序を乱し、平和を壊《こわ》せしその素《もと》を、人の力、努力によりて、一つ一つ取り除き、神の国を実現させるが本物なり。

神は、人に、ことばを授け、そを、人が、己れの我《が》のためにのみ使い、その結果として、この世を汚し、乱し、曇らせしように、人は、与えられし神のみ恵みを、ことごとく過《あやま》ちて使い、過ちて用い、そがために、神は行を課され、人に、反省と改悛《かいしゅん》の機会を与えんとされし。

人が、個々の枠に留《とど》まり、個々の発展、魂の浄化、魂の精進昇華を望むうちは、真の魂の行とはならぬ。己れのみでなく、他に、外に、遠くよそなる国に、目を向けて、始めて、神の御心に適う魂の行となりうるなり。


日本は神の国なり。

元の始めに神により創られ、神により降ろされし、元の初めの国であり、国民であり、そのことばには言霊《ことだま》が宿る、尊いことばを使う国民なり。

なれば、日本国はさらに努力し、言霊を拡げ、よそなる国に言霊を広め、よそなる国に、文字を広め、世界の人々を救いゆく手伝いをすべき国民なり。

なれど、哀《かな》しきことは、元神《もとがみ》の国たる日本国は、今、世界のうちでも有数の、ことばの乱れる国となりぬる。

神のことばに最も近き、神秘の言霊宿れることばを、おのが勝手な私利私欲、おのが唯一の我利我執《がりがしゅう》、それらのための道具とおとしめぬる。

神は、さなる事態を嘆かれぬるを、日本の人民、国民は、何と感じ、何と考え、何と償《つぐな》うか。

人一人にては、ことばは乱れぬ。

人の心、人の魂、人の願いのうちに、知らぬうちにはびこり、染《し》み込み、広がりし、我《われ》という概念、そが素なり。

日本国国民たるものは、本来、我《が》を持たぬ国民なりし。

一人が全体、一人が完全な全き姿の一部としてあり、おのが我利、我欲、我執を通さんとすることは少なき民なるを、文明が変わり、ことばが変じ、西洋思想を受け入れ、それをもちて、ことばは乱れ、人の心も卑しく低き低みに落ちし。

ことば変わらば、心も変わる。その逆もまた真なり。

心とことば、車の両輪。相伴《あいともな》って、互いを乱し、汚し、おとしめるに至るなり。

なれば、今、日本の中で、古来の美しきことばを蘇《よみがえ》らせ、文字を復活させ、言霊の再生を、早急に進めることが急務なり。


（…）


早急に、ことばの乱れ、正してゆけよ。悪《あ》しきことば使うなかれよ。言霊一つも大事にされよ。

日本のことのは、かくも美しく、かくも深く尊い神秘に満ちしことのはなり。

「いろは」に込められし、ことばの奥義、いまだその神秘は解き明かされぬ。神のことばをもちて創らるれば、神のことばが、再びこの世に戻るときまで、その神秘は明かされぬ。

神、人、かつて同じことばを用い、同じ文字を用いて、互いの意志を、心を、通わせし。今、神のことばを解する者なし。神のことばは言霊のみ。言霊なるは、音にあり。音の一つ一つに波動あり。

さなる波動に力あり。力は、人をもちて、浄むるの力あり。

なれば、浄めの言霊大事にせねば、この世に悪しき力も働かんを。

とくと心せられよ。（…）神の子たるための、心構えと受け止められよ。

（…）

さらなる努力、さらなる忍耐、さらなる感謝を。

第十六章　光透波は物心調和の世界を開く根本哲理

人の意識の向上には言葉の浄化が求められる

さて話を元に戻しますが、言葉と意識は車の両輪、一体化しています。そして意識は現象化する力を有しています。分かり易く言えば世界人類の意識の総合した波動が、今日の世界情勢を生み出しているのです。したがって、これからの時代を変えてゆくキーワードは意識を生み出す言葉の浄化にあると言えるのです。それ故に言葉に秘められた深意・真理を読み解ける光透波が、これから脚光を浴びる必然性があるのです。

光の言葉のエネルギーに目覚め活用する人達が増えればどのようになるでしょうか？　当然、宇宙のご意図に沿ったそれらの人達から発信する念波は、ちょうど水面に一石を投じて生じる波紋が広がるように、広く人々の意識に影響を与えてゆくことは必定です。

光の言葉のエネルギーに目覚めた人が増えてゆけば、その数に正比例して相乗効果が発揮され世の波動の浄化が進む、行きつくところは世界的に起きている混迷と危機が自然に治まってゆくようになるのです。

101匹の猿の譬えのように、広く人々の間で光のコトバの波動が高まり、同調して共鳴してゆくと、その集合意識の波動が拡散して、無意識のうちに世界中の人々が宇宙のご意図に沿った心へと軌道修正されてゆく、そして共存調和の理想の弥勒の世が開けてゆくということです。

このことを明確に分かり易く表している文字が先に記載した「誠（まこと＝真言）」という文字です。「言」を「成す」、すなわち嘘・偽り・不誠実を為さない生き方に人々が目覚め、世の指導者が「我善し」の考え方を捨て、この「誠＝真言」の言葉を使うようになれば、混迷と危機と破滅に瀕した人類は自ずと救いの道へと導かれてゆくのです。

本書で縷々記してきましたように「言葉の奥に脈打つコトハ＝光透波が神」であるという真相真実に人々が目覚めれば、言葉が神であるのですから人々は言葉を崇め、大切に、汚さないように、清らかに、偽らないように使うようになるのは自明の理なのです。

即ち「真」「誠」一筋に至誠の心に立って生きてゆく道しか私達の未来はないのです。さすれば「至誠天に通ず」の意識に自然に立ち返ってゆくことが出来るのです。「人が為す」と書く「偽（イツワリ＝五割）」では救いの道は開かれません。「誠」の「言」葉通りに「成」すところに「至誠天に通ずる」五割を十割にする「天に通じる」唯一の道が開かれてゆくのです。すなわち「霊主体従」「神主人従」の理想の世界が実現してゆくということです。

救いの道は「言葉の原点」に戻ること

何事も行き詰って、ニッチもサッチもゆかなくなった時は原点に帰って再スタートするしか道は開かれません。

救いの道を見出すことが出来ずに混迷と危機の度合いを年を重ねるごとに深めている世界人類……、「初めに言葉ありき」正に現代世界人類の救いの道は、この言葉の原点に帰ることしか開かれてゆかないのです。

今日の最先端の政治学・経済学・倫理道徳・医学・その他、如何なる宗教・哲学・科学をもってしても、杳《よう》として解決の道を見い出せずにいる地球人類、その混迷と破滅へと驀進している人類の危機は、宇宙に通じるコトバの原点に立ち返り、再構築してゆくしか救いの道はないことに気付かねばならないのです。

最後に言葉の本質について一層理解を深めてもらうために、真実・真理の「真」の字の字割を紹介させていただきます。

真《まこと》には言葉の命の秘密が開かれたもの、それは光透波（コトハ）が運んでいると解することが出来ます。如何に言葉(コトハ＝光透波)が真の根幹になっているかが理解出来るのではないでしょうか。

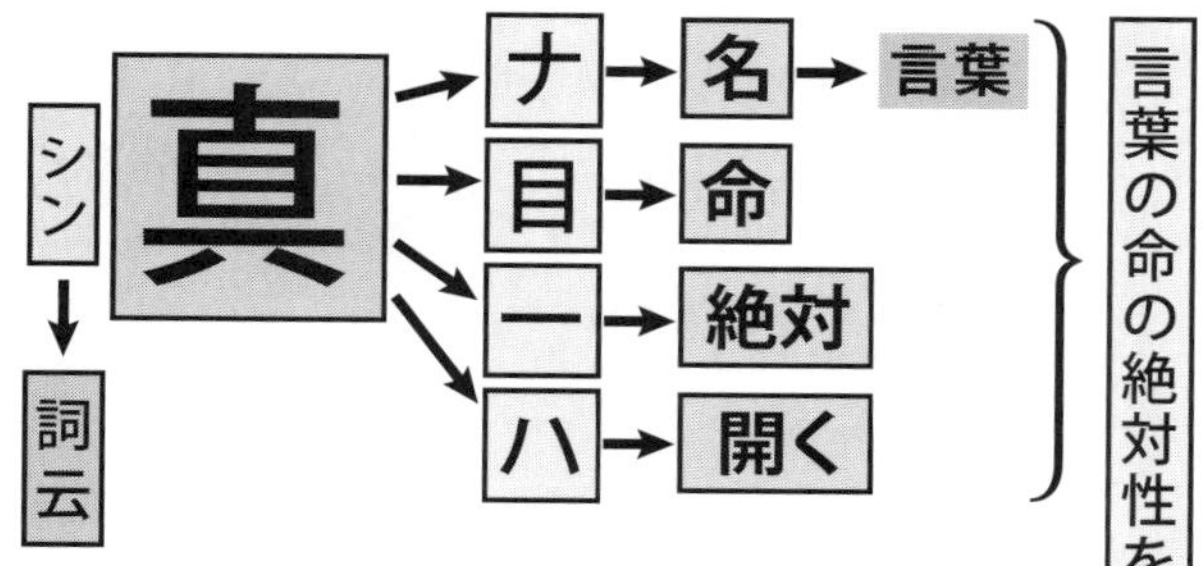

真とは、言葉の命の絶対性を開いたもので、それは詞＝光透波が運んでいるのです。と読み解けます。

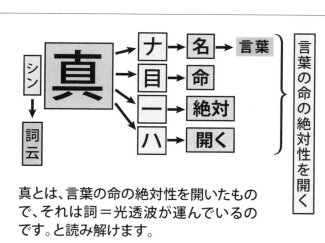

そして実の光透波は命の波動であり、その「命波」こそが「神」の実態であることを明かしているのが、次の二例の字割です。

締めくくりとして本書の要旨を纏めますと、宇宙を生成流転させている根源であり究極的な波動が光透波（コトハ）であり、コトハは50音の言霊。その言霊の力によって、潜在意識等により歪んでいる思考（チャンネル機能）を切り替えることが可能になっている。

そして思考を超えて自由に使える言葉、光の言葉を大いに活用してゆく。その明るいプラスの波動を積極的に発信してゆくことにより、同調波長の法則によって幸福と発展を掴

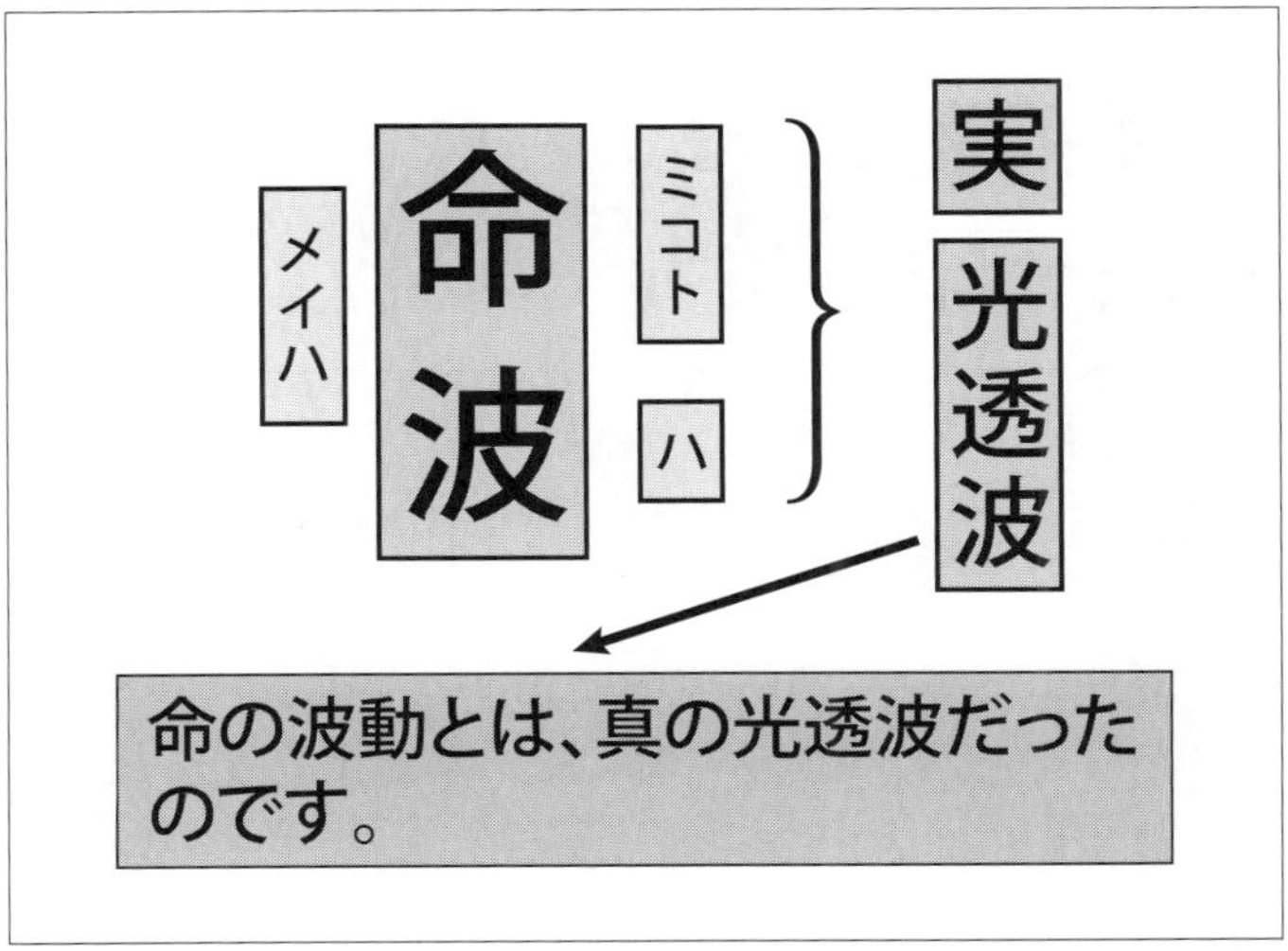
実
光透波
ミコト
ハ
命
波
メイハ
命の波動とは、真の光透波だったのです。

むことが出来るようになる。そうして光の言葉＝真言＝光透波に目覚めた人々の波動が強く高く広がることによって、その感応作用で今日の人類の危機が救われるようになるのです。

そして文字の奥に秘められた真理を読み解く光透波の字割が、その道標としての大きな光となって輝くようになることは間違いないことでしょう。

光透波（コトハ）こそ 昼の時代を導く絶対性原理

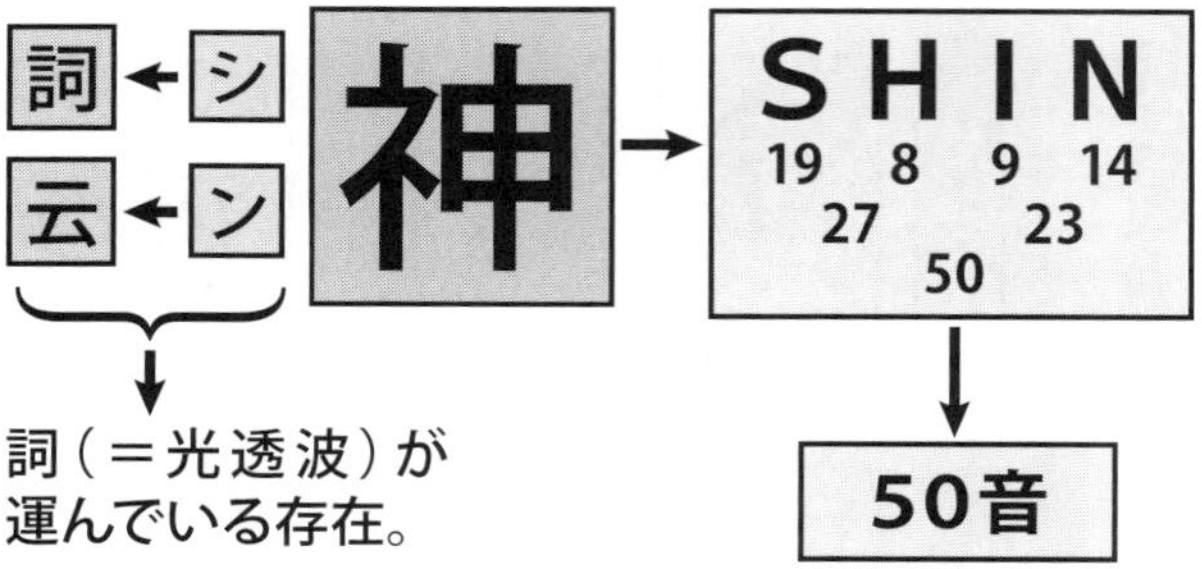

神は始めのコトハ＝光透波が運んでいるものであり、宇宙に鳴り成り響いている五十音だったのです。

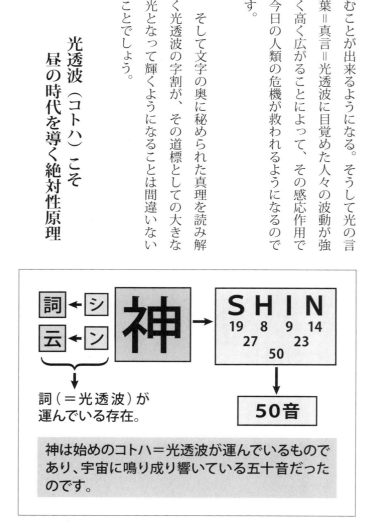

人類が過去3千年間わたって歩んできた体主霊従の時代は、譬えて言えば暗黒の夜の時代でした。それ故に闇にまみれて様々な魑魅《ちみ》魍魎《もうりょう》、思凝霊《しころがみ》（エゴ・利己主義権化）が跳梁《ちょうりょう》跋扈《ばっこ》していた時代でもありました。

人々はそれら魔がコントロールする悪しき言葉の波動によって、正邪善悪を狂わされ戦争や凄惨な人類史が物語るように、苦悩に苦悩を積み重ね闇の時代を送ってきたのです。

その苦悩を救うために生まれた宗教・哲学・科学にしても、すでにその中に闇（エゴの心）が紛れ込み、宗教は醜教の一面を、哲学は鉄学（=硬い、転じて武器の意味）の一面を、科

言葉はエネルギー

嬉しい・楽しい・幸せ
感謝・ありがとう・愛してます
ついている　許します

健康だ・円満だ・治る・良くなった
問題ない問題ない・ソウカソウカ無理もない

学は禍学の一面を宿していたのです。それらを人類が一生懸命に信じ信奉し続けても、言葉の真髄に気付かず本質を掴んでいないために行き詰まってしまっていたのです。その動かすことが出来ない現れが今日の絶望的な地球環境の破壊、大量殺戮兵器＝原水爆やミサイル等により、人類は絶滅の危機に瀕しているということです。

今迄の夜の時代の灯台の役割とも言える宗教や哲学や科学に頼っていては、救いの道は何時まで経っても開かれないのです。人が為すと書く「偽」＝イツワリ＝五割の世界から脱却することが出来ないからです。

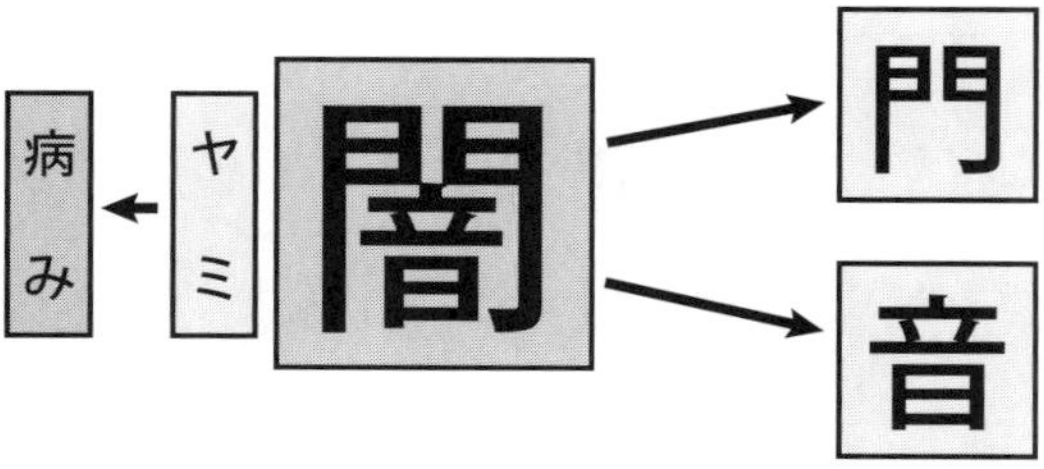

音（50音＝光透波50音）が閉ざされてしまっていること。そこは闇く病んでいますよ。

この状況を脱する道は、過去世以来の情報に支配され病んでしまっている「思考」を超えて自由に発することが出来る「言葉」を、宇宙のご意図に叶った光の言葉に切り替えてゆく。さすればその光の波動が闇の波動を消してゆくようになるのです。言葉は波動、人の心である念波も波動。念↓ネン↓音云。

光の言葉から発する念は波紋となって広がり、人々の心に同じ振動を感応させることができるのです。

光の言葉による念波が広がり高まれば「生きた意志の波動」となって個人から集団へ、集団から国家へ、さらに世界へと拡散して強大な効果を及ぼすようになるのは自明の理なのです。

時代は夜から昼の時代へと大きく移り変わっています。21世紀の霊主体従へのUターンの時代を迎え、天は闇の言葉に支配された人類を、光の言葉に切り替えさせる神慮をもって、太古の昔から言霊の国と称されてきた日本の地に光透波理論（命波学）を降ろされたということです。

「光の言葉」とともに必要不可欠な最善の努力

なお、ここで誤解の無いように伝えたいのは、本書はただ単に光の言葉を唱えれば良いと主張しているのではありません。私達が住むこの地上は形ある物質の世界ですから、その実現のために行動面でも最善の努力を併せて行う必要があることは当然のことです。

宇宙のご意図に沿った光の言葉を活用することにより、言葉のエネルギーから発する良い波動が、光の世界実現のために人々の行動面や努力面でも大きな導きの力になってゆくことは間違いのないことなのです。そして命波学（光透波理論）の字割によって明かされる文字の奥の真理がその道標となってゆくということなのです。

最後に本書の締め括りに打ってつけの字がありますので紹介いたしましょう。それは卒業の「卒」という文字です。字割してみましょう。

この「卒」の字は次頁図のように、「人々と神が一体と纏まった時に人類は創造主に通じて卒業することが出来る」、そうです、輪廻転生からの卒業が叶うようになるのです。表現を換えれば解脱であり、覚醒が叶うということではないでしょうか。

さらに同じように「卒業」＝「卆業」、この「卆」の文字を読み解いたものが次頁の図解です。

「卆」の音読みは「ソ」「ツ」、それぞれ「素」「通」の字が出てきます。また「卆」の字割すると「九」と「十」に分けられます。「九」↓「コ」、「十」↓「ト」に転じられますから「コト」↓「言」ということになります。「卆」の字を以下のように読み解いてみました。

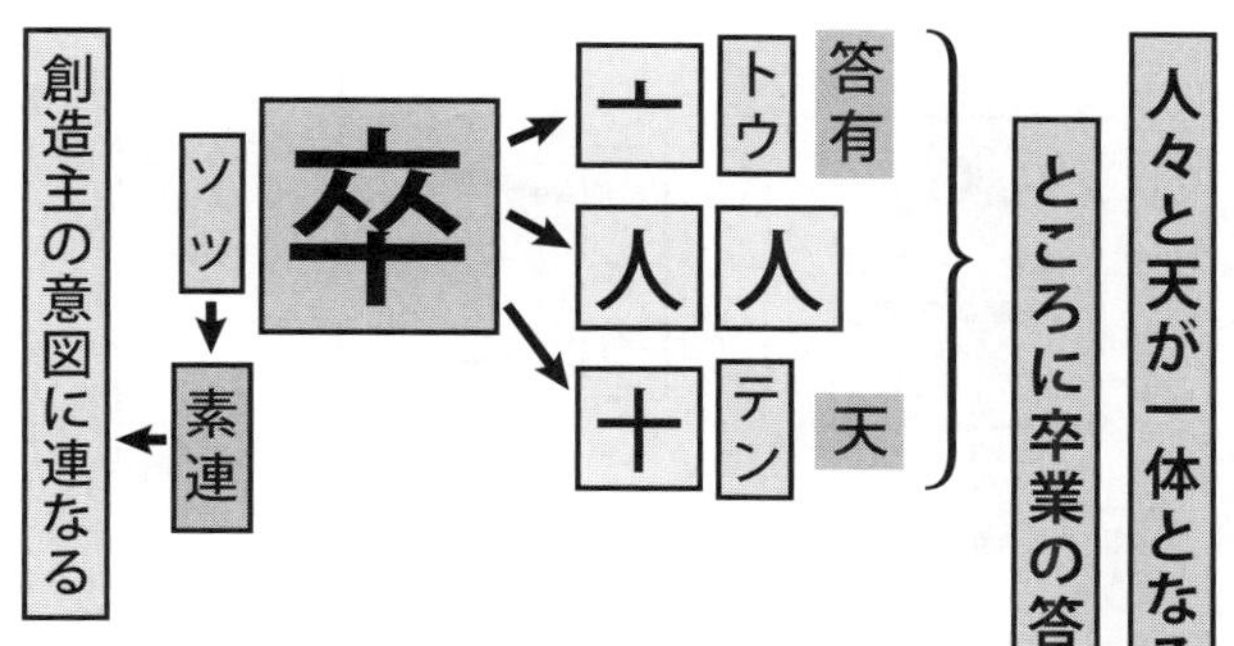
ところに卒業の答がある

卒業の「卒」とは、創造主の意図に連なることであり、天と人が一体になるところに、その答えがあるようです。

●「人は魂の修業を終えて神の御許に帰る。その魂が卆業するためには言葉が素になっていますよ」。

●「物・金・エゴ中心の歪んだ『体主霊従』の現代世界を、物心調和の『霊主体従』の理想世界へと、人類が卆業するには言葉が素ですよ」と。

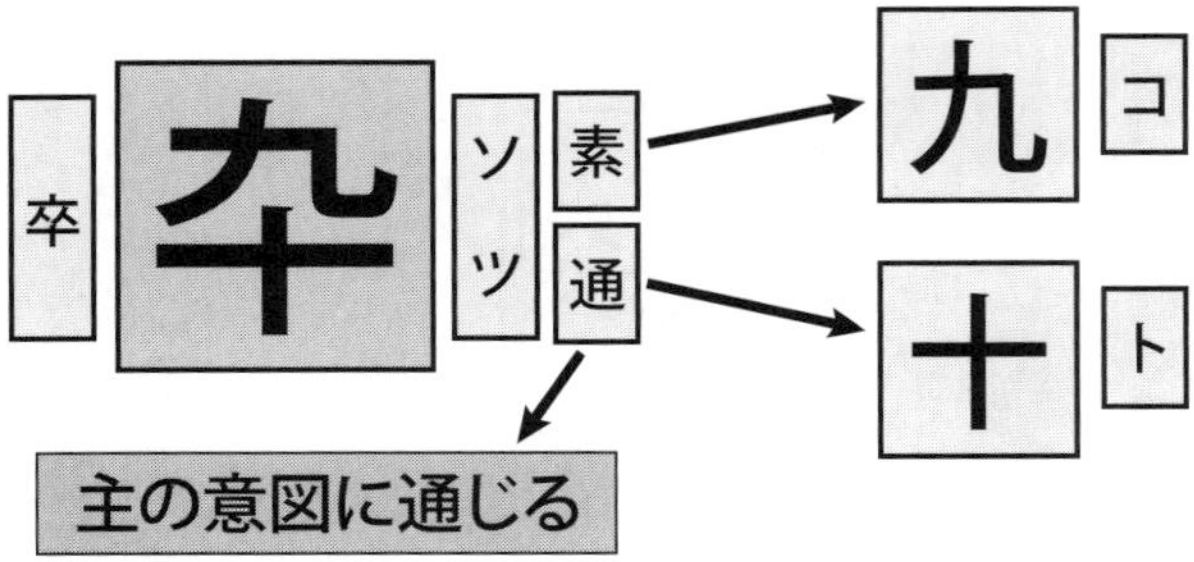

コト（言葉）の真理を知ることで、人は卒業することができる。それは主の意図に通じることだからです。

おわりに

第一章で記述したように本年は戌年、戌年の戌の字の音読みは「シュツ」「ジュツ」です。「シュツ」→「詞誘通」、「ジュツ」→「字誘通」、ですから「光透波へ誘われて通る」「字に誘われて通る」このような意味を持つ戌の年・平成三十年に、本書が世に出ることは偏に天のお導きによるものと感慨無量の思いがいたします。

さて、お読みいただき理解を深められたと思いますが、世界人類が共存調和するそのキーワードが日本語であること、そして日本語は世界の言語の中で最も天のご意図・真理を読み解くことが出来る素晴らしい言葉であることがお分かりいただけたと思います。

ところが今日、この素晴らしい日本語文化が大きな危機に直面しています。

それは無分別に外来語を取り入れて意味不明なカタカナ語が氾濫し、軽薄な流行語や乱れた日本語が年を重ねるたびに蔓延していることです。もっと言えば日本語より横文字の方が格好良い、英語を話す人の方が優れ、話せない人はコンプレックスを抱くという風潮が世に漲《みなぎ》っております。日本語の将来に暗雲が漂ってきているのです。

さらに2018年から始まる小学校3年生からの英語教育の義務化により、多くの世の親たちが日本語を充分に習得していない幼児期から英語教育に熱をあげ始めていることです。この風潮をバイリンガルなどと美辞麗句が使われ肯定的に受け止められていますが、母国語の基礎が整っていない幼児期に外国語を教え込むということは、言語的な無国籍人を生みだす危惧があるのです。

日本人の日本人たる所以の根幹は日本語にあるのです。日本語が崩れるということは和の心・日本人の精神の崩壊に繋がってゆくことになります。母音中心の和の波動に満ちた日本語を使うことによって、人と人、人と自然、人と宇宙が共振共鳴するのですが、その道を頓挫《とんざ》させてしまうことになりかねない風潮に筆者は限りない虞《おそれ》を感じている次第です。

逆睹《ぎやくと》しがたい世界人類の混乱危機、その救いの道は光の言葉の波動を広げる以外に残されていません。そしてそのベースとなる言語が古来から言霊の幸はふ国と言われてきている日本の国の言葉なのです。それ故に私達は日本語の持つ世界人類的な役割に目覚め、日本語の醸し出す調和の波動を広く大きく押し進めてゆくことが求められているのです。

言葉の乱れが波動の乱れ、波動の乱れが心の乱れに、心の乱れが世の乱れに繋がってゆくのですから、今日の狂い穢されている言葉文化を正すべく、光の言葉のエネルギーを発信し、その波紋を高く大きく広めてゆきたいものです。言霊の民の一員として読者諸兄とともに、天のご意図・真理に通じる日本語の素晴らしさをお伝えし、光の言葉の波動が一段と広がることを願う次第です。

振り返りますと本書は多くの方々のご指導とお力添えを頂いて世に出すことが出来ました。

光透波理論を懇切に教えて下さった小田野先生の直弟子の磯部賢一先生、惜しむことなく字割理論をご教授下さった直弟子の堀尾泉實先生、お二方に先ず感謝申し上げます。

そして真理の輝きに満ちた素晴らしい啓示・『神から人へ』の転載をお許しくださいました一二三朋子先生と、珠玉のような救世の霊言「三六九神示」を毎月お送りくださいます小長谷修聖先生のご厚意に深く感謝申し上げます。

さらに、不思議な導きにより昨秋より医学博士の長堀優先生とご縁を結ぶことが出来ましたことにより、ご多忙中にも拘わらず先生より身に余る「推薦のことば」を寄稿して頂きました。また長年来の光透波の学びの友である理学博士の森裕平先生からも「推薦のことば」を頂戴することが出来ました。両先生に深く御礼申し上げさせて頂きます。

加えてこの本を発行するにあたり長堀先生のご紹介により、「でくのぼう出版」という素晴らしい出版社にご縁を結ぶことが出来たことです。宮澤賢治の純朴かつ高潔なる精神を理念とされる「でくのぼう出版」の熊谷えり子代表のご英断を賜りまして、拙稿が時代に先駆けた内容で少々冒険になるにも拘わらず、出版化して下さることになりましたことは幸甚の至りであります。深く御礼申し上げさせていただきます。

このように諸先生のお力添えとご指導により本書が世に出ることになったのも、その奥には不思議な目に見えない宇宙のご意図があったればこそと理解しております。ここに深甚なる感謝の意を捧げまして、「おわりのことば」とさせて頂きます。

平成三十年 八月 十一日

宿谷 直晃

宿谷　直晃（しゅくや　なおあき）

昭和16年、東京に生まれる。日本大学法学部卒業。

若いころから求道の心を持ち、神の実在を探究する。

平成13年に現筑波大学教授の一二三朋子先生の著書「神誥記」に出合い、「言葉の乱れが人類混迷の最大原因であり、コトバを正すことが世の浄化に必要不可欠である」ことを知る。

また、日月神示で説く「立替え立直し」のポイントが言葉であると確信し、その道が何処にあるかと模索する。

平成17年秋に光透波を啓かれた小田野早秧先生の直弟子・磯部賢一氏に出合い、コトバの神性を解明する「光透波」に共感共鳴する。

以来、光透波を学び続けるとともに、文字の言霊学・光透波の普及に努め、講演活動にも携わるようになる。


平成25年9月、「言霊《光透波》の世界」をヒカルランドから出版する。

平成29年7月、「《光透波理論》の全貌」を ともはつよし社から出版する。

コトバは神なり、神はコトバなり、

新しい時代を開く哲理、真理の探究

光透波理論を、ご一緒に学んでみませんか。

● 光透波の習得を希望する方は以下にご連絡ください。

光透波和の会

★名古屋　光透波サロン　名古屋市名東区香南　**光透波サロン**

※ 連絡先携帯　**堀尾泉實**　０９０−８４９９−５９８９

★名古屋　光透波本部　名古屋市熱田区旗屋２−16−４

※ 連絡先携帯　**磯部賢一**　０９０−９１９９−０２４８
メールアドレス　isobekk50@yahoo.co.jp

★東　京　事 務 局　東京都品川区小山６−19−５

※ 連絡先携帯　**宿谷直晃**　０９０−２４４７−２０３７
メールアドレス　syu98-8do8@mbr.nifty.com

ホームページ　http://kotohawanokai.web.fc2.com
ブログ　http://kotohawanokai.blog.fc2.com/

でくのぼう出版
長堀 優〈医療と隠された世界の真実の本〉

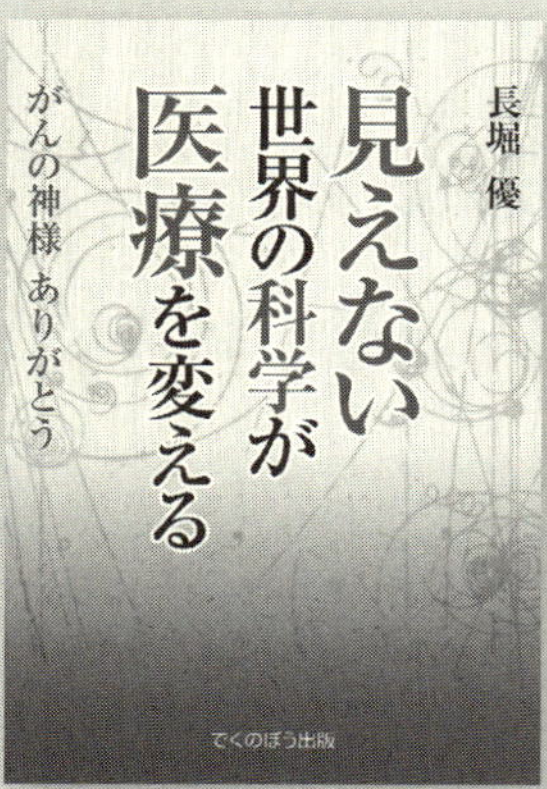

見えない世界の科学が医療を変える
～がんの神様 ありがとう

長《なが》堀《ほり》 優《ゆたか》 著

定価　本体1,300円+税
四六判／ソフトカバー／208ページ
ISBN978-4-434-18534-2

筑波大学名誉教授・遺伝子学者 **村上和雄**先生 **推薦！**
「たくさんの奇跡と感動がここ(本書)にはある」

最先端の科学の行き着く先に東洋の叡智があった。死は決して敗北ではない。“こころ”の持つ限りない可能性を知れば、“いのち”はさらに輝く。がんをも含めた自分自身――、それを生かしている大自然の大いなる営みへの愛と感謝が、21世紀の新しい医療を大きく拓いていく。

日本の目覚めは世界の夜明け
～今蘇る縄文の心

長《なが》堀《ほり》 優《ゆたか》 著

定価　本体1,400円+税
四六判／ソフトカバー／272ページ
ISBN978-4-434-22701-1

壮大なスケールで解き明かされる、
隠された歴史と医療の真実！

原爆をのりこえた玄米・塩・みそ（発酵食品）／医療の闇！がんと食の関係の真実／看取りの医療、病気も死も受け入れる／武士道、利他の心で生き切る（生死一如）／（太陽ネットワーク）日本人の「おかげさま」が世界を平和にする／封印された民族の涙が解かれ〈ワンネス〉の世紀がはじまる

医療（いのち）の現場で、魂の存在を認める外科医が、物質至上主義社会の常識とタブーを超えて、愛と調和と安らぎの新しい時代を明確に指し示す。

全国の書店でご注文いただけます（発行 でくのぼう出版／発売 星雲社）
お急ぎの場合は通信販売で。送料実費ですぐにお送りします――
☎0467-25-7707 でくのぼう出版（山波言太郎総合文化財団・出版事業部）
ホームページ　https://yamanami-zaidan.jp/

でくのぼう出版
山波言太郎〈言霊と日本の霊性の本〉

日本の言霊《ことだま》が、地球を救う
山波言太郎 著

定価　本体1,800円+税
四六判／ハードカバー／392ページ
ISBN978-4-434-16194-0

**「地球人がみんな良い人にならないうちは、
世界の恒久平和はあり得ない」
この夢(タブー)を実現するための本です。**

「義経と静の会」機関誌「ボルテ・チノ 〜日本の心〜」（全９号）に連載した、山波言太郎の３年間の決死の筆致を一冊にまとめました。今こそ世に問う一冊です。
まずは日本人から。そして世界の全民族へ ——。
本書のために書き下ろした「総括（しめくくりの言葉）」も必読です。

愛のことだま　言霊芸術論・評論・詩
山波言太郎 著　熊谷えり子 編

定価　本体1,400円+税
四六判／ハードカバー／184ページ
ISBN978-4-434-16084-4

**“癒さない芸術は芸術ではない” —— 芸術革命
その原点は日本の「愛のことだま」**

この世には、いかなる武力にも勝る、強力なエネルギーが存在している。それは日本の「愛のことだま」なり。　—— 山波言太郎

愛と平和の新地球を生む“地球革命家”—— 山波言太郎の「ことだま芸術」の神髄に触れることのできる一書。すべての人がデクノボー（無私無償の愛と奉仕の人）になる —— 新生地球を産む〈芸術革命〉が、ここから始まる。

「光の言葉」で原点回帰
全ての人が救われる道
ミロクの時代を導く光透波理論

二〇一八年 九月 十八日 初版 第一刷 発行
著　者　宿谷 直晃
装　幀　桑原 香菜子
発行者　山波言太郎総合文化財団
発行所　でくのぼう出版
神奈川県鎌倉市由比ガ浜 四―四―一一
TEL ○四六七―二五―七七○七
ホームページ http://yamanami-zaidan.jp/
発売元　株式会社 星雲社
東京都文京区水道 一―三―三○
TEL ○三―三八六八―三二七五
印刷所　昭和情報プロセス株式会社

ISBN978-4-434-25212-9